中国科学院大学教材出版中心资助

中国科学院大学研究生教材系列

运营管理

精益运营理论与实践

龚其国　田 歆◎编著

中国经济出版社
CHINA ECONOMIC PUBLISHING HOUSE
·北 京·

图书在版编目（CIP）数据

运营管理：精益运营理论与实践 / 龚其国，田歆编著. --北京：中国经济出版社，2024.5

ISBN 978-7-5136-7755-4

Ⅰ. ①运… Ⅱ. ①龚… ②田… Ⅲ. ①企业管理-运营管理-高等学校-教材 Ⅳ. ①F273

中国国家版本馆 CIP 数据核字（2024）第 090231 号

责任编辑 贾轶杰
责任印制 马小宾
封面设计 任燕飞

出版发行 中国经济出版社
印 刷 者 北京富泰印刷有限责任公司
经 销 者 各地新华书店
开　　本 787mm×1092mm 1/16
印　　张 17.5
字　　数 354 千字
版　　次 2024 年 5 月第 1 版
印　　次 2024 年 5 月第 1 次
定　　价 88.00 元
广告经营许可证 京西工商广字第 8179 号

中国经济出版社 **网址** http://epc.sinopec.com/epc/ **社址** 北京市东城区安定门外大街 58 号 **邮编** 100011
本版图书如存在印装质量问题，请与本社销售中心联系调换（联系电话：010-57512564）

前　言

本书不仅为了让学生掌握运营管理的知识，更重要的是培养其做事的态度，提高他们的综合素质。所谓做事的态度，即对事情进行深入研究，把事情的操作步骤充分细分，抽丝剥茧地分析其中的细节，找出做事的诀窍，找到高效做事的规律，并上升到科学管理的高度。运营管理首先要深入探究做事的具体方法，把事情做好。因此，本书的主要目的是培养学生对于运营管理的意识。过去人们更多的是教授学生知识，但是在现实中将知识转化为意识进而转化为行动并不是一件容易的事情。

本书与传统运营管理教科书的差异较大，主要体现在以下两点：第一，本书对精益生产的内容进行了较大幅度的扩充。第二，对我国制造业的发展做了简略的介绍，我国是全球第一的制造业大国，这部分内容是很重要的，也可以作为思政教育的内容。由于很多内容都是传统教科书中所没有的，因此可能存在不够精确和严谨的地方，敬请读者批评指正。

本书的出版受到“中国科学院大学教材出版中心”资助。

目 录

第 1 章

绪 论

学习目标

本章对运营管理进行简要介绍，帮助学生树立重视运营管理的意识，了解运营管理发展历史。

1.1 运营管理做什么

希望集团董事长刘永行有一次访问韩国，参观了一家面粉企业。这家面粉企业每天处理小麦 1500 吨，却只有 66 名雇员，这令刘永行惊叹不已。在中国，相同规模的企业日生产能力一般只有几百吨，员工却多达上百人。希望集团的效率相对高于国内同行业标准，国内 250 吨日生产能力的工厂也有七八十名员工，日生产能力仅是韩国工厂的 1/6。韩国工厂的人均效率是中国同行业工厂人均效率的 10 倍！难道是设备的先进程度不同？其实有的中国工厂的设备比韩国工厂的还要先进，那么问题出在哪里呢？这就是运营管理需要研究的效率问题。也就是说，影响效率的关键是什么？

麦当劳承诺炸薯条超过 7 分钟、汉堡包超过 10 分钟就要被毫不吝惜地扔掉。你相信吗？我们当然是不相信的。我们不相信是基于这样一个假设，就是麦当劳的员工是否这样做取决于他们的道德水平。我们可以换一个角度，就是看有什么办法可以让麦当劳做到：超过 7 分钟的炸薯条、超过 10 分钟的汉堡包很少，即使扔掉其成本也可以忽略不计。那么，麦当劳员工的道德水平就不是问题的根本，问题的根本在于有没有办法让超过规定时间的食物数量少到其成本可以忽略不计。这就是运营管理需要解决的问题，其根本是让企业的供给和顾客的需求在时间、数量等方面保持一致。

企业只有快速满足顾客对物美价廉、多样化的产品和服务的需要，才能得到顾客的青睐，从而达到赚钱的目的。对于企业来说，供需协调是一个巨大的挑战，因为过量的供给是一种浪费，而供给不足又会失去顾客。在这本书中，我们将探究企业应怎样更好地组织运营，以便更有效率地使其产品和服务的供需保持一致。运营管理作为企业管理者和咨询人员必备的知识，为他们提供了观察企业组织流程的系统方法。在整个社会中，运营过程是为社会创造物质财富、实现价值增值的过程。

运营管理不仅关乎企业的运作效率，也关乎重大的金钱损失，甚至关乎普通人的生命。2005 年 12 月 8 日，日本瑞穗证券公司一名经纪人接到一位客户的委托，要求以 61 万日元（约合 4.19 万元人民币）的价格卖出 1 股 J-Com 公司的股票。然而，这名经纪人却犯了一个致命的错误，他把指令输成了以每股 1 日元的价格卖出 61 万股。这条错误指令在 9 时 30 分发出后，J-Com 公司的股票价格便快速下跌。等到瑞穗证券公司意识到这一错误时，55 万股股票的交易手续已经完成。为了改正错误，瑞穗证券公司发出了大规模买入的指令，又带动 J-Com 股票价格出现快速上升，到 8 日收盘时已经涨到了 77.2 万日元（约合 5.3 万元人民币）。回购股票的行动使瑞穗证券公司蒙受了至少 270 亿日元（约合 18.5 亿元人民币）的损失。2011 年 3 月 31 日，中国香港高盛公司旗下 4 只日经指数权证被发现在销售文件中的现金结算方程式出错，本应“除以”汇率却误写为“乘以”，令实际价格与理论价值相差百倍，故引来投资者疯狂追捧，最终在价格迅速飙升后被停牌。

美国医学会发表的一项研究结果显示，每年入院接受治疗的患者中，有高达 98000 人死于医疗管理失当，而治疗期间受到感染的人数也与这个数字不相上下，这些数字尚不包括急救医疗。中国红十字会统计显示，我国每年的医疗损害事件造成约 40 万人非正常死亡，是交通事故致死人数的 4 倍。其中，致死原因中很大一部分是不安全用药。不遵医嘱、不按说明书、盲目用药等看似微不足道的用药误区，可能会损害公众健康，甚至造成致残、致死的家庭悲剧。

不管是证券交易中的致命错误，还是医疗不当造成的生命损失，都可以通过运营管理的方法来尽量避免。因此，运营管理不仅通过制造产品和提供服务来创造社会价值，也有助于挽回重大经济损失、挽救生命。

1.2 运营管理的重要性

运营管理即做产品、做服务，由于和企业战略决策、财务状况的距离较远，往往得不到企业高层的重视。因为企业高层首先想到的是如何从顾客那里赚钱，所以营销很重要；其次是如何融资花钱、省钱，所以财务很重要；最后，企业的发展规划、战略也很重要，这是企业高层的职责范围。而运营管理既不能决定企业发展方向，也不能与财务直接相关，再加上要处理各种琐碎的细节，所以很难引起关注。流程再造理论创始人迈克尔·哈默说，由于运营不性感迷人，大多数公司都忽视了运营。

卡莉·菲奥瑞纳自 1999 年担任惠普公司董事长兼首席执行官（CEO），到 2005 年被迫辞职，惠普的股价下跌了一半左右。菲奥瑞纳是一名出色的营销人员，她思维敏捷、幽默风趣，有着丰富的市场营销经验。但在为公司产品打开销路的同时，菲奥瑞纳的伶牙俐齿也为惠普带来了过高的市场期望。她在任的 21 个季度里，有 8 个季度的盈利情况没能达到预期目标。菲奥瑞纳失败的根本原因在于缺乏足够的公司运营经验，对产品的设计、制造等环节缺乏了解，才导致她为公司定下了不切实际的目标。

哈佛大学教授斯金纳说，运营要么成为企业的竞争利器，要么成为绊脚石。迈克尔·哈默认为忽视运营是很危险的，企业持续增长的秘诀非常简单，就是在运营上超过竞争对手，让管理人员相信运营创新的力量，并根植于企业文化之中。

1.3 企业的根基

我们发现很多企业在发展到一定阶段后就难以继续增长，而有的企业如沃尔玛，即使成为世界第一也继续保持每年上百亿美元的增长；又如，三星、华为能够在一年之内实现超过 160 亿美元的增长，相当于一年创造了一家世界 500 强企业。世界上很多成功的企业都能够持续增长，如图 1.1、图 1.2 所示。那么，企业能够持续增长的根本原因是什么？

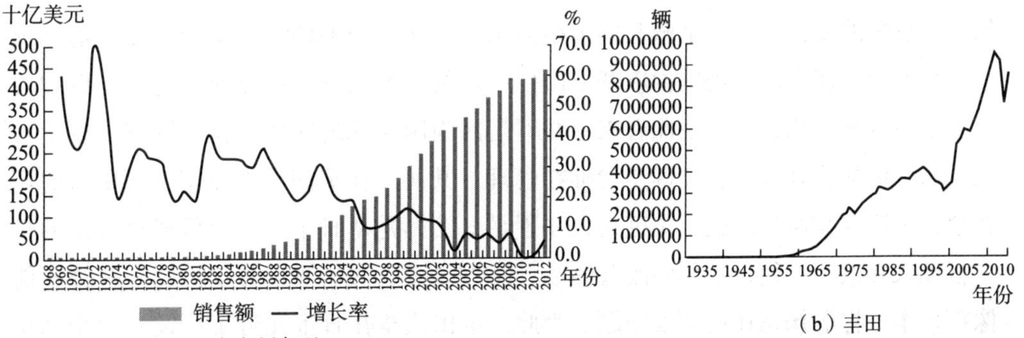

（a）沃尔玛
（b）丰田

图 1.1　沃尔玛、丰田增长

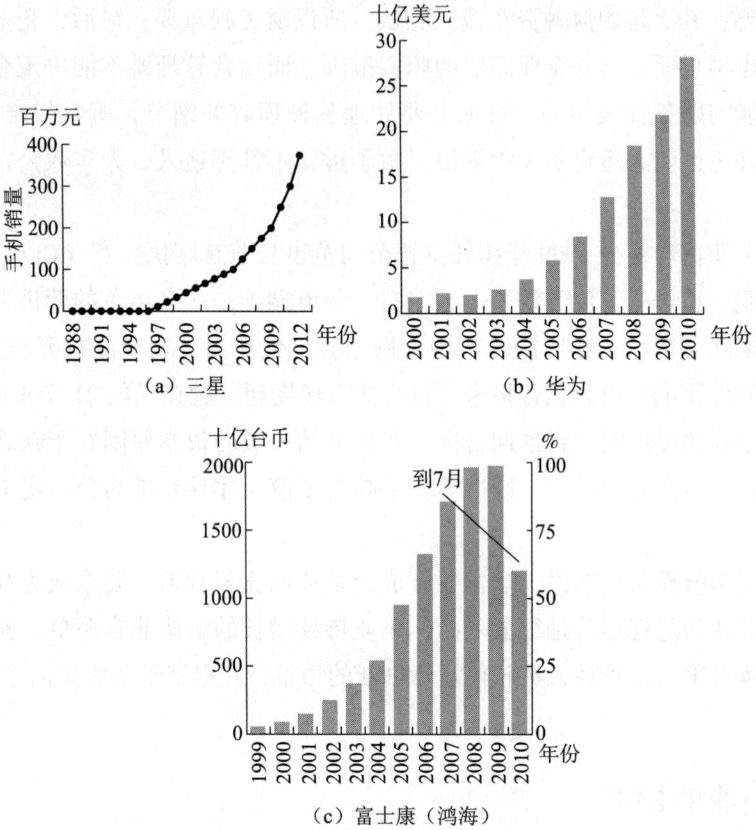

图 1.2　三星、华为、富士康增长

企业快速增长需要坚实的根基。那么企业的根基是什么呢？有人可能认为是技术，有人认为是金钱，当然更多的人认为是人才。但是，什么样的人才能够决定企业的长期命运，使企业基业长青呢？

丰田被认为是当今制造业最优秀的企业之一，全世界的制造企业都在学习精益生产管理方法，但是很多企业都无法真正掌握和运用，于是把失败的原因归结为文化。有意思的是，丰田在全球开办了很多工厂，雇用当地的工人却能够完美地移植它在日本的管理方法。美国肯塔基丰田生产厂的生产效率和产品质量完全可以和日本的丰田汽车厂相媲美。由此看来，并不是因为国家或地区的文化不同就难以学习和运用丰田的管理方法，关键是看谁在管理。其实，在美国早期汽车工厂质量的调查中，丰田存在质量问题，关键是人才不足，尤其是从日本总公司派遣至美国的日本管理人才太少，使得工厂的改善活动、车型研发、周边零组件工厂辅导等都不能像在日本一样顺畅运作而频发问题。为此，丰田汽车在日本元町工厂设立“全球生产制造推进研习中心”，命令丰田海外各地工厂的管理人员均须回到日本工厂研修受训。丰田还派遣日本工作人员在海外工厂担任协调人，赴海外工厂传授丰田的经营哲学与观念。当新的海外工厂设立时，协调人就要扮演导师的角色。几年之后，第二代协调人的角色就像教练，而不再是导师。再过几年，第三代协调人担任的是顾问，而不是教练了。协调人扮演的角色很重要，负责训练员工了解丰田模式，目前丰田的协调人有两千名左右。丰田的日本员工每三到五年就要轮流赴海外担任协调人。这些日本的协调人培养的管理人员能够把丰田的管理方法在不同文化地区贯彻下去，做到和日本丰田总部一样好。

从丰田的海外工厂实践及其他企业学习丰田的情况来看，企业的管理人才非常重要。如果管理团队真正理解并掌握丰田的管理方法，就能够很好地将其贯彻下去，因此企业的根基就是整个管理层。

1.4 如何分析运营案例

一般分析运营案例的步骤如下。

第 1 步：运营单位做什么？(以单个工厂为例)

工厂的产品和服务对顾客的最大价值是什么？如成本、可靠性、特征、快速供货、产品多样性等。看竞争对手已占领了哪些市场，或在哪些市场与该工厂竞争。须知设计一个在任何方面都优于竞争对手的运营系统是不可能的！

第 2 步：问题出在哪里？即引起管理关注的症状。

如果对于利润下降、存货增加、大量返工和废品、延迟交货等症状的认识模糊，不能及时纠正，就会影响工厂的利润及生存。

第 3 步：诊断出引起上述症状的内在原因。

从这一步开始，就要使用具体的分析工具（如流程分析、信息流分析，运营单元的成本结构，或与症状相关联的细节）。在运营管理中，诊断方式不是一成不变的，需要具有主动性和创造性，以及能够运用不同的观点来解释可能的原因。

第 4 步：一旦你对基本的诊断有了初步的想法，就应考虑哪种管理工具是可用的。

一般来说，在案例中的问题都是很清楚的。例如，如果扩张生产能力，就可以建议增加新的厂房、设备和人员。有时需要在几种不同的流程中做出选择，并且选择组织信息流和工人的方法。然而，在有些案例中，需要重新定义问题，用新方法分解问题。比如，在管理需求问题时，改变顾客的需求和想象，以便和企业所做的更好地吻合。

第 5 步：进一步分析所做出的改变是否能解决问题，以及在多大程度上解决了问题。这需要做大量的数字分析，并要做细致的逻辑分析。

第 1 个目标：计算出你所做出的改变是否能解决问题。

第 2 个目标：计算出这些改变的相对成本和收益。

第 3 个目标：计算出可使用的不同管理工具的相应成本和收益，并排序。例如，有几种不同的方法来扩大生产能力，每一种都有不同的效果，哪一种应被使用？成本是多少？

第 6 步：回头追溯。

看看那些在做出改变后没有被预计的副作用，以及相互之间的影响，还要看改变是否对公司有更大的战略影响；如果改变立刻解决了问题，还要看将来它是否会引起更大的问题，或者它是否能给公司带来新的技术，是否可应用于运营单元之外，是否解决了所有问题，以及会出现什么问题。

第 7 步：制订执行计划，设定优先顺序。

考虑应急计划：作为经理，你要通过检查确保行动的预期效果，考虑会出现什么问题，如何应对。如果要提交一个不可变更的活动计划，那么在提交前应该增加什么样的必要信息呢？

如果案例中涉及数字运算，则要注意以下事项。

首先要慢，欲速则不达。除非你明确为什么需要进行计算（打算用结果做什么，如何对它进行解释），否则不要轻易使用计算器。经常提些问题对计算结果做出反应，如这意味着什么？暗示了什么？是否出乎我的意料？结果是好的、坏的，还是无关紧要的？一个有用的窍门是在你进行计算之前先猜一猜结果，再进行计算，看看结果是否令你惊讶。如果结果出人意料，就会引起你的一些思考：是你的直觉偏离得太远，还是结果带给你一些新的信息？无论是哪一方面，你都会从中受益：你可以在这个例子中进步或者训练自己的商业直觉。

第一，理解这种情况下自己需要知道什么？

第二，什么样的指标有助于你的评估？

第三，如何得到那些指标？需要进行何种计算？

第四，进行这些计算需要什么数据？

第五，这些数据在案例中是否已给出？如果没有，你能否猜测出这些未知数据？

在案例分析中关于数据分析常听到抱怨：我应该采用什么方式计算？重要的是了解，不是要求你用数学能力计算，评估商业形势并决定你进行相关计算的是管理者的能力，再多的计算也不能代替理解和管理的能力。

不要立刻进行所有计算，要将问题分解并在纸上记录下所有重要的步骤。

当你记录中间步骤时，最好记录完整的句子。例如，每天生产 15 个小部件，除以 3 个工人，得出每天每个工人生产 5 个部件。

$$15\text{ 个部件/天} \div 3\text{ 人} = 5\text{ 个部件/(天·人)}$$

而不是只记录 15÷3=5。总之，这一规则就是记录完整的计算过程，方便其他人在 3 天后也能看懂。不要在纸上记录任何没有单位或量纲的数字。

单位混淆是原始数据错误的一个来源，因此要确认你清楚地知道计算结果所带的单位。你可以使用量纲（因次）分析：

$$\frac{千米}{千米/小时}=\frac{千米\times小时}{千米}=小时$$

只记录案例本身最简单的计算，保持记录整洁并记下单位。

最好将每一步计算分页记录。不要只考虑省纸，分页计算会减少产生混淆错误的概率。

每周生产能力的计算：

5 个部件/(人·天)×3 人=15 个部件/天

15 个部件/天×6 个工作日/周=90 个部件/周

计算现有利用率：

现有产量=60 单位/周，生产能力=90 单位/周

利用率=60 单位/周÷90 单位/周=0.67=67%的生产能力

计算结束后，对计算进行总结。例如，上述现有利用率的计算问题。

结论：对于产量增长还有剩余的生产能力没有充分利用。

问题：有多少？

计算可能增加的产量：

未被利用的生产能力=生产能力-现有产量=90 单位/周-60 单位/周=30 单位/周

结论：在无须增加生产能力的情况下，现有产量可以提高 50%。

关于结果的量纲单位可能需要扩大或缩小。有时候只有当你这样去做时，含义才变得清楚。例如，每天（8 小时工作）每人生产 1000 个油炸面包圈的工作效率是否合理？每人每小时生产 125 个呢？每人每分钟生产 2.08 个呢？每周 5 个工作日生产 5000 个是否合理？每人每年生产 250000 个是否合理？主要是和人们日常所说的单位一致，才便于理解。所以问一些类似的问题，或多或少都会有助于解释。

要小心平均水平，1000 可能是 500 和 1500 的平均数，或 999 和 1001 的平均结果。所以要经常问一下：这个平均水平是否具有代表性？

另一种方法是将数字倒过来。所有的比率都是比值。每分钟生产 2.08 个油炸面包圈，每个油炸面包圈需 0.48 分钟，或每个油炸面包圈需 28.8 秒。这是生产一个油炸面包圈所需要的时间，比每分钟生产 2.08 个油炸面包圈更容易理解和解释。

充分利用分步计算去理解每一个潜在变量对结果的影响。例如，

每人每年生产量=生产线数量×每条生产线每年生产量÷生产人员数量

=生产线数量×每条生产线每天生产量×每年生产天数÷生产人员数量

1.5 科学精神

1911 年，“科学管理之父”弗雷德里克·温斯洛·泰勒，在美国国会做证时，其证词中有关科学管理的部分如下：

科学管理是任何公司或产业中工人方面的一种切实的精神革命——是这些工人在对待他们工作的职责、对待他们的同事、对待他们的雇主方面的彻底的精神革命。它同样也是管理当局（工长、监工、企业主、董事会）方面的人员的一种彻底的精神革命——是他们对待职责，对待他们在管理当局中的同事，对待他们的工人，对待他们所有的日常问题方面的彻底的精神革命。如果没有这两种彻底的精神革命，科学管理就不会存在。

科学管理的实质就是这种伟大的精神革命。泰勒说过，物质方面的直接浪费，人们是可以看到和感觉到的，但由于不熟练、低效率或指挥不当造成的浪费，人们既看不到，又摸不到。所有的日常活动中不注意效率的行为，都在使国家的资源遭受巨大损失，而补救低效能的办法不在于寻求某些出众或是非凡的人，而在于科学的管理。

1.6 发展历史

在第一次工业革命之前，生产活动基本都是小范围的，主要是在家庭作坊进行。第一次工业革命的标志是 1765 年詹姆斯·瓦特发明了蒸汽机。蒸汽提供了便宜的动力，降低了生产成本。亚当·斯密的专著《国富论》告诉人们为什么需要现代工厂系统，特别是劳动力分工的重要性，以及市场这只“无形的手”对经济的调节作用。

伊莱·惠特尼在 19 世纪初证明了可互换零件的可行性，并用于步枪的生产中，由此诞生了“美国式制造系统”。在可互换零件出现之前，复杂机器的制造都是由同一名工人完成的，他要制作和安装每一个零件。在惠特尼的系统中，单个零件规定足够严格的公差，通过大规模生产，它们可以在任何一个成品上使用。通过让一名工人生产一种零件而不是完整的产品这种生产方式，亚当·斯密提倡的劳动分工实现了从未有过的成功。可互换零件的使用大大降低了对零件工人专业技能的需求，因此美国式制造系统更多地注重通用技能培训，而不是专业培训。

亨利·福特发明了流水线，使复杂机械产品的高速大规模生产成为可能。第一条流水线是 1913 年在福特的海兰公园工厂建造的。福特指出，原则远比技术重要。

1908 年，福特推出了著名的 T 型车，一开始的价格是 850 美元。通过专注同一车型的持续改进，以及将海兰公园工厂的大规模生产推动到极致，福特将制造 T 型车的工人加工时间从 12.5 小时缩短到 1.5 小时，将价格降到 1916 年的 360 美元，20 世纪 20 年代又降到了 290 美元。福特在 1916 财政年和 1917 财政年共卖掉了 730041 台 T 型车，大约占美国汽车市场 1/3 的份额。到 20 年代末，福特汽车公司掌握了美国 2/3 的汽车市场。亨利 · 福特顽固地坚持生产同一种产品，从不考虑向市场推出新产品。他有句著名的话："顾客可以选择任何一种颜色，只要它是黑色的。"从 20 世纪 20 年代末期到第二次世界大战期间，福特公司的市场份额大幅下跌。

"科学管理之父"泰勒出生在富裕家庭，毕业于享有盛誉的埃克塞特学院，后来又被哈佛大学录取，他却选择当一名机械师学徒。1878—1884 年，他在米德维尔钢铁厂迅速从一名工人升到总工程师。作为一名总工程师，他在全职工作的情况下以信件交流的方式从史蒂芬学会获得了机械工程学位。他有许多发明，并且获得了专利，其中最重要的发明是高速钢（使得切削机床可以在红热的情况下仍然保持坚硬）。泰勒的管理系统的核心就是先将生产过程分解为各个组成部分，再分别提高它们的效率。而在本质上，泰勒所做的工作就是标准化。通过对从铲煤到精加工的各个环节所实施的标准，他达到了一个"一流工人"应该达到的工作效率。德鲁克曾写道：泰勒的系统"可能是自美国联邦法文件颁布以来，美国对西方思想做出的最有力、最持久的贡献"。

弗兰克 · 吉尔布雷斯和泰勒有着相似的背景。尽管他通过了麻省理工学院的资格考试，却当了一名砌砖工学徒。由于痛恨砌砖工作的低效，他发明了一种可移动的台架，以便将砖放在合适的高度。吉尔布雷斯从此投身于对效率的追求中。他发展了泰勒的时间研究，并称之为动作研究。他对类似砌砖这样的动作进行了细致的分析，以求找到一种更为有效的方法。他是第一个用动作拍摄相机来分析动作的人，他将人类动作的元素分为 18 个基本组成部分［或称动素（Therbligs，吉尔布雷斯倒着拼写）］。泰勒在他 1911 年出版的《科学管理原理》一书中描写了大量吉尔布雷斯关于砌砖工作的研究。

通用汽车（GM）在多样化上的发展常被作为经典故事被提到。凯迪拉克汽车公司、奥兹莫比尔汽车公司、奥克兰汽车公司和别克汽车公司组合成通用汽车公司。后来通用汽车公司并购雪佛兰汽车公司，1920 年成为美国第五大工业企业，但这是一个缺乏架构的帝国。皮埃尔 · 杜邦接手总裁职位后，很快就发现并重用了阿尔弗雷德 · 斯隆，让他作为主要的合作者着手重组公司。杜邦和斯隆一致认为 GM 的业务太多、太分散，以至于无法适用杜邦火药公司所使用的集权组织结构。在杜邦的支持下，斯隆启动了一项改组公司结构的计划，将其改组为由一个强有力的总部协调（不是直接经营）的许多自主经营的分公司组成的集团。这些分公司分别专注某些特定的市场（如在 20 世纪 20 年代中期，凯迪拉克针对的是高端市场，雪佛兰针对的是低端市场，别克和奥兹莫比尔针对中端市场，庞蒂亚克则介于雪佛兰和奥兹莫比尔之间），以实现斯隆的“为任何人的钱包和任何用途生产汽车”的目标。斯隆的战略惊人地有效。1921 年，通用汽车排在第二位的 12.3%的市场份额远远比不上福特的 55.7%。到 1929 年，凭借众多目标明确的产品线和不断推出的新车型，GM 达到了 32.3%的市场份额。而直到 1927 年才用 A 型车代替 T 型车的福特，则跌到了 31.3%。20 世纪所有的大型工业企业普遍采用的是两种基本结构（集权制和分权制）中的一种。在杜邦公司发展起来的集权职能部门组织主要被那些致力于单一市场、单一产品线的公司采用，而在 GM 发展起来的分散式结构则是那些拥有多个市场或产品线的公司的必然选择。

随着工业组织越来越庞大，技术上也越来越趋于复杂，工人扮演的角色也更加重要。事实上，科学管理的主要目标——激励工人并且分配合适的工作——实质上涉及人的行为。对于理解制造中关于人的因素的探索过程有这样一段插曲，就是 1924—1932 年，在芝加哥的西部电气霍桑工厂进行的一系列研究。这些研究起初只是为了解决一个简单的问题：车间照明对工人效率产生怎样的影响？在国家科学院的赞助下，一个来自马萨诸塞州技术研究所的研究小组在不同的光照等级下对不同组线圈绕组操作工进行了观察。和预期的一样，他们观察到一个控制组的生产率随着照明的上升而上升。然而，在另一个实验中，他们却观察到生产率随着光照的下降而上升。由于不能解释这样的结果，原来的这个小组放弃了对照明的研究。

来自哈佛大学的乔治·埃尔顿·梅奥通过心理学角度研究了这个问题，他得到的结论表明其主要的原因是“小组成员显著的精神上的变化”。生产率提高是被研究的工人感到被注意的结果，这被称为“霍桑效应”，即强调需要由管理者倾听和询问以增进工人的合作。工业心理学运动的重点从技术上的效率（泰勒制造系统的核心）转移到了更加丰富和复杂的人际关系上。

在 19 世纪和 20 世纪早期，从技术工人（如机械师）中提拔职业经理人不是奇怪的事。但是，随着现代商业企业的成熟，正式的大学训练变得更加有必要。这段时期很多经理人是在传统的工程学科体系（如机械、电子、土木和化学）下培养出来的，其中有些开始在商学院或者工业工程项目中寻求直接与管理相关的教育，这两者都是在世纪之交的科学管理运动中出现的。

1881 年，第一个美国大学生商业教学项目在宾夕法尼亚大学的沃顿商学院成立，到 1910 年，美国大学中至少有 12 座独自建立的商学院，这些项目基本很小且课程受到一流工业实践背景（如经济、法律和外语）的限制。哈佛商学院当时处于领导地位，主要依靠科学管理运动中来自学校外面的讲师（如弗雷德里克·泰勒、哈林顿·爱默生、卡尔·巴斯和莫里斯·库克）授课，并且致力于推广案例教学方法，后来这成为哈佛商学院的标志，并且对全美国的商业教育产生了重要影响。1914—1940 年，美国的商学院增加和发展了各自的课程，授予学位的数量也不断上升，从1920年的1576名学士和110名工商管理硕士（MBA）增加到18549名学士和1139名MBA。美国的工程院校也纷纷为了适应管理教育的需要而设立了工业工程（IE）学科。就像商学院一样，IE学院也深受科学管理运动的影响。

20世纪70年代，日本制造商开始将质量纳入他们以成本为中心的战略中。丰田开始开发丰田生产系统（TPS，又称精益生产）。20世纪80年代，日本制造业作为一种全球化力量出现，使人们重新对制造业作为工业化世界的一种竞争武器产生了兴趣。它产生了各种新的管理理念和实践，包括全面质量管理（TQM）、准时（JIT）制造、基于时间的竞争和业务流程再造。此外，计算机辅助设计和制造（CAD/CAM）、柔性制造系统、机器人，以及基于互联网的流程等新技术在商业活动现代化方面发挥着重要作用。

思考题

1. 运营管理做什么？
2. 运营管理对企业的重要性体现在什么地方？
3. 企业的根基是什么？
4. 如何分析运营案例？
5. 为什么科学精神很重要？
6. 运营管理的历史：分工—可互换零件—标准化—流水线的逻辑是什么？
7. 为什么单位运算很重要？
8. 福特和通用的管理理念是什么？请简述其在各自的历史时期所起的作用。
9. 泰勒和吉尔布雷斯的管理思想都是从实践中来，那么是不是不用学习管理理论？

扫码获取参考答案

第2章 中国制造业

学习目标

本章简要介绍中国制造业的发展历程，让学生了解制造业对于我国的重要性，帮助学生树立制造强国的意识。

2.1 运营管理与中国制造业

运营管理最早被称作生产管理，产生于制造业，后来随着服务业的发展，逐步演变为运营管理，但来自制造业的生产管理仍然是运营管理的主要内容。制造业不仅关系到人民的衣食住行，也关系到国际竞争力和国家安全，没有制造能力的民族是没有竞争能力的民族。在我国，改革开放以来制造业得到快速发展，是新中国成立以来经济空前发展的主要贡献者，没有中国制造业的发展，中国的物质文明就很难得到提升。

新中国成立尤其是改革开放以来，我国制造业持续快速发展，建成了门类齐全、独立完整的产业体系。制造业的发展有力地推动了工业化和现代化的进程，显著增强了综合国力，有利于支撑世界大国地位。然而，与世界先进制造水平相比，中国制造业仍然大而不强，在自主创新能力、资源利用效率、产业结构水平、信息化程度、质量效益等方面差距明显，转型升级和跨越发展的任务紧迫而艰巨。[①]

① 周苏，王硕苹．创新思维与方法［M］．北京：中国铁道出版社，2016.

2.2　制造业在国民经济中的重要性

制造业是实现社会繁荣，推动经济社会发展的主要动力之一，直接体现了一个国家的生产力水平，并且是社会环境、条件优劣的晴雨表。制造业的重要性不仅在于生产国民生活所需的物质产品，还在于提供更多的就业岗位，产生更广泛的产业拉动效应，更快地推动技术进步。

2.2.1　从世界范围来看

制造业一直是世界上各个国家经济增长、繁荣和创新的引擎。当前的发达国家，如美国、德国、日本、英国莫不如此。制造业贡献了全球就业总量的近 1/4，不包括其间接创造的就业机会。据估计，美国每诞生一个制造业全职岗位，就会拉动非制造业领域产生 3.4 个全职岗位。制造业带动整个经济体的创新发展。例如，中国、德国、日本和韩国的制造业公司的研发投入约占其国内企业研发投入的 80%。①

然而，曾经有一段时间，“去制造化”在欧美国家盛行。在美国，一些经济学家认为制造业的衰退无关紧要，认为这预示着美国正在迈向以服务为导向的“创意”经济时代。然而，2008 年的金融危机让这些国家开始思考制造业对于国民经济的重要作用，并反思如何再次振兴制造业。

在金融危机的背景下，麻省理工成立了“创新经济生产委员会”，召集了一批经济、工程、政治、管理、生物等领域的教授，继承“美国制造”思想，从国家、行业、全球等多角度，再次研究美国 21 世纪的制造业战略。他们认为制造业对于美国仍然重要，甚至认为正是过度的制造业外包损害了美国的竞争力、创新力。

与美国相反，德国以制造立国的模式在 2008 年金融危机时经历了一次检验，促使全世界尤其是欧洲其他国家及美国开始重新反思其过往施行的“去制造化”的弊端。当欧洲各国深陷经济危机的泥沼时，2011 年德国国内生产总值（GDP）的增速逆势上扬 3%，失业率由 2010 年的 7.05%降至 5.95%，尤其令人难以置信的是金融危机期间德国创下了自 1992 年以来失业人数首次低于 300 万人的历史最低纪录。②

① 国家间的较量：中国制造业究竟水平如何[N/OL]. 人民日报海外网，［2018-09-28］. https：//baijiahao.baidu.com/s？id=1612895286657339511&wfr=spider&for=pc.

② 项兵. 从组装到制造：德国模式之鉴［J］. 中国中小企业，2013（10）：69-70.

2.2.2 从国内来说

中国目前是世界第二大经济体，制造业世界第一。40 多年的改革开放让我们充分意识到制造业在国民经济中的重要作用，具体体现在以下五个方面。①

第一，制造业是我国经济高速增长的引擎。

工业和信息化部网站数据显示，2013 年，我国制造业产出占世界的比重达到 20.8%，连续 4 年保持世界第一制造业大国地位。2014 年，我国工业增加值达到 22.8 万亿元，占 GDP 的比重达到 35.85%。未来几十年，制造业仍将是我国经济的支柱产业。

第二，制造业是高新技术产业化的载体和动力。

高新技术是在制造业技术高度发达和成熟的基础上发展起来的，高新技术的发展直接促成了诸如集成电路、计算机、手机、网络设备、智能机器人、精密仪器、高端医疗设备、核电站、飞机、人造卫星等的相继问世，并由此形成了制造业中的高新技术产业。20 世纪兴起的核技术、空间技术、信息技术、生物医学技术等高新技术无一不是由制造业的发展而产生并转化为规模生产力的。

第三，制造业创造劳动就业。

制造业创造了巨大的就业空间，能够接纳不同层次的从业人员，始终是解决劳动就业和提高职业技术水平的重要领域。

第四，制造业是扩大出口的关键产业。

多年来，制造业始终是我国出口创汇的主力军，工业制成品一度贡献了全国外贸出口总额的 90%左右。

第五，制造业是国家安全的重要保障。

没有强大的装备制造业，就没有军事和政治上的安全，经济和文化上的安全也将遭受巨大威胁。高端制造技术与制造业永远是一个国家的支柱技术和支柱产业。

2.3 中国经验

总的来说，新中国成立以来尤其是改革开放以来，中国制造业得以快速发展、产业竞争力明显提升的基本经验有以下三点。

第一，较早和较大程度的对外开放。

---

① 中国制造的发展历程［EB/OL］.［2018-11-02］. http：//m. sohu. com/a/272820304_ 100221442.

中国多年来一直是吸引外资最多的发展中国家，外商直接投资中超过70%的份额被投入了制造业领域。对外商开放投资、开放市场，中国制造业在和外商的合作中学习，在竞争中提高，使产业的规模、水平和竞争力不断扩大和增强。

第二，较深层次、较大范围的市场化改革。

改革传统的计划经济体制，放松或放开市场准入管制，鼓励和促进市场公平、有效地竞争，焕发了企业微观主体的活力，尤其是民营经济的进入与发展，在许多行业形成了多种所有制在竞争中相互促进、共同发展的格局。纯粹的国有企业占制造业产出的比例已从1980年的76%下降到不足30%。

第三，爱国敬业的民族精神。

新中国成立以来，中国制造业70多年的发展历史，是一部历经艰难困苦而不屈不挠的奋斗史。虽然时代在变，制造业的内涵也在变，但是中国制造业的光荣传统没有变。这个传统的精华是追求“国富民强”“实现中国梦”的使命感，是自力更生、艰苦奋斗的坚强意志，是善于学习、与时俱进的创新文化，是勤劳、敬业、无私奉献的团队精神。

2.4　中国制造业发展①

中国制造业在40余年的改革开放中持续快速发展，形成了完整的工业体系，成为世界第一工业大国和第一制造大国。

2.4.1　1978—1987年：制造业走向开放的第一步

1979年7月，首部《中华人民共和国中外合资经营企业法》出台。打开国门，利用外国的资金和技术，学习发达国家经验，成为中国制造走向开放的第一步。1984年10月，党的十二届三中全会通过了《中共中央关于经济体制改革的决定》，启动工业经济改革，强调学习国外先进技术和搞活企业。随着我国经济体制改革的进行，中国制造业从单一的公有制向以公有制为主体、多种所有制并存的经济体制转型。1985年3月，中共中央发布《关于科学技术体制改革的决定》，确定了经济建设必须依靠科学技术、科学技术必须面向经济建设的战略方针，科技体制实现了突破性的改革和发展。② 1986年3月，国家推出“高技术研究发展计划”（863计

① 刘洪民，刘炜炜．改革开放40周年中国制造业创新发展的历史回顾与思考［J］．技术与创新管理，2019，40（1）：5-12.

② 范柏乃，段忠贤，江蕾．中国自主创新政策：演进、效应与优化［J］．中国科技论坛，2013（9）：5-12.

划），旨在提高我国自主创新能力，充分发挥高技术引领未来发展的先导作用。

改革开放的第一个十年，一批中国制造业企业引进海外先进设备，通过学习、模仿逐步成长起来，市场释放的巨大需求使制造业产品供不应求。但中国制造业整体处于全球价值链低端。1978—1987 年，GDP 从 3678.70 亿元增加到 12174.60 亿元，制造业增加值①从 1475.23 亿元增加到 4154.70 亿元，年均增速 12%，制造业实现了飞跃式发展，为后十年制造业的快速发展打下了坚实的基础。

2.4.2 1988—1997 年：制造业引进消化快速发展

1988 年 9 月，邓小平同志提出了“科学技术是第一生产力”的重要论断，为我国科技创新从固定的引进模式向对外交流与合作的模式转化奠定了基础，为中国制造业的创新开辟了重要的发展道路。1995 年 5 月，中共中央、国务院发布《关于加速科学技术进步的决定》，提出科教兴国战略。1996 年 5 月，全国人民代表大会常务委员会发布了旨在促进、规范科技成果转化的《中华人民共和国促进科技成果转化法》。一系列重大的科技战略决策使制造业从单纯的技术创新投入辐射到注重人才与技术的双重投入，同时积极发挥了市场需求和社会需求对科技进步的导向和推动作用，有力地推动了制造业的创新加速发展。

改革开放的第二个十年，制造业增加值从 5205.21 亿元增加到 26205.51 亿元，增加了约 4 倍，以年均 20.6%的增速遥遥领先于其他 3 个十年的年均增速。1993 年和 1994 年制造业增加值更是达到了 40 年来的同比最高增速，分别达到了 36%和 35%。

2.4.3 1998—2007 年：制造业奋起追赶蓬勃发展的十年

1998 年 6 月，国家科技教育领导小组（现已撤销）第一次会议决定由中国科学院作为国家创新体系建设的试点单位，启动“知识创新工程试点”项目。1999 年 9 月，中共中央、国务院发布《关于加强技术创新、发展高科技、实现产业化的决定》。

2001 年 11 月，党的十六大报告指出要“坚持以信息化带动工业化，以工业化促进信息化，走出一条科技含量高、经济效益好、资源消耗低、环境污染少、人力资源优势得到充分发挥的新型工业化路子”。我国以技术创新为主的高端制造业开始起步。同月，我国加入世界贸易组织（WTO），借鉴国外技术，再加上优秀的集成组装制造能力，中国制造业在计算机、手机、汽车等领域出现了大批知名自主品牌。与此同时，出口导向型产业在东南沿海显著集聚，如绍兴的纺织、义乌的小商

① 制造业增加值，是指在产品的原有价值基础上，通过生产过程中的有效劳动创造的新价值，即附加在产品原有价值上的新价值。

品、东莞的电子、晋江的体育产品等，中国制造业在服装、电子机器、家电等领域形成了全球最大的生产规模。自此，进出口贸易蓬勃发展，中国制造业迅速融入全球化经济，以外贸为导向的中国制造业发展模式开始出现。[①] 到 2006 年，中国成为世界第一大工业品出口国。中国制造业的低成本优势开始在国际上凸显，制造业整体水平显著增强。继英国、日本之后，中国成为又一个“世界工厂”。

2005 年 12 月，国务院发布并实施的《国家中长期科学和技术发展规划纲要（2006—2020 年）》中明确要求，把提高自主创新能力作为调整经济结构、转变增长方式、提高国家竞争力的中心环节，把建设创新型国家作为面向未来的重大战略选择，全面推进具有中国特色的国家创新体系建设。

1998—2007 年是我国制造业蓬勃发展的时期，也是中国制造逐渐形成、中国创造开始萌发的阶段，市场导向型自主创新逐步形成。从贴牌生产到自主创新求发展，一些优秀制造企业迎着风浪走向自立自强。10 年间，制造业增加值从 26874.92 亿元增加到 87466.09 亿元，增加了约 2 倍。

2.4.4　2008—2017 年：制造业加速创新机遇挑战并存的十年

这一阶段中国开始由制造大国向制造强国转变。改革开放的第 4 个十年，中国制造业发展势头依旧迅猛，2010 年制造业增加值达到 130282.15 亿元，中国以占世界制造业产出的 19.8%（略高于美国的 19.4%）成为制造业产出的世界第一。2015 年制造业增加值首次突破 20000 亿元，2017 年达到 242710.68 亿元。

虽然中国制造业经历了 1978—2008 年 30 年的快速发展，但是毫无疑问，中国制造业企业仍处于全球价值链的中低端。中国货物出口的 49%、高科技产品出口的 2/3 都是在华外资企业实现的。粗放型发展方式显然不足以支撑中国制造在国际竞争中获胜，制造业从模仿走向创新、从低端走向高端已是业内共识。中国制造业已经完全进入经济全球化的浪潮中，低成本的优势不再，新的机遇和挑战也在不断涌现。中国制造业要想在洪流中不断前进，还需不断提升产品质量和生产能力。

随着 2015 年“海淘”的兴起及新一轮消费升级的到来，中国制造低端产能过剩和中高端供给缺乏之间的矛盾凸显。中国制造业先前在国际上的低成本优势已经逐渐减弱，亟待转型升级。2015 年 5 月，国务院正式印发《中国制造 2025》。中国正式进入“创新驱动、质量为先、绿色发展、结构优化和人才为本”的制造业发展新时期。党的十九大报告指出，加快建设制造强国，加快发展先进制造业，推动互联网、大数据、人工智能和实体经济深度融合。

---

① 郭庆然．改革开放以来制造业变迁对我国经济增长影响的动态效应研究［J］．工业技术经济，2013，32（4）：90-94.

2.5 中国制造业与世界制造强国的比较[①]

《2018年“制造业的未来”准备状况报告》基于各国制造业现状，评价了世界主要经济体对“制造业的未来”的准备情况。报告认为，随着宏观环境的变化，尤其是新兴科技和商业模式的发展，制造业发展遇到了很大的挑战：一方面，新兴技术可能导致制造业回流到高收入国家，变相减少低收入国家的制造业发展机会。这样一来，那些以廉价劳动力为主要优势的发展中国家，就会面临严重的风险。另一方面，那些希望重振制造业的发达国家也面临着严峻的问题：已经流失的蓝领工作岗位可能永远也不会回来。

这份报告通过59个指标的测评，对100个国家和经济体进行了评估。研究组发现，世界上的国家（经济体）可以分为以下四大类。

- **领先国家**：拥有强大制造业基础，在制造业驱动因素方面表现强劲，对制造业的未来准备程度高。同时，领先国家面临未来冲击风险的经济价值最大。（25个，如美国、中国、日本、韩国等）
- **传统国家**：拥有强大制造业基础，但在制造业驱动因素方面表现不佳，存在未来发展风险。（10个，如印度、俄罗斯、泰国、土耳其等）
- **高潜力国家**：制造业基础有限，在制造业驱动因素方面得分较高，表明其存在制造业发展潜力，但取决于国民经济优先发展次序。（7个，如澳大利亚、挪威、新西兰等）
- **初生国家**：制造业基础有限，但在制造业驱动因素方面表现不佳，对制造业的未来准备程度比较低。（58个，如阿尔巴尼亚、阿根廷等）

报告认为，德国、日本和美国对“塑造制造业未来”的准备程度最高。中国在“制造业结构”方面排第5位，在“制造业驱动因素”方面则排在第25位，中国经济的复杂性在全球排第26位。报告认为，在2010年超越美国之后，中国成长为全球头号制造业大国。尽管中国拥有庞大的制造业基础规模，但在制造业复杂性方面仍有改善空间。在过去的20年里，中国已经踏上了从低成本产品到高端产品的升级之路。然而，中国制造业不同部门的现代化水平差异显著，部分优秀制造商与低端制造商之间的差异更是惊人，因而拉低了整个国家的准备程度。就制造业驱动因素而言，中国在需求环境、全球贸易和投资驱动方面的表现尤为突出。中国在技术创新与人力资本方面排前三位，但仍有必要继续提升劳动能力，培养未来行业所需技

---

① 世界经济论坛.2018年“制造业的未来”准备状况报告［EB/OL］. MBA智库，［2019-01-28］. http：//passport. mbailib. com/.

能，还需要提高企业内部的创新水平。体制框架和可持续资源是中国面临的最大挑战。身为世界上最大的碳排放国家，中国已经承诺在未来继续节能减排，坚持走可持续发展之路，而且新兴技术的应用有助于该目标的加速实现。

2016年，李金华在《中国制造业与世界制造强国的比较及启示》① 一文中提到，中国制造业在人才、基础设施、医疗保健体系等方面与制造强国有较大差距，但在劳动力成本、能源成本方面占有一定的优势。中国要建设制造强国必须正视中国制造业面临的压力，必须以人为中心构造中国特有的先进制造文化体系。

总之，在科技含量、技术水平、产品质量、制度环境等方面，中国还有相当大的赶超空间。在这个过程中，如何平衡经济与社会、发展与环境的关系，仍是难题。

在面临东南亚等国家的低成本竞争和美国、德国等先进国家的制造业重振与深化发展的双重压力下，我国长期构筑的以要素驱动为主、以低成本为竞争力的优势已经被逐渐削弱，中国制造业开始面临新的挑战。2018年4月以来的中美贸易摩擦及芯片等“卡脖子”事件，更是折射出本土制造企业核心技术受制于人的心头之痛。

习近平总书记多次强调，中国经济要避免脱实向虚，要从制造大国迈向制造强国。基于全球化环境下的制造业发展趋势，厘清中国制造业的发展特征和亟待解决的问题，研究如何能够成功地转型升级并在国际上重获优势地位，是现阶段中国制造业的首要任务。

2.6　全球制造业的迁移史②

2.6.1　制造业的迁移轨迹

1. 第一次大迁移

第一次制造业大迁移发生在20世纪初，由美国接棒英国承接全球制造业。受益于第二次工业革命的美国，当时国内工业的发达程度已超过英国，而更充沛的劳动力（美国1亿人口，英国4000万人口）、更广阔的地域面积（美国963万平方千米，英国24万平方千米）使美国的流水线批量、标准化生产得到高速发展。

2. 第二次大迁移

第二次制造业大迁移发生在20世纪50年代，由日本接棒美国承接全球制造业。

① 李金华. 中国制造业与世界制造强国的比较及启示［J］. 东南学术，2016，252（2）：50-59，252.

② 扑克投资家. 从全球制造业的迁移史，看中国制造业未来会怎么走［EB/OL］. 智能财经，［2019-03-25］. https：//baijiahao. baidu. com/.

日本在第二次世界大战前已是全球前十位的工业强国，“二战”结束后，日本作为战败国被美国接管，当时日本的很多工业设施都在战争中损毁，基于复兴日本工业化的考虑，美国决定将日本作为西方的“亚洲工厂”加以改造。在美国的支持下，日本的制造业以年均 13.2%的速度发展，这个速度是德国和法国的 2 倍、英国和美国的 3 倍。日本以高效完备的国家工业协作体系承接全球制造业转移，并在 1968 年成为 GDP 全球第二位的经济强国。

3. 第三次大迁移

第三次制造业大迁移发生在 20 世纪 70 年代，由“亚洲四小龙”接棒日本承接全球制造业。

韩国在朴正熙集权政府主导下，于 20 世纪六七十年代以举国之力发展工业，在日本的支持下，从纺织、鞋类等轻工业到钢铁、造船等重工业都有了快速发展，成为世界上造船业最发达的国家。

中国台湾地区在 20 世纪 60 年代美苏冷战时期是美国制约亚洲的前线，在其经济援助下大力发展工业。70 年代中期，台湾承接了美日相当一部分劳动密集型产业，逐渐成为电子工业的巨头。

中国香港地区在 1950 年以前仅是转口贸易港，制造业只占 GDP 的 5%。随着朝鲜战争的爆发，英国追随美国切断了香港和内地的经济往来，香港转而发展制造业，首先发展的是纺织业。1960 年，香港的纺织业就业人数占全港就业人数的 40%以上。在纺织业的带动下，塑胶、钟表、灯泡等制造业也得到快速发展。到 1970 年，香港的制造业占比达到 30%。

新加坡在李光耀的推动下，通过一系列工业法案，成立裕廊工业园，招商引资，率先发展纺织、玩具等产业，制造业占比在 1964 年攀升到 14%。20 世纪 70 年代，着重发展资本和技术密集型产业的新加坡，通过税收优惠政策成功吸引了一批计算机配件制造和石化加工的跨国企业落户。90 年代，新加坡已成为全球集成电路、芯片和磁盘的重要生产基地，同时也是世界第三大炼油中心。

4. 第四次大迁移

第四次制造业大迁移发生在 20 世纪 90 年代，由中国接棒“亚洲四小龙”承接全球制造业。

中国的工业化进程与其他国家（地区）有所不同，一般出口型经济的国家（地区）是先发展纺织等轻工业，再发展重工业，而中国在 20 世纪 60 年代优先发展重工业，70 年代才发展轻工业。自 80 年代起，中国的工业总产值以每年 15.3%的速度增长，同时台资和港资制造企业开始进入中国内地。

大量外资制造业涌入，一方面，大大提升了中国内地的商品出口，1980 年外贸依存度仅为 12.6%，2002 年迅速提高到 50.2%；另一方面，创造了大量工厂流水线的岗位，截至2002年底，共批准外商投资企业接近50万家，这些企业的就业人员接近2000万人。

中国制造业在2010年占GDP的比重达40.1%（1952年仅占17.6%），有200多种商品的产量居世界第一位，钢、水泥、煤炭、家电、手机、计算机等行业的产量在世界占比超过50%，中国成为名副其实的“世界工厂”。

2.6.2 迁出制造业的国家（地区）后来是怎么发展的

中国制造业未来会朝着什么方向发展，可以参考四次大迁移中迁出制造业的国家（地区）的发展思路。

1. 英国

英国在20世纪初制造业繁荣，并占据欧洲第一名的位置。1950年，英国有900万人从事制造业，占总人口的20%，制造业对GDP的贡献达到1/3。1970年，英国被德国抢走欧洲制造业霸主地位后，随着国内经济衰退，积极推行“去工业化战略”，向服务业和金融业转型。制造业占GDP的比重迅速下降，到2010年仅占不到10%，而制造业的从业人员更是减少超过70%，大部分从业人员转型到服务业。英国在航空、汽车和芯片等行业占据全球前三的地位，著名品牌有劳斯莱斯、ARM等。

2. 美国

美国将低端制造业迁往日本、德国后，制造业仍持续繁荣了20年，一直到1970年美国的钢产量依然是世界第一位。在1970年钢产量被日本超越后，美国跟英国一样向服务业转型。从1980年到现在，美国将大部分劳动密集型产业外包出去，仅保留价值链高端的制造业，如汽车、航天航空、芯片等，而信息技术和金融作为新的增长点占GDP的比重越来越高。如果从制造业增加值来看，美国仍居世界第一位，并且在汽车、航空航天、医疗器械、芯片、制药、工程机械等行业处于绝对领先位置，著名品牌有福特、波音、英特尔等。

3. 日本

20世纪70年代，日本将制造业迁往“亚洲四小龙”后，汽车取代钢铁成为第一大产业。到1998年，日本的汽车产量已占世界总产量的20%，主要出口到美国，与美国品牌展开激烈竞争。除了汽车，日本在打印机、数码相机领域也占据领先地位，著名品牌佳能在全球数码相机和打印机市场分别占据30%和27%的份额。在某些看不见的地方，日本的制造业也能做到极致，如图像传感器、轴承等一些关键配件，其他国家都要从日本进口。

4. 中国香港

中国香港跟英国、美国、日本的情况不同，作为中国的一个地区，香港无须担忧本地产业是否过于单一，将制造业完全迁出后专注发展金融业、服务业以及早期的旅游业。制造业在 20 世纪 80 年代占据了香港近 1/4 的 GDP，如今不到 10%。

2.6.3 对中国的启示

从上述国家（地区）的历程可以发现一些共同点：一是迁出劳动密集型制造业，保留及发展技术密集型的高附加值制造业；二是转型服务业，服务业占 GDP 的比重逐渐增加，制造业逐渐减少。可以预见，中国制造业未来可能也会朝这个方向前进。但形势较为严峻的是，一方面，劳动密集型制造业的订单被印度、越南、印度尼西亚等人工成本更低的国家抢走；另一方面，机器人和自动化发展的速度很快，欧美和日本等国家（地区）开始让制造业回归本土。

而中国以往依靠人口红利实现制造业增长，在高端制造业领域尚无引以为傲的产品，虽然军工、家电、路由器、个人计算机（PC）等行业在世界领先，但实际上，这些产品的基础材料和高精度配件，以及加工这些产品的机床，很多进口自国外。因此，在制造业发展中，应坚持质量基础提升与产业质量升级相结合的发展思路，推动质量水平向中高端迈进，促进制造业转型升级与健康发展。在制造业发展中，应以提质增效为中心，以创新驱动为动力，以提品质、创品牌为主攻方向，解决企业关键质量问题，以赢得市场认可的以国际化品牌为标志的竞争新优势。

2.7 制造业发展前景①②③

目前我国制造业处于转型期，即从部分行业的传统制造业向高端制造业转型，从工业 2.0 时代、工业 3.0 时代向工业 4.0 时代转型。

2.7.1 提质增效，制造业转型升级

关于制造业发展，习近平总书记提出坚持质量第一、效益优先的原则，把提高

① 王晖．两种工业化战略新视角下中国三大现代制造业发展研究［D］．北京：首都经济贸易大学，2014.

② 黄培．中国制造业 30 年发展的回顾、反思与展望［EB/OL］．［2022-05-14］．http：//www.doc88.com/p-9701508805471.html.

③ 刘任远．中国制造业的下一步怎么走［J］．人民论坛，2017（35）：68.

供给体系质量作为主攻方向，显著增强中国经济质量优势。我国被称为“世界工厂”，产业门类齐全，市场潜力巨大。现存的问题主要是部分行业产能过剩。为了解决这一问题，国家相继出台了“供给侧结构性改革”和《中国制造 2025》等政策和规划，指出制造企业必须实现转型和产业升级；必须研制具有自主知识产权的产品，不断创新；必须提高产品质量、改善供应链管理、强化成本控制、提高市场反应速度；必须实现商业模式的创新，结合互联网经济的特点，充分应用信息技术，积极创新企业的营销和服务模式，赢得更大商机，提升客户满意度。

2.7.2　制造业智能化、服务化

越来越多的制造企业意识到，要保持和提升自己的竞争优势，就必须在产品研发、企业管理等方面全面实现信息化。制造业普遍信息化、智能化，是未来制造业发展的大趋势，随着计算机网络技术在制造业中的应用，我国工业互联网已经取得巨大成就，但是占比较小。从全球视野来看，德国的“工业 4.0”、美国的“工业互联网”、中国的《中国制造 2025》，都为未来制造业的发展指明了方向。

2.7.3　制造业逐渐由沿海地区向内地迁移

近年来，内地优惠的税收政策、便宜的土地和人力资源，使得沿海地区的制造企业逐渐向内地迁移，在中西部地区布局，而外企尤其是零部件企业也迅速向内地延伸。另外，中国政府实施的西部大开发、中部崛起战略以及“一带一路”倡议也逐渐显现出效果，高速铁路、高速公路及大桥等交通运输网日趋完善，网络信息的互联互通及便捷的交通使得内陆地区的装备制造业、电子等产业实现了迅速增长。

2.8　总结

制造业对于中国乃至世界上的其他国家，都是社会进步与富民强国之本。新中国成立以来，经过几代人的努力，中国制造业发展取得的成就是举世瞩目的。中国有由 39 个工业大类、191 个中类和 525 个小类构成的工业体系，是唯一拥有所有门类的国家，能够自主生产从服装鞋袜到航空航天、从原料矿产到工业母机的所有工业产品，可以满足民生、军事、基建和科研等所有领域的需要。

但是我国制造业的素质、产品质量和技术水平，同发达经济体的先进制造业相比，仍有很大的差距。在高端制造业的研发能力、能源和原材料消耗、劳动生产率、环境保护及市场营销能力等诸多方面，中国要赶上发达经济体的先进水平还有很长

的路要走。

美国人撰写的运营管理书籍中，美国制造业的发展历史基本上就是运营管理的发展史，泰勒的标准化、福特的流水线等管理体系，其核心就是标准化提升效率。

美国学者在总结日本制造业发展的成功因素时认为，与西方的还原论不同，远东社会似乎更倾向整体论或系统论的观点。在这种方法中，单个组件更多的是根据它们与其他子系统的交互及系统的总体目标来看待的。这种系统观点无疑影响了精益生产系统在日本的发展。比如，美国和日本对制造业设置问题的不同反应，清楚地说明了简化论和整体论观点之间的差异。机器从生产一种产品到生产另一种产品的转换需要设置时间。在美国工业工程/运筹学文献中，几十年来，设置时间被视为约束条件，引导了各种复杂的数学模型的发展，以确定“最佳”批量大小来平衡设置成本与库存成本。从简化论的角度来看，这个观点是非常有意义的。在简化论中，设置是为考虑的子系统制定的。相比之下，日本人从系统的角度看待制造系统，意识到安装时间是一个可以缩短的条件，缩短设置时间有明显的价值。巧妙地使用夹具、固定装置、非循环准备等（后来被称为单分钟换模），使一些日本工厂实现了比美国同类工厂更短的安装时间，特别是使日本成为世界上汽车工业生产率最高的国家之一。与美国同行相比，这些工厂变得更容易管理，也更灵活。

美国和日本的制造业的发展不仅为本国经济的腾飞做出了贡献，也为运营管理的发展做出了贡献。我国制造业发展的关键词是“改革”“开放”“成本”等，全面体现了后发国家学习先进国家的特点，而在运营管理的思想和方法上，还没有创造性的贡献，或者说我们还没有发现创造性的贡献。

思考题

1. 为什么制造业对一个国家很重要？

2. 中国制造业发展分为几个阶段？

3. 中国制造业成功的关键是什么？

4. 中国制造业存在的主要问题是什么？

5. 如何实现中国制造业的产业升级？

6. 在产业升级的同时如何保持中国制造业的全产业链？

7. 中国制造业的发展和美国、日本的不同之处在哪里？

8. 查一查我国制造业的直接就业规模，并根据本章提供的数字计算间接就业规模。

9. 一个制造经理需要什么样的基本技能才能既关注全局又关注重要的细节，不会完全不知所措？

10. 在过去的半个世纪里，美国制造企业的首席执行官更多地来自财务或会计部门，而不是制造部门。请问，这对美国的制造业有什么影响？

11. 人们可以将美国制造业的成功归因于成本维度上的有效竞争（大规模生产带来的规模经济），将德国制造业的成功归因于质量维度上的有效竞争（卓越的产品设计和符合性能规范的声誉），以及将日本制造业的成功归因于时间维度上的有效竞争（缩短制造周期和快速推出新产品）。当然，每个新崛起的制造业大国也都是在其前身的规模上展开竞争，因此德国必须具有成本竞争力。除时间外，日本还使用成本和质量。那么你认为中国制造业的竞争维度是什么？

扫码获取参考答案

第3章 运营战略

学习目标

本章主要介绍企业如何设计与企业战略定位相匹配的运营系统。以大家比较熟悉的海底捞和呷哺呷哺为例，通过对比说明它们的运营系统是如何匹配各自的战略定位的。通过学习思考企业每个细节是否与其战略相匹配，而不是盲目地认为谁好谁坏。

3.1 概述

海底捞于2018年9月26日在中国香港上市，市值940亿港元。海底捞以其"变态服务"著称，一般顾客需要等候2小时才能排上号，却因为海底捞的服务而愿意等待，因此海底捞成为很多企业学习的对象。虽然海底捞的服务看起来简单得离谱，可是许多企业努力学习却难以成功复制。那么问题在哪里？或许我们应该换一个问题，这些餐饮企业是否需要学习海底捞的做法？我们发现，与海底捞做法截然相反的呷哺呷哺也是一家成功的火锅企业，大家津津乐道的海底捞服务在呷哺呷哺几乎没有，但是它也发展得很好，1999年在北京开第一家店，2014年12月17日在香港上市，可见其发展之快。海底捞和呷哺呷哺都很成功，而它们的做法却截然相反，关键在于它们的战略定位不同。从海底捞和呷哺呷哺的成功案例中可以看出，企业成功的模式并非唯一。以服务著称的海底捞可以成功，以低成本为战略的呷哺呷哺也可以成功。

一家企业的战略市场定位如何影响其业务流程的选择？一家企业如何验证其流

程是否具备支持其竞争战略的适当能力？在设计业务流程时，企业如何利用流程能力中固有的权衡优势？本章考察了战略与运营管理的关系。

3.2　战略定位和运营效力

"战略"一词源于希腊军事术语 stratégia，即"将军的艺术"，这是策划一场战争的艺术或科学。最初的管理层出于对战略的思考大多把商业当作一场战争，目标是胜利。然而，时代已经改变了，首席执行官不再是将军，工人也不是士兵。今天，战略是实现目标的计划，该计划明确规定了管理者要实现企业目标必须做些什么。通常商业战略的隐含目标是提供相对于竞争对手的持续优势，而不仅是平均表现。一家企业要想超越竞争对手，必须与竞争对手不同，并且要比它们更好。因为类似的企业，特别是同行业企业的表现方式是不同的，所以，可持续的竞争优势需要某种形式的差异化。

我们根据以下四个维度对产品属性进行分类：

（1）产品成本是客户拥有和体验产品所产生的总成本。它包括购买价格及产品寿命期内产生的任何费用，如服务、维护、保险，甚至最终处置的费用。成本很重要，因为客户通常会在预算限制内做出购买决定。比如，中午你要吃一顿便餐，眼前就有海底捞和呷哺呷哺，你会选择谁呢？如果一个人不想为了吃一顿饭而花太多钱，那么呷哺呷哺是更好的选择。

（2）产品交付响应时间是客户在收到向供应商表示有需求的产品之前必须等待的总时间。如果产品在货架上，则响应时间实际为零；如果将其存储在仓库或配送中心，则响应时间包括将其交付给客户所需的运输时间；如果企业没有库存产品而仅按订单生产，则响应时间还包括生产产品所需的时间。对于服务，响应时间取决于为客户提供服务所需的资源可用性。如果没有立即可用的资源，则客户必须等待。例如，在没有空闲结账员的情况下，客户必须等待结账服务。通常客户倾向响应时间短，希望需求立即得到满足。同样，如果中午你想用餐，眼前就有海底捞和呷哺呷哺，你会选择谁呢？一般由于呷哺呷哺排队的人较少，等待的时间较短，并且用餐时间短，因此呷哺呷哺是更好的选择。当然到了晚上，你有足够的时间等待，或许你为了享受海底捞的服务，愿意等待较长的时间。

（3）产品种类是提供满足客户需求的选择范围，可以在不同水平上解释和衡量品种。在最低层次上，我们可以根据产品提供的定制水平来衡量各种变化，包括针对特定汽车型号提供的选项或牛仔裤的样式、颜色、尺寸和数量。在更高的层次上，人们可以根据企业提供的产品线或产品家族的数量来衡量多样性。例如，通用汽车提供的紧凑型跑车、豪华轿车和运动型多功能车（SUV）之类的产品范围，比仅提供跑车的法拉利制造商提供的产品线更多。同样，百货商店提供从休闲、商务到正装的全系列商品，而零售商店只提供燕尾服，标准商品的种类很少，定制商品则是量身定制的、专门针对客户的独特需求或愿望的商品。例如，在百货商店购买衣服之类的消费品时，顾客必须从有限的选项中进行选择；相反，在定制裁缝店订购西装时，可以满足每个顾客的个人需求，这实际上构成了几乎无限的产品种类。虽然海底捞和呷哺呷哺都是以涮锅为主，但是两家餐饮企业提供的产品种类却差别很大。总的来说，海底捞提供的种类要比呷哺呷哺多得多。也就是说，顾客更容易在海底捞找到自己想吃的食物和得到自己想要的服务。

（4）产品质量是满足顾客需求的各种属性的集合。产品质量通常是最难定义和度量的产品属性，因为主观判断和感知在质量评估中起着重要作用。从客户的角度来看，质量取决于产品的功能（它可以做什么）、性能（它的功能如何）、可靠性（它随着时间的推移如何保持一致）、可维护性（它可以被迅速修复的时间）、美观性和一致性。产品功能和性能受设计质量的影响，而可靠性受生产流程与设计符合程度的影响。汽车的样式、尺寸、选件和发动机额定值是其功能，加速、紧急处理、乘坐舒适性、安全性和燃油效率是其性能，而经久耐用和无故障性能则代表了其可靠性。

产品的价值用这些属性某种组合中获得的效用来衡量。产品价值或效用是四个产品属性的复杂函数，用定性的方式定义产品价值可能很容易，但是在实践中却很难衡量。产品价值的合理估计是特定客户愿意为产品支付的价格。当然，付款意愿因客户而异。通常，如果产品的品种多、质量高、交付快速且价格低廉，当然能为客户带来高价值，但是所有产品都需要权衡取舍。比如，有些产品好，但交付速度慢；有些产品便宜，但效果不佳。对于企业来说，一项重要的战略决策就是选择正确的产品属性组合，以生产出产品，吸引特定市场细分的顾客。由于竞争激烈，企业的产品种类和质量都必须不断提高，成本和交货响应时间都必须减少。

我们可以将产品定义为四个属性（成本、时间、品种和质量）的组合。当对这四个属性进行测量和量化时，我们可以通过产品空间中的一个点来表示产品成本、时间、种类和质量。战略定位确定了企业希望向客户提供的产品属性。图 3.1 描述了 A（呷哺呷哺）和 B（海底捞）两家企业的战略定位。呷哺呷哺提供低成本标准化产品，而海底捞提供较贵但定制（不同顾客得到不同的服务）的产品。箭头显示企业战略的预期移动方向。

竞争对手在竞争的产品空间也占有一席之地。我们可以衡量每一个竞争对手的产品性能，通过其产品的属性推断出其战略定位，这也代表其在竞争空间中的当前地位。因此，占据不同的位置需要生产和交付不同的产品属性。这就要求企业的业务流程和竞争对手不同。例如，在汽车行业，吉利汽车的目标是占据低成本的汽车市场，而沃尔沃则致力于追求生产高质量的汽车。正如我们后面对海底捞和呷哺呷哺的比较，当企业的战略定位不同，也就是产品属性不同时，每一家企业的业务流程也会有所不同。

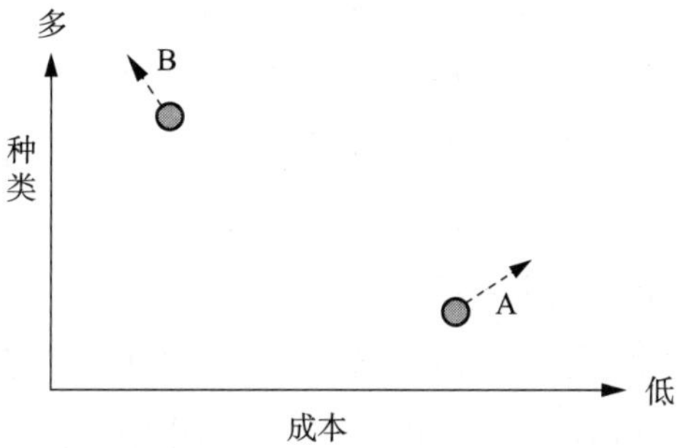

图 3.1　竞争产品空间中的当前地位和战略方向

企业要追求卓越的业绩，必须努力选择与竞争对手不同的产品属性，并创建比竞争对手更有效的业务流程。流程有效性是指企业制定支持企业战略的流程比竞争对手的更好。流程的效力包括但不限于效率，它指的是允许企业更好地利用其投入的任何数量的做法，例如减少产品缺陷或更快地开发产品。更重要的是，要明白运营效力并不一定体现在成本上，也就是说，并不意味着流程的成本最低。例如，联邦快递的战略定位是以速度和可靠性为重点，通过建立具有快速和高可靠性的流程而不是低成本的流程来提升运营效力。在实践中，要获得和保持竞争优势，企业必须具备良好的运营效力以支持战略定位。企业的战略定位就是要确定做正确的事，选好方向，找到自己的定位、自己的顾客群，才能依此建立自己的核心资源，进而建立完美的运营系统来保证战略的执行。而执行就是要正确地做事，只有通过完美的运营系统，用正确的方法做事情，才能最终把事情做正确。

比如，海底捞建立了无处不在的服务流程以为顾客提供“变态服务”；而呷哺呷哺则建立了低成本的运营流程。海底捞和呷哺呷哺的战略选择见表 3.1。

表 3.1　海底捞和呷哺呷哺的战略选择

战略	海底捞	呷哺呷哺
战略选择	差异化	低成本
具体形态	主动服务	标准化
核心资源	员工	流程
门店选址	扎堆	人流多的地方
顾客在店时间	较长	尽可能压缩
目标顾客	聚会	用餐
店面大小	大	小
店面数量	少	多

企业的核心资源也需要和企业的战略选择相一致。海底捞的主动服务完全依赖人，服务是一项人对人、面对面的工作，员工的态度和行为很重要，对顾客热情和积极是必不可少的要求，所以员工就是它的核心资源。换句话说，海底捞的员工不是随便在社会上招一个就能够顶上。呷哺呷哺标准化的目的就是不依赖人，也就是说，员工可以简单培训上岗，容易替换，所以需要很好的流程设计。而选择中间战略的企业既需要一定程度的流程设计，也需要在一定程度上依赖员工。比如，一家以独特口味著称的餐饮企业会严重依赖厨师，厨师的成本也就随之增高，它需要通过合理的流程设计实施标准化来降低成本。

对于大多数餐饮企业来说，像海底捞一样扎堆选择门店的地址是不二的选址策略，也就是选址通常在餐馆比较集中的地方。这是因为这些地方吃饭的人多，而海底捞优势明显，可以吸引到大量的客源。一般而言，尽可能不要选择只有自己一家餐馆的地方，因为单店是很难长久生存的。对于快餐来说情况则不同，即使孤零零一家，如果是在人流很多的地方，也是没问题的。呷哺呷哺近似快餐，因此选址在人流多的商场等地方。很多知名的餐饮企业也可以靠品牌选择独此一家的地方。

至于在店时间，因为海底捞要让顾客体验到它的“变态服务”，这就需要足够的时间才能让顾客充分体验到，所以它希望顾客在店时间长一些。对于顾客来说，呷哺呷哺就是为了解决吃饭问题，而且价格低廉，因此它就会尽可能压缩顾客的在店时间。对于其他企业来说，如何控制顾客的在店时间也是需要考虑并精心设计的。因为如同航空、电影院、宾馆一样，它们在一段时间内流失的顾客是无法在其他时间补回来的。比如，因为高峰期餐厅没有座位流失了 50 位顾客，这 50 位顾客并不能通过员工加班补回来。餐饮、航空、电影院、宾馆都是即时消费，顾客的消费无法延迟。航空、电影院、宾馆可以通过价格来调节，高峰期价格高，低峰期价格低。但由于用餐时间相对刚性，所以价格手段往往不适用于餐饮。

海底捞开的店通常都很大，大概 600 平方米，但是数量相对较少，在北京共有 24 家。呷哺呷哺的门店一般只有 100 平方米，比海底捞小得多，但是在北京有 247 家店，数量比海底捞多得多。即使离海底捞很远，顾客也会选择去海底捞聚会。换句话说，海底捞可以把远处的顾客吸引过来，所以海底捞一个店可以覆盖很大的区域。相比在一个区域内开几个小店，开一个大店就能满足这个区域的需求，这对于海底捞来说再好不过。因为一个大店的面积比几个小店的总面积要小，对应的租金更少，当然装修费用也要少得多，所雇用的服务员数量更少，所需要准备的各种原材料也更少。总的来说，开大店比开小店合算，其前提是远处的顾客愿意来店里用餐。那么是不是呷哺呷哺也应该开大点呢？答案是否定的。因为顾客去呷哺呷哺单纯就是为了用餐，一般会选择就近的餐馆。

3.3 战略层次结构

战略规划跨越一个组织的不同层级。在最高级别上，企业战略定义了企业将参与的业务，并规定了如何获取和分配给每一项业务的关键资源。在次高层级上，业务战略确定产品属性和细分市场，其目标是通过建立四个产品属性的竞争优先级来区别于竞争对手。所以，业务战略需要进行行业的竞争分析、关键能力和资源分析。在下一个层级上，需要制定职能战略，定义企业的三大职能：营销、运营和财务的战略目的。市场营销部门识别目标客户、选择产品、明确竞争对手，运营部门设计、计划和管理为客户提供产品的流程，财务部门获取并分配所有业务流程所需要的资源。

运营战略通过设计和管理流程，使企业能够生产和交付产品。其任务是选择流程所需的活动和资源，包括输入和输出、流程单元和信息。运营部门还需具备开发必要流程的能力：流程成本、流程时间、灵活性和质量，以支持业务战略。业务战略必须建立与总体目标相一致的业务目标，并开发流程来实现这些目标。例如，如果业务策略的最高竞争优先级是产品成本，那么企业制定的运营战略就是高效的业务流程。比如，呷哺呷哺采取低成本战略，就需要通过高效的流程来实现。同样，如果一家企业的竞争优势来源于产品品种，其业务流程必须具有足够的灵活性，以生产和交付产品。比如，海底捞为每位顾客提供贴心的服务，因为每个人的需求不同，所以需要有足够的灵活性。

如果战略目标是提供较短的响应时间，则流程需要有更多的库存，或者过剩的产能。比如，海底捞对顾客需求的响应时间很短，所以需要更多的服务员。如果战略目标是生产和交付高质量产品，则需要高质量的工艺、高精度的设备和训练有素的工人。比如，海底捞要为顾客提供高质量的服务，就需要训练有素的服务员。在任何情况下，流程能力都必须与产品属性保持一致，运营战略必须与业务战略保持一致。图3.2描述了沃尔玛是如何实现一致性的。

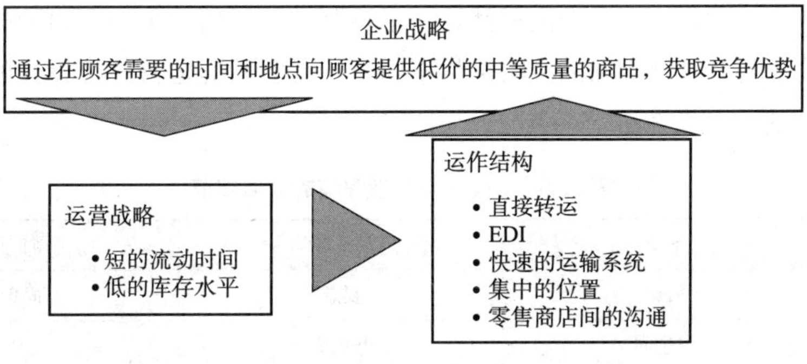

图3.2　沃尔玛企业战略、运营战略与运作结构

沃尔玛是分层战略一致性的典型例子。如图 3. 2 所示，沃尔玛将自己定位为一家低成本的中档商品零售商，其业务战略就是持续的产品供应。其运营战略为了支持这一业务战略，要求沃尔玛有一个高效的分销流程，其特点是响应时间短、库存水平低。

沃尔玛为了实现这两个看似相互矛盾的目标，建立了自己的运输车队和信息网络，配备卫星通信系统来连接商店，从而让零售商和供应商密切沟通，通过销售数据快速补充耗尽的库存；通过交叉对接配送中心实现较低的库存水平。进货卡车对着出货卡车停靠，这样货物就可以直接从进货卡车转移到出货卡车，而不需要中间储存。总体结果：库存周转率高，是行业平均水平的 4 倍；产品更好地瞄准市场，从而减少了库存和减价现象，每平方英尺商店面积的销售额显著提高，2002 年为 455 元，是折扣店平均销售额（224 元）的 2 倍；市场份额占多数，从 1987 年的 20%增长到 1995 年的 47%，再到 2002 年的 63%，而它的竞争对手——第二大零售商 Kmart 在 2002 年只占 10. 6%的份额。因此，沃尔玛是一家战略定位良好的企业，该企业精心策划了支持商业战略的运营战略和流程。

战略是从宏观角度把握全局，但制定一个清晰、正确的战略终归要回到运营这个执行层面。形成企业竞争优势的因素是多方面的，综合体现在客户、质量、时间、成本和服务等关键要素上，这些反映了企业实际的市场竞争能力。虽然出色的技术可以是核心能力，雄厚的资金可以是核心能力，但它们都是核心竞争力的体现方式。如果没有很好的运营管理方式和盈利模式将这些要素结合在一起，再出色的能力和核心资源也会失效。企业 CEO 不一定要亲自设计企业的流程，但是一定要对此高度重视；否则，有可能通过资本运作筹得了资本，通过广告吸引了客户，但是最终不能很好地为客户提供服务，反而让客户有被欺骗的感觉。长久而言，这对企业很不利，无论是对制造业还是服务业，都是这样。

细节决定成败。决定成败的细节对于一家企业来说就是运营。运营可以精细到构成企业活动的任何一个细小的流程中，而企业综合能力的提高就有赖于这些细小的流程。“蝴蝶效应”“一个马蹄铁毁了一支军队”，这样的故事不胜枚举。同样的道理，对于企业而言，每一个流程都是一个马蹄铁，任何一个细节出问题都可能酿成大祸。海底捞与呷哺呷哺的战略定位不同，使得它们的运营系统设计的每一个细节都是不同的（见表 3. 2）。

表 3. 2　海底捞与呷哺呷哺的战略细节

序号	细节	海底捞	呷哺呷哺
1	后厨	复杂	简单
2	卫生间	五星级	无
3	等候空间	很大	很小

续表

序号	细节	海底捞	呷哺呷哺
4	服务空间	大	小
5	餐台布置	传统	吧台
6	用餐空间	大	小
7	总空间利用率	小	大
8	餐厅面积	大	小
9	餐厅数量	少	多
10	服务种类	很多	很少
11	服务响应时间	快	慢
12	服务员数量	多	少
13	服务员忙闲	相对闲	非常忙
14	色调	偏暗	明亮
15	餐具	陶瓷	塑料
16	小料	丰富	极少
17	饮料	很多	很少
18	菜单	复杂	相对简单
19	菜品	复杂	简单
20	点餐	慢	快
21	收银	餐后	餐中
22	清洁	多次热毛巾	1张纸巾
23	就餐时间	长	短

当然，不是说一家企业只要定位和竞争对手不一样就可以成功，而是需要围绕自己的战略定位打造一个完美的运营系统，只有完美匹配战略定位的运营系统才能打造一家完美的企业。海底捞和呷哺呷哺都打造了完美的战略与运营相匹配的模式，所以它们都成功了。任何一家优秀企业的做法，首先不是学不学得会的问题，而是是否符合自己的战略定位、是否值得学习的问题。如果搞不清楚自己的定位，不能根据自己的定位来打造自己的运营系统，那么一家企业经营系统的各个部分之间就可能相互矛盾、互相掣肘，这样做事的方法就可能不正确，也就难以把事情做正确，也让管理者和员工无所适从。正如哈佛商学院教授斯金纳所说，一家企业不可能在所有方面都超过竞争对手。很多企业甚至经验丰富的管理者都可能犯最基本的错误。

我们把两家企业看成一条线段的两个端点，海底捞代表一个端点，呷哺呷哺代表另一个端点，这样我们就可以知道它们之间的差别。由此我们就知道当一家企业的战略定位介于海底捞和呷哺呷哺之间时，它应该处在这条线段的哪一点上，这样就容易帮助企业根据自己的战略定位打造完美的系统。

对于表 3.2 中海底捞和呷哺呷哺的战略细节对比，我们只对其中几项做出解释。如餐台布置方面，呷哺呷哺选择吧台式布置：一是节省空间，同样的面积可以容纳更多的顾客，当然也就节约了花在每个顾客身上的饭店租金；二是服务员在吧台里面服务，为不同顾客服务所走动的距离大大减少，提高了效率，可以减少服务员的数量，从而节省成本。餐厅的色调，海底捞偏暗，呷哺呷哺明亮，因为海底捞要营造舒适休闲的环境，而呷哺呷哺采用的是快餐厅的主色调。

一家企业的战略定位不仅能从管理者身上看出来，甚至从一名普通员工每天所做的简单的工作中也可以看出来。一个好的战略需要与员工每天的行为联系起来，这样才能保证战略的实施。将这些细节简单归纳一下就会发现，海底捞的运营始终围绕差异化战略展开，而呷哺呷哺的运营则始终围绕低成本战略开展。在这些细节方面，每家餐饮企业都可以根据自身战略来设计。如果战略定位和海底捞或呷哺呷哺其中一家相同，则可以向相应的企业学习；如果选择中间战略，则需要在海底捞和呷哺呷哺的各个细节设计中进行衡量取舍。

3.4 战略适应度

普遍的观点是把效率高的流程等同于有效的流程。虽然成本效率——以最少的投入达到预期的产出是一项重要的竞争优势，但是企业也可以在其他战略定位上竞争，例如定位在响应时间、产品品种或产品质量上。因此，对一家企业有效的业务流程，对于同行业另一家战略定位不同的企业来说，可能是一个糟糕的选择。那么如何判断流程是否有效呢？如果一个流程能够低成本高效运行，并且能够支持企业战略，它就是有效的。因此，流程有效性的关键条件是企业战略的三个主要组成部分——战略定位、流程、管理策略存在战略契合。

战略适应度是指企业的竞争优势与其使用的流程和管理策略之间的一致性。如果高层管理人员缺乏基本业务流程的知识，或者把重要的流程决策委托给不熟悉企业总体战略的经理，则可能缺乏一致性。比如，在第 1 章提到的惠普公司的 CEO 卡莉·菲奥瑞纳，她失败的根本原因在于缺乏足够的公司运营经验，对产品的设计、制造等环节缺乏了解。在任何一种情况下，企业的战略定位和业务流程都可能是不相容的。假如一家企业投资于灵活的制造系统，但仍然生产大批量的少数产品，就会导致产品成本的增加。

20 世纪 90 年代初的业务流程再造运动强调对业务流程进行重新思考和重新设计，以此作为在时间、成本、质量和服务等领域提高绩效的手段。

3.5 重点业务

战略匹配需要与业务策略相一致的业务流程。然而，由于没有一个单一的流程能够在每个维度上都表现良好，所以不可能有适合所有策略的流程。因此，选择一种战略需要关注该做什么、不该做什么。

设计一个实现有限目标的流程比设计必须满足许多不同目标的流程更容易，可以集中资源为有限的市场提供服务。为满足有限市场的需要，可以专门设计和运作相应的业务流程。如果流程的产品组合在产品空间中所占的面积很小，则该流程是集中的；相反地，如果产品组合在竞争空间中较为分散，流程则不那么集中了。位于印度的阿拉文德眼科医院提供了一个很好的例子，它集中在提供高质量和低价格的服务上，而牺牲了多样性。它每年提供18万台白内障手术，尽管70%的患者不支付或几乎不支付任何费用，而且医院不依赖捐赠，然而产生了40%的毛利。国际零售商阿尔迪专门经营有限种类的私人标签，以尽可能低的价格提供高质量的产品。第一家阿尔迪商店于1948年在德国城镇埃森开业。目前，阿尔迪是国际杂货零售业的“领头羊”，拥有5000多家分店，在欧洲、美国和澳大利亚都有业务。它成功的秘诀在于强调节约和简单，从而产生非常低的成本结构。然而，低价的代价是品种要少得多。

一个专注的流程不一定只生产有限数量的产品，可以是一个集中的操作，只要它的所有产品具有相似的质量、成本和及时性，就可以提供多样化产品。例如，医院的急诊室注重服务的多样性和反应性。2000年7月，美国密歇根州奥克伍德医院的急诊科保证急诊室患者能在30分钟内就医。奥克伍德医院完全改造了急诊室流程，使在急诊室就医的患者的平均等待时间从几小时缩短到22分钟。一年后，在6万名急诊室患者中，除32人外，其他人都在保证的30分钟内得以就诊。

即使企业为更广泛的市场服务，也可以为每一细分市场确定不同的战略重点，也就是子战略。每一项子战略都可以设计一致的业务流程或有重点的业务流程来提供支持。例如，大多数综合医院将急诊室和创伤科与其他科室分开，实现了集中治疗。一些医院更进一步，开发了独立的单元，集中在诸如髋关节或膝关节置换和康复等常规手术上。大型制造商通常拥有支持整个产品生命周期的多家工厂：研究和开发、原型实验室、生产工厂、销售部门、融资服务办公室和修理设施（所有这些设施都实际独立）。这种分而治之的策略也可以在较小的范围内通过在工厂内分离生产线来实施。哈雷-戴维森拥有两个独立的流程，一个用于小型833cc发动机和传动系统，另一个用于大型1340cc动力传动系统。这种策略是合乎逻辑的，因为每条生产线都需要一个独特的流程，并且有足够多的订单数量来保证投资。同样，引擎制造商布里格斯将其不同的生产工厂分开，并在每家工厂内将产品装配线分离。

将重点业务实现战略匹配的做法使竞争对手难以模仿。任何单一的活动都容易被模仿，但所涉及的活动越多，大规模模仿就越难。美国大陆航空公司通过创建一家名为“Continental Light”的低成本航空企业来模仿美国西南航空公司：取消了膳食和头等舱服务，增加了起飞频率，降低了票价，缩短了在登机口的周转时间。由于大陆航空公司在其他航线上仍是一家全面服务的航空企业，无法做到只在某些航班上提供餐饮服务，因此，大陆航空公司未能将“Continental Light”视为一个独立的、集中式的单元。诚然，财务方面的考虑可能迫使大陆航空公司将其低预算业务与全面服务业务保持一致。于是，大陆航空公司设计了一个混合流程，但这个流程无法与西南航空公司的重点业务竞争。运行后不久，大陆航空公司就取消了“Continental Light”。今天，许多航空企业都成立了旨在以低成本竞争的子公司，如泰德由联合航空公司创办，老虎航空公司由新加坡航空公司创办，等等。这些合资企业能否成功地与西南航空公司和瑞安航空公司这样的纯低成本航空公司竞争，还有待观察。

3.6 匹配产品和流程

产品生产需要与生产流程相匹配。图 3.3 产品流程矩阵是将流程与产品相匹配的有用工具。横轴表示产品品种从“品种少”（代表大批量生产的标准化产品）到“品种多”（代表小批量生产的产品）。在右侧这端，除图中所示的商业打印机、建筑公司外，还有摩天大楼、定制西装、咨询报告和整容手术等产品未列举。这种高度定制的产品生产的数量非常少。左边是另一个极端：高度标准化的大批量生产。除了图中所列产品，啤酒厂和商业造纸厂生产的产品也在这一端。在这两个极端之间，有中等程度的定制和批量的产品。

图 3.3 纵轴度量流程的灵活性，即与产品品种相对应的供应方的流程能力。在底层，低流程灵活性是由于流程体系结构具有严格的、固定的路线和专门的资源，这些资源只能重复执行一组狭窄的任务，就像在流程车间中一样。在顶层，高灵活性来自使用松散连接的通用资源的流程，以便产品可以沿着不同的路线流动，从而产生看起来“混乱的工作流程”。中间流程在专业化程度、批量能力和资源的相互联系方面存在差异。

在理想情况下，每一种流程类型都适合特定的产品需求。例如，作业车间非常适合生产小批量的定制产品，而流程车间适用于满足大批量需求的标准化产品。有效的产品流程匹配发生在产品流程矩阵的对角线上。非对角线位置代表了一种不匹

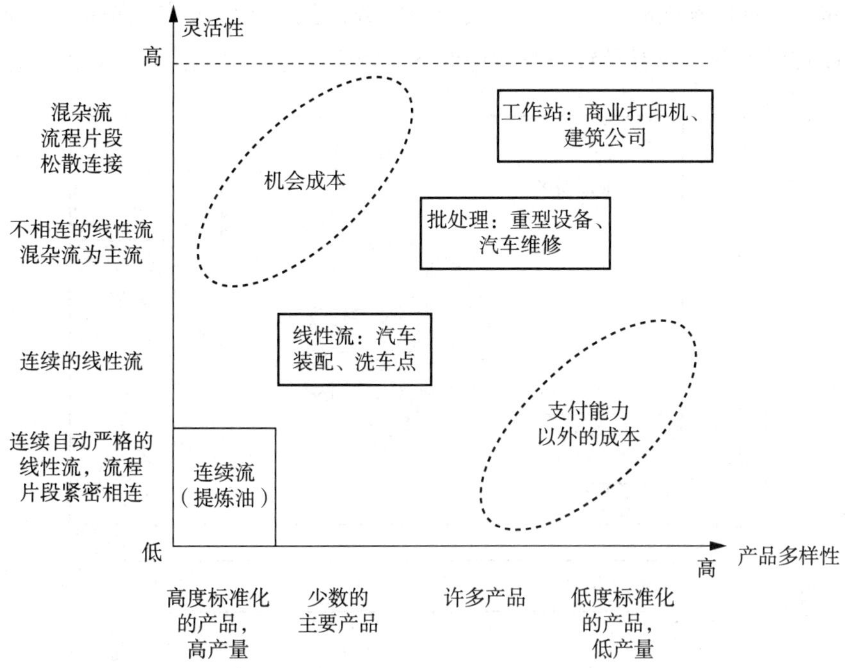

图 3.3　产品流程矩阵

配，这种错配可能导致不必要的高成本—— 一个只生产一种产品的离散车间，或者一个流程车间，为了生产出几种产品，需要进行大量的设备更换。请注意，产品流程矩阵只连接一个产品属性和一个流程能力。流程灵活性与产品成本之间存在相关性：标准化通常会产生规模经济，从而降低可变产品成本。同样，流程灵活性与产品响应时间之间也有关联：流程车间通常比作业车间的流程时间更短。然而，产品质量与资源布局和连接路线没有直接关系。作业车间和流动车间都能生产出高质量的产品。

餐饮企业甚至各行业大多数企业就是在低成本和差异化战略中做选择。海底捞和呷哺呷哺给我们提供了两种战略选择的极端例子，如图 3.4 所示。也就是说，海底捞在差异化的主动服务方面是非常彻底的，而呷哺呷哺在低成本方面也做得非常彻底。

从图 3.4 来看，企业需要在灰色区域做出战略选择：要么低成本，这就需要实施标准化；要么差异化，这往往意味着高成本。呷哺呷哺选择低成本战略，所以它在标准化方面做到了极致。海底捞选择差异化，所以它在服务方面做得很彻底。而大多数企业在图中灰色区域中选择了一定程度的标准化和差异化相结合的中间战略。比如提供较好一点的服务，而成本相对适中，如图 3.4 中的 A 点。如果企业选择图 3.4 中的非战略区，比如 B 点，那么企业就要以较低的成本实现近似于海底捞的服务，这一般是做不到的，海底捞的服务是建立在顾客愿意为此付高价的基础上的。如果企业选择 C 点，就是企业管理得太差了，差到把标准化做得成本居高不下。如果企业想实行低成本战略，却学习海底捞的服务，就会导致成本居高不下，低成本战略也就难以为继；或者导致服务质量低下，顾客满意度很低，难以赢得顾客青睐。

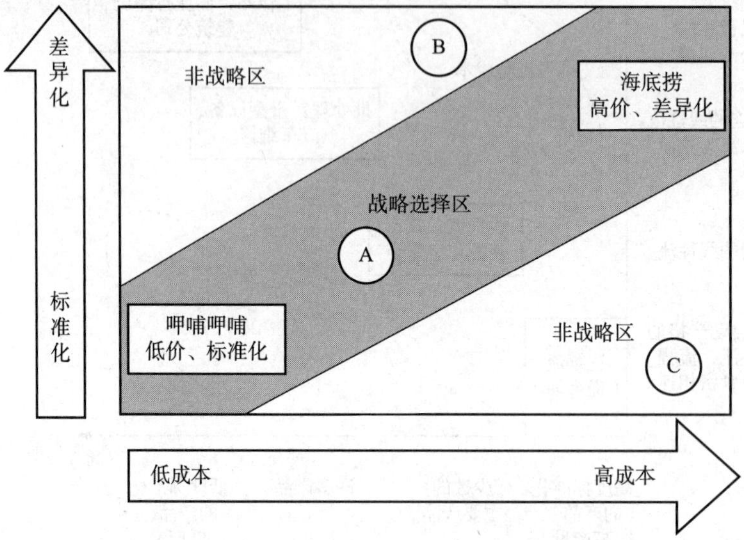

图 3.4　海底捞与呷哺呷哺的战略选择

3.7　运营前沿和权衡取舍

一旦企业选择了运营战略和流程架构，它就必须管理流程来执行该战略。也就是当流程结构已经存在时，经理们需要考虑做到世界一流企业的最佳做法。图 3.5 中，运营前沿代表了当今世界一流企业的最佳做法。位于同一条线上的企业（A、B、C）有着共同的战略定位，但处在运营前沿的企业 A 拥有最高的运营效率。因此，企业越接近前沿，其运营效率就越高，流程管理也越好。图 3.5 中，企业 C 的运营效率最低，因此流程管理也最差。

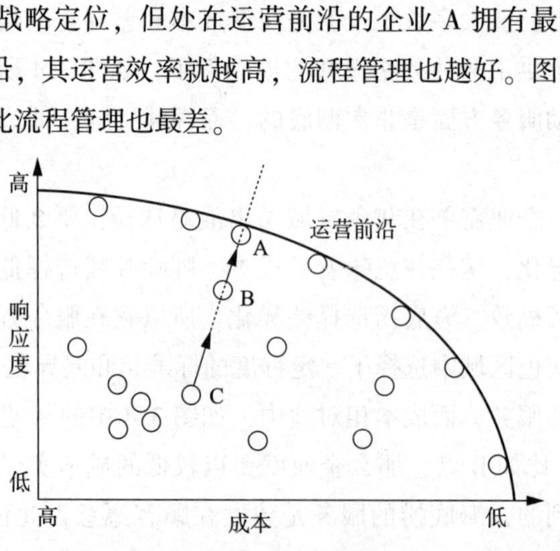

图 3.5　运营前沿

运营前沿的任何一点都代表一种权衡：要提高一个产品维度的性能，比如响应度，就必须放弃其他方面的性能，比如成本。但是，没有达到运营前沿的企业不会面临严格的权衡，它们可以在多个方面同时改进。因此，权衡通常最清楚地反映在世界级企业的战略中。

丰田建立了丰田生产系统（TPS），其方法现在被称作精益生产。TPS背后的关键思想是在客户需要的时候准确地生产出客户需要的东西，并且同时做到品种多、质量高、成本低、响应时间短。实际上，它重新定义了运营前沿，以至于世界各地的竞争对手不得不争先恐后地学习。最初，当竞争对手开始模仿TPS的要素时，它们看到成本和质量都有了显著的改善。那么是不是成本与质量或成本与品种之间的权衡就不再有效了？这就好比班上成绩较差的同学，学习的时间太少，通过努力增加学习时间，好几个科目的成绩都提高了；而成绩最好的同学几乎用尽了学习时间，需要考虑如何在各个科目上分配学习时间，有所取舍。也就是说，能够同时在两个维度取得进步的企业是本来就做得不好的企业，只有做得好的企业才会出现要提升一个方面，就必须放弃另一方面的情况。

提高运营效率与改进战略定位是不一样的。战略定位确定了从目前位置改进的方向，运营有效性是指当前位置向运营前沿方向改进的距离。如果企业已经处在运营前沿上，要改变在运营前沿上的位置，就必须在两个维度之间权衡。如果一家综合性医院要同时处理紧急和非紧急情况，可以将业务分为两个不同的部门——急诊和非急诊。急诊室雇用“随时待命”的医生和工作人员，能够灵活迅速地治疗各种疾病。同时，非急诊部门雇用更多的专门人才，每一种人才都用于治疗一小批患者，如图3.6所示。

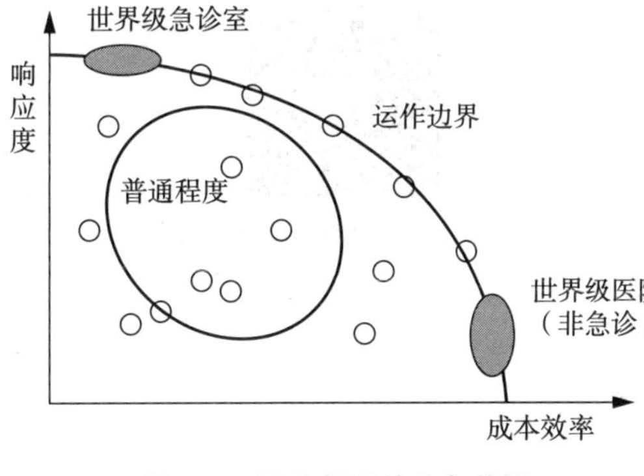

图3.6 医院部门的业务前沿

因此，不处于运营前沿的企业可以通过向前沿移动，在两个方面同时做出改进。换句话说，提高企业运营效率的目的是使企业更接近前沿。比如，一家餐饮企业如果希望通过服务制胜，就需要向海底捞接近；如果希望通过低成本制胜，就需要向呷哺呷哺接近。而战略定位则是改变方向，确定企业希望占据的前沿阵地。比如，呷哺呷哺的母公司为了占领别的细分市场，开启了新的餐饮模式：湊湊。

随着技术和管理实践的进步，运营前沿在向外移动。互联网是新技术的一个例子，它有可能推动运营前沿向外移动。

思考题

1. 便利店和超市的战略有什么不同？它们的业务流程如何支持这一战略？

2. 麦当劳和高档餐厅的战略有什么不同？它们的业务流程如何支持这一战略？你是否希望每个流程更像作业车间或流水车间？为什么？

3. 产品从引进到成熟再到下降的生命周期中，什么样的流程（车间、批处理或生产线流程）在每个阶段都是合适的？为什么？

4. 一个小型制造商已经建立了自己的基础，能够及时完成大量的小订单。一家企业要求下大订单（相当于其他所有订单的当前数量），但要求30%的折扣。你认为制造商应该接受订单吗？

5. 比较医院急诊室的患者与牙科患者在价格、质量、时间和品种上的差异。

6. 请说明“战略的本质是选择不做什么”的一个论据。

7. 请再找出3个海底捞和呷哺呷哺的不同之处，并解释是否和它们的战略相匹配。

8. 任意找一家餐馆，说明它更像海底捞还是更像呷哺呷哺？为什么？

9. 提出专业制作的两个优势，并说明不是所有组织都采用专业制作的两个原因。

扫码获取参考答案

第4章

流程分析：流程图

学习目标

通过本章的学习，理解细节管理的重要性，并理解只有通过流程才能管理细节，掌握流程导向的企业管理思想。掌握流程图的各种符号：缓冲、工序、流向、流程单元，以及分析复杂流程的层叠流程图概念。掌握分析流程的基本概念：库存、流转时间、输出率等。

4.1 细节

杰西卡于1985年10月26日出生在墨西哥，她小时候就患有心脏疾病。1999年3月，杰西卡的家人带着她穿越了美国和墨西哥之间的边境偷渡到美国，目的地是杜克大学——世界上领先的器官移植中心。1999年4月8日，杰西卡被诊断为限制型心肌病。2002年1月11日，杰西卡加入了等待心脏移植手术的队伍中。杜克大学将她的年龄、血型及其他医学信息输入数据库，该数据库由美国器官共享网络维护，这是一个在里奇蒙德（弗吉尼亚州）的非营利性机构，简称为UNOS。

2003年2月6日，传来消息说一个7岁的小孩脑死亡并且愿意捐献器官。新英格兰器官银行首先查找当地合适的候选人，没有的话就扩大范围，最终找到了杜克大学。杜克大学选择了杰西卡作为器官接受者。然而当时的外科医生贾格斯却忘记核查双方的血型，器官捐献者的血型是A型，杰西卡的血型是O型。移植的协调者应该复查双方的血型，但是负责此事的协调者却疏忽了。另外，贾格斯派人去波士顿取器官，但是当值的外科医生去不了，于是贾格斯派了另外一个人去，这个人不是一名全职的高级主治医师，他走的时候并不知道杰西卡的血型是 O 型。虽然器官上面的血型已经被标识为 A，但是在场的人都不知道杰西卡的血型，因此没有发现血型不符。

贾格斯的医术很强，他做过很多例移植手术，而且统计表明，他的手术死亡率只是全国平均水平的一半。手术完成后的上午 10 点左右，一名警觉的医师在进行例行检查时发现了杰西卡和捐献者的血型不符，他马上通知了相关的协调者，并且迅速给杰西卡注射了免疫抑制剂。随后，杜克大学采取了第二次移植手术等一系列挽救措施，但最终无济于事。

再次手术后的第二天凌晨 2 点，医生发现杰西卡脑部不正常凸出；3 点时，脑部肿胀出血；9 点时，杰西卡脑部已经没有活动迹象；下午 1 点 25 分，宣布杰西卡脑死亡。最后，杰西卡的父母留了她的一束头发作为纪念。

杜克大学在杰西卡事件后迅速彻底地检查了她的移植草案，并因此事失去了“完全信任资格”，而被降级为“需要进一步提高”，相关机构负责人称“杜克正在积极地改变它们的程序，对于健康中心来说，名誉和钱是最重要的，杜克大学的名誉因此事受到了很大的影响”。

器官移植网络也因此发生了重大改变，UNOS 开始实施大范围、多层次的保护和检查措施。国家的各个器官移植中心也重新核对了患者的资料并且改进了它们的移植程序。

令人痛心的是，十几岁的少女杰西卡失去了生命，只是因为她和捐献者的血型不同，造成这样灾难的原因仅仅是细节上的失误。这些细节的失误简直是不可宽恕的：

- 外科医生贾格斯疏忽了核查双方的血型。
- 移植的协调者疏忽了复查双方的血型。
- 去波士顿取器官的人不是一名全职的高级主治医师，走的时候并不知道杰西卡的血型。

西方谚语中有这样的表述：“魔鬼在细节中”，“一颗钉子能毁灭一个王国”。中国古语也有云：“小处不渗漏，暗处不欺隐。”很多类似的说法都是为了说明这样一个道理：细节很重要，不关注细节往往会影响整体的效果，甚至付出惨重的代价。杰西卡的例子，以及古往今来的很多故事都印证了细节的重要性。关注细节，才能保障成功；忽视细节，可能付出生命的代价。

4.2 结果导向与流程导向

一家著名的企业实施了一套车队管理方法。该企业把车分给司机，如果员工需要用车，就向司机订车。公司主要根据出车次数来考核司机，其依据的逻辑是，司机服务越好，订车的次数就会越多，所以出车的次数是评价司机绩效的指标。这种管理方法是以结果来评价员工的，这就是结果导向的管理方法。结果导向的管理方法主要通过关注结果来进行管理，因此对过程的关注度就会相应减少。结果导向的管理方法有利于管理者从细节中脱离出来。

结果导向的管理方法在企业中的应用很普遍，比如公司往往通过利润来衡量高层管理人员的业绩，公司对销售人员的激励也以销售额为指标。

一家跨国企业在中国的工厂派车接待来宾，当一辆黑色轿车停在来宾身前时，司机从车内下来，穿着深色西服，面带微笑，礼貌地和来宾打招呼，并且很优雅地打开车门让来宾上车，整个过程都体现了高质量的服务，给来宾留下了非常深刻的印象，同时也展示了企业良好的形象。那么前面提到的那家企业的管理车队的方法是否会让它的司机和这家跨国企业的司机有一样的表现呢？

运营管理和一般的管理有什么不同？在中国，大家通常理解的管理就是管人，而运营管理主要是管事。管好人不就管好事了吗？这种说法符合一般人的想法，事都是人做的，管好人，人就会做好事。如果你负责一家搬运公司，你会怎么管理搬运工人呢？当然是谁搬的东西多谁拿的钱多。这种想法和前面那家企业管理车队的想法一致。但如果每个人都这么想，可能就没有今天的科学管理了。至少20世纪初“科学管理之父”泰勒不这么想，他想的是，要找什么样的工人，用什么样的工具，采用什么样的搬运方式及步调才能达到最高的效率。而他通过详细的研究确定了标准的工人、标准的工具和标准的作业流程后，效率提高了3倍。

泰勒的研究告诉我们，作为管理者不仅要关注结果，更要研究实现结果的过程。关注过程的管理方法，我们称作流程导向的管理方法。结果导向的管理方法虽然能使管理者从细节中脱离出来，但是可能会助长他们逃避作为管理者的责任的行为。因此，我们应该关注实现结果的过程，为业务流程制定标准。

4.3　做事的流程

做任何事情从开始到结果都有一个流程，图4.1是一个早晨上班的流程。由此可以看出，流程就是把要做的事情按顺序用箭头连起来。

在生活中有很多事情我们已成习惯，并不会特意考虑它的流程。但对于企业来说，生产一种产品或提供一项服务，所需环节很多，如果把流程画出来，做事情的过程就会变得清楚明了。企业通过一系列加工工序把原材料和零部件转换成客户需要的产品，或者通过一系列服务工序让客户获得所需要的服务。

有的流程很简单，比如在零售店购买商品的流程，就是取货、付钱两道工序。

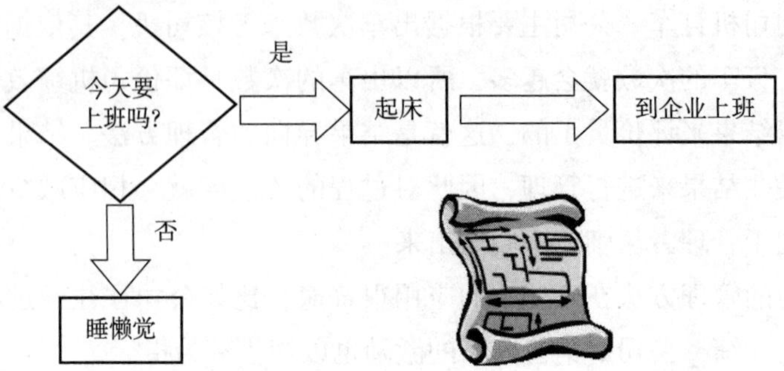

图 4.1　上班流程 1

但是有些流程却很复杂，比如生产一辆汽车，涉及上万道工序。因此，在复杂的流程中，我们需要更加细致地考察其中的工序。

工序是组成流程的基石，它本身就是一个迷你流程，对流程中工序的描述可以简单也可以很复杂。对于某一项流程，如果每道工序包含的任务很少，也就是说，工序更加细化，那么流程就变得更复杂；如果每道工序包含的任务较多，那么工序就更加粗化，流程就变得更简单。在实际研究流程时，需要根据我们评价和改进流程的目标，选择一个合适的工序细化水平。例如，当研究一条供应链时（一个包含消费者、供应商、生产商、批发商和零售商的组织流程），可以视每个组织为一道工序。但是，当更充分地研究每个组织时，则必须仔细观察其中的具体工序以更细致地研究流程。如果要关注每一个细节，则需要尽可能细化工序，细化到每一个操作步骤。

在复杂的流程中，可以采用分流程和层叠结构来逐步展开更加细化的工序流程。一般说来，工序本身可以细分为更小的工序，该工序也可以看作一个流程，这时我们可以把它看作原流程的分流程。

我们如何决定哪些部分为不可再分工序，哪些部分可以进一步细分？对这个问题的回答取决于两个因素：我们希望关注的流程部分和我们要求的细致程度。如果我们希望同时以不同的细致程度表示流程，则可以使用层叠流程结构。在图 4.2 中，工序 D 被进一步细分为包含 4 道工序的分流程。

细节关乎企业的成败，但作为企业管理人员，尤其是高层管理人员，是不是需要关注每一个细节，事必躬亲呢？比如，一辆汽车的产出往往需要上千人的劳动，由上万道工序组成的几百条流水线完成，那么让一个高层管理人员关注每一辆汽车生产的细节简直是天方夜谭。即使一项相对简单的工作，如果细化到每一个操作，细节也会成百倍地增长。事实上，作为高层管理人员关注每一个细节根本是不可能的事情，因此高层管理人员常常在“细节关乎成败”和“细节如此之多”之间困惑。面对这样的困惑，管理人员应该怎么做呢？

层叠流程就是解决管理者困惑的关键方法。层叠流程的方法告诉我们，不同层

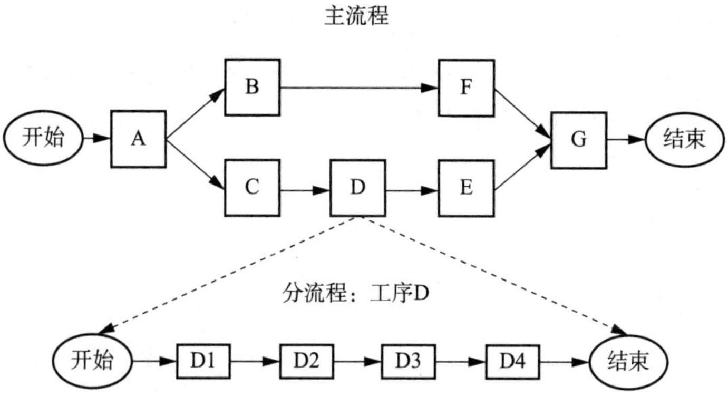

图 4.2　流程分解

级的管理者对流程细节关注的程度应该是不同的，越高层的管理者关注的流程越粗化。比如，企业总裁可能只需要从供应链的角度观察整个流程即可，这个流程包含的工序就是供应商，企业内部的采购、生产、销售部门，分销和零售商及客户。每道工序都可能是一家企业，或者企业的一个部门。对于中层的管理者来说，其所管理的部门就是一个流程，工序就是部门内部要做的各项事情。基层管理者关注的可能是一个车间、一条生产线、一个服务点等。最后，每一个基层员工负责自己具体做的几件事情。这样一层层展开，流程也从最宏观的以企业和部门为工序细化为以每个具体的操作为工序。

举个生活中的例子来说明层叠流程。比如，你早上起床一般需要穿衣服、洗漱、吃早餐、上班，如图 4.3 所示。

图 4.3　上班流程 2

拿穿衣服来说，有的人先穿上衣，再穿裤子；有的人先穿裤子，再穿上衣，如图 4.4 所示。

图 4.4　穿衣流程 1

拿穿上衣来说，你需要一只手臂先穿进一只衣袖，另一只手臂再穿进另一只衣袖，扣上扣子或者拉上拉链，如图 4.5 所示。

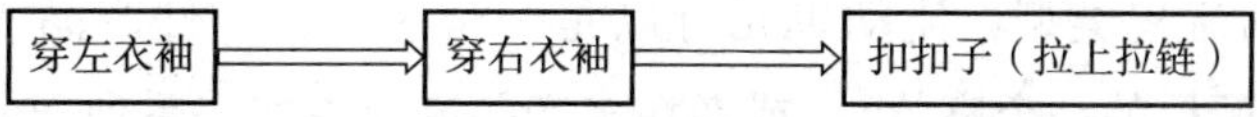

图 4.5　穿衣流程 2

这样我们就用层叠流程把早上起床的过程逐步细化了。

层叠流程：企业不同层次的人员负责不同细化程度的流程，从而从宏观到微观，将工序从部门细化到每一个具体的操作中，解决“细节关乎成败”和“细节如此之多”之间的矛盾。

4.4 观察流程

通过层叠流程我们可以把流程从宏观层次逐步细化到微观层次来描述，从而使不同层级的人员从不同层面观察流程。无论哪一层级的人员，关注的主要对象都是在流程中流动的流动单元。流动单元是流程转换的对象，既可以是物质产品，比如汽车，也可以是被服务的人，比如看病的患者。

流动单元要经历流程中多个环节，我们把各个环节称作工序，就是具体要做的事情。流程中所有环节通过箭头连接起来就组成了工序网络，所以一项流程包含的主要元素有（见图4.6）：

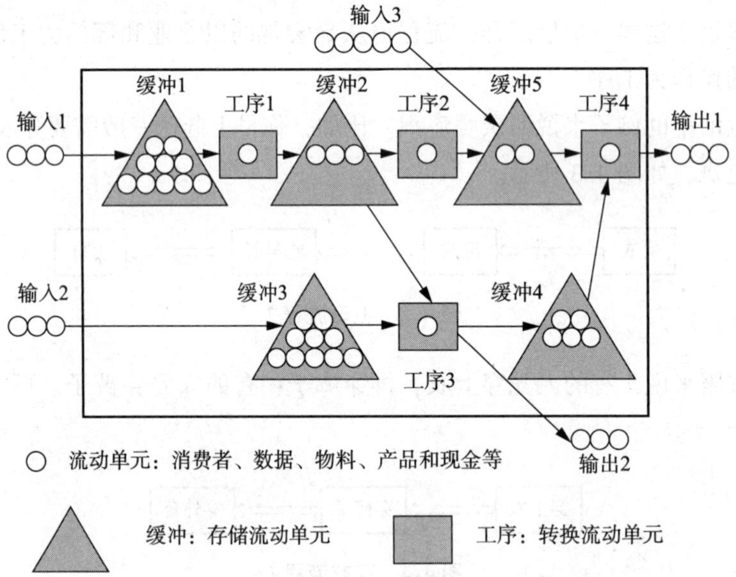

图4.6 流程

1. 流动单元

根据不同的流程类型，流动单元可以是一个客户、一件产品、一件中间产品（如一家汽车装配厂的一个座位），或者在多产品流程中的一系列产品（如最终装配所需的一系列半成品）。但是，我们研究一项流程时，需要把流动单元用同样的单位统一起来，也就是说，把所有的流动单元视为同样的东西，因而用同样的单位表示。在图4.6中，我们用小圆圈表示流动单元。

流动单元：在流程中流动的单位，可以是物品、人、钱、数据等。

2. 由工序和缓冲组成的网络

一项流程就是一个从投入到产出的转换过程，被转换的对象就是流动单元。在图4.6中，我们用方框表示工序。工序把投入转换为产出以满足后道工序或客户的需要。比如，在汽车装配企业中工人通过装配线上的各道工序把汽车零部件装配成一辆整车交付给客户，实现了从零部件到整车的转换。在出租汽车公司，出租司机通过出租车为乘客提供接送服务，通过开车的工序把乘客从一个地方转移到另一个地方。

在很多流程中，为了保证流程工作的顺利，在工序之间往往需要设置相应的存储空间来临时存放原材料和中间产品。这种存储空间就是缓冲区，用来防止因为机器故障等情况发生而出现断流的情况。在图4.6中，我们用三角形表示存储流动单元的缓冲。整个转换过程就是由一道道工序和缓冲组成的网络。表4.1列出了常见的一些业务流程。

工序：转换流动单元的作业。缓冲：存储流动单元的地方。

表4.1　常见的业务流程

流程	流动单元	投入产出转换
满足订货	订单	从收到订单到配送产品
生产	产品	从收到材料到完成产成品
外围后勤	产品	从完工产品到向客户运送产品
客户服务	客户	从客户到达至离开
新产品开发	项目	从确认需要到投入生产新产品
现金流	现金	从支出资金到收回资金

观察流程主要是观察流动单元在流程中的转换过程，流动单元以一定的速率进入流程，经过一段时间及一系列转换后，以一定的速率流出流程。因此，我们关注的几个主要流程运营指标就是单位时间离开流程的流动单元数，即输出率；每个流动单元在流程中平均经历的时间，即流转时间；在流程中的流动单元数量，即库存；流动单元的质量和转换成本。

3. 输入率与输出率

对于一项流程来说，识别其输入和输出很重要，因为通过识别输入和输出，我们可以把流程和外部环境分开，这样便于分析流程。图4.6中方框所包含的范围就是我们要考虑的流程，其包含了4道工序和5个缓冲。在图4.6中，共有3个输入和2个输出。

从外界可能有多个进入流程的输入，也可能有多个离开流程的输出。我们把单位时间内所有进入流程的流动单元数称为输入率，把单位时间内所有从流程离开的流动单元数称作输出率。这里需要注意的是，我们认为进入流程的流动单元总会离开流程，所以总输出等于总输入，而对于输入、输出而言，总处理时间是相同的，即输出率等于输入率。进入流程的流动单元没有离开流程，永远留在流程内部，这样的流程是不存在的。这就好比一个人去医院看病，他进去了却没有出来，这是不可能的，不管以何种方式，他都会离开医院。同样，零部件或原材料进入工厂，最终会以产品的形式离开流程，当然也可能以废物的形式离开流程。总之，进入流程的流动单元必定会离开流程，所以流程的输出率等于输入率。那么流程的输出率取决于什么呢？有两种情况：一种是流动单元的到达率小于整个流程的转换速率，因为到达的所有流动单元都可以进入流程，所以输入率就等于外部的到达率，因而也小于流程的转换速率。因为输出率等于输入率，所以输出率也小于流程的转换速率。另一种是外部到达率大于整个流程的转换速率，就不能保证外部到达的所有流动单元都进入流程，这是因为如果流动单元都进入流程，输入率将大于流程的转换速率，流动单元会越积越多，以至于无穷，而流程缓冲区的产能是有限的，只能容纳有限数量的流动单元。因为只有部分流动单元进入流程，所以输入率小于外部到达率；因为进入流程的流动单元必然会离开流程，所以输出率等于输入率。总之，输入率和输出率小于等于到达率，图 4.7 和图 4.8 分别展示了到达率大于输入率和到达率等于输入率的两种情况。

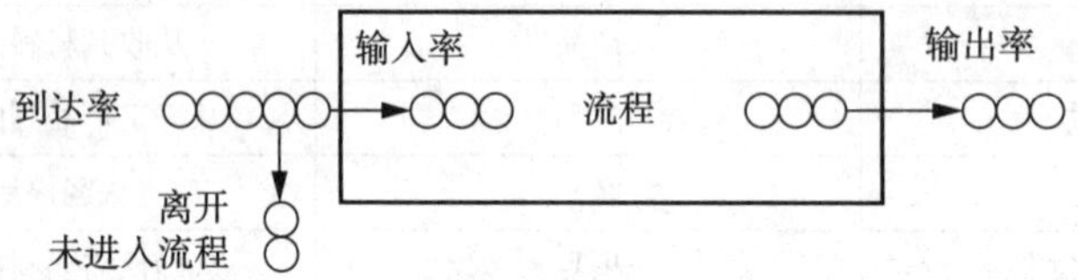

图 4.7　到达率大于输入率

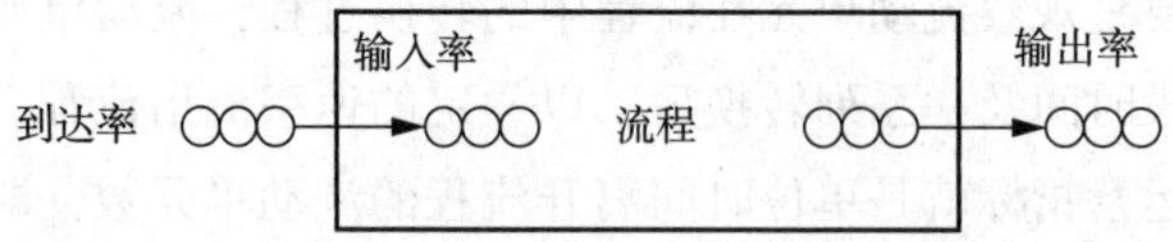

图 4.8　到达率等于输入率

输入率：单位时间内所有进入流程的流动单元数。输出率：单位时间内所有离开流程的流动单元数。

$$输出率=输入率$$

4. 库存

我们知道流动单元进入流程，经过一段时间后最终会离开流程，因此在任何时刻，在流程中都有一定数量的流动单元。我们把在流程中的流动单元称作库存。库存包括流程内所有工序中被加工和服务的流动单元，以及在所有缓冲区等待加工和服务的流动单元。

库存：在流程中的所有流动单元的数量。

值得注意的是，我们经常说的库存往往是一个平均意义上的概念，因为流程中不同时间的流动单元的数量是不同的。如果不同时间的库存水平不同，我们就把库存抹平，从而使所有时间点上的库存水平完全一致。流程有输入和输出，输出率和输入率相等也是平均意义上的，某一个特定时间的输出率和输入率往往是不相等的。所以，可以把流程看成一个流入率和流出率相同的水箱，水箱中存水的数量始终保持不变。

库存可分为原材料库存、生产过程中的库存（在制品），以及产成品。

5. 流转时间

如果流动单元是人，比如医院的患者，他一定关心自己在医院所花的时间，患者总是希望在医院花的时间越短越好。如果流动单元是产品，由于产品占用资金，所占用的资金有时间成本，比如利息，所以对于管理者来说，他希望产品在流程中的时间越短越好。

一个流动单元从进入流程到离开流程平均花费的时间被称作流转时间。这个时间包括流动单元在各个工序被加工或服务的时间，以及在各个缓冲区等待的时间。

流转时间：流动单元在流程中所经历的平均时间。

6. 转换成本

流动单元在转换过程中发生的总成本，它包括原材料成本和运作流程的固定成本与变动成本。如果把客户的使用过程也包括进来，则是在产品生命周期中发生的任何成本，包括服务、维护、保险，甚至最终处置的成本。

7. 质量

产品质量是指其满足顾客需要的程度，它取决于该产品怎样发挥作用和怎样更好地发挥作用。从客户的角度来说，质量取决于产品的特性（它能做什么）、绩效（它做得怎么样）及可信任度（它是否一直有作用）。

虽然不同层级的人员观察流程的范围不同：有的人员处在管理高层，会从较高的层面甚至全局来观察流程；而有的人员处在操作底层，观察到的流程可能只是某几道工序，甚至某一道工序。但他们观察的对象都是流动单元，流动单元会流过流程的全部或者部分工序。由于不同层级的人员关注的范围不同，所以他们通过关注自己负责的流程来认识其输入率和输出率、库存、流转时间、转换成本和质量。

综上所述，从企业高层到员工关注的都是流动单元，但所观察的流程范围不同。

用流程的观念研究企业的运营，我们称为流程观。流程观可以帮助我们实现两大功能：①评价流程；②研究流程设计、重构、管理，以及改进绩效的方法。

思考题

1. 请举一个细节影响全局的例子。

2. 用层叠流程说明早上起床后的洗漱过程。

3. 请说明结果导向和流程导向的不同之处。

4. 培根说："真理从错误中比从混乱中更容易得到。"请解释为什么。

5. 为什么输出率等于输入率？

6. 列出下列组织的流动单元。

计算机制造商、电话公司、红十字会、律师事务所、快餐店、学校、银行、艺术博物馆、公共公园、牙膏制造商。

7. 画一个在食堂吃饭过程的流程图。

8. 计算以下各项的每小时产能：

a）3台机器并联运行的站，每个站的处理时间为20分钟。(9单位/小时)

b）具有单机站的平衡生产线，平均加工时间为15分钟。(4单位/小时)

c）具有单台机器工作站的4条生产线，其中1、2、3、4站的平均加工时间分别为15分钟、20分钟、10分钟、12分钟。

d）一条生产线有4个工作台，每个工作台有多台机器，其中1、2、3、4工作台的（并行）机器数分别为2台、6台、10台、3台。1、2、3、4工作台的平均处理时间分别为10分钟、24分钟、40分钟、18分钟。

e）配备充足设备的3条生产线（操作员不会因为缺少设备而无法处理作业），由6名操作员组成，他们的平均处理时间相同，在1、2、3线分别需要10分钟、15分钟、5分钟。

f）除2线仅由两台并联机器组成外，其他线路与e）相同。所有其他生产线仍然有足够的产能。

扫码获取参考答案

第5章 流程分析：利特尔法则

学习目标

掌握利特尔法则，学会用利特尔法则分析流程，既包括只有一个环节的流程，也包括需要多个环节的流程。特别是理解利特尔法则中库存、输出率和流转时间三者之间的变化关系。学会用这种相互影响的变化关系分析企业问题。

5.1 做事与排队

做事是一个流程，做事的过程就是通过流程中的工序对流程单元进行加工或服务的过程。流程单元可以是人，比如医院的患者、银行的顾客等，也可以是产品，比如方便面、汽车等，还可以是货币及数据等。我们会发现，只要流程单元进入流程，就会面临排队的情况。在流程中，流程单元在缓冲区排队等待加工或服务。因此，流程单元在流程中除被加工或服务外，还有一项任务就是排队。

我们在日常生活中总是避免不了排队，比如排队看医生、排队上车、排队买票、在超市排队付款、在食堂排队买饭等。

除了日常生活中人们需要排队等待，还有很多产品和服务也需要排队等待。商场里货架上大量的商品等待人们去购买，电影院大量的座位等待人们就座，仓库里大量的货物等待运走，工厂里大量的零部件等待加工和装配。

排队就是等待，几乎没有人喜欢等待，因为等待意味着浪费时间。国外一位著名学者研究了很多种业务，发现在实际业务中，排队等待占了90%以上的时间，而实际产生价值的作业所花费的时间却低得惊人。见表5.1所摘录的数据。

表 5.1　业务流程的流转时间效率

行业	业务	所花平均时间	实际作业时间	效率
生命保险	新申请政策	72 小时	7 分钟	0.16%
消费包装	新图形设计	18 日	2 小时	0.14%
商业银行	消费贷款	24 小时	34 分钟	2.36%
医院	患者账单	10 日	3 小时	3.75%
汽车制造	财务结账	11 日	5 小时	4.68%

注：单位为日的一天工作 8 小时。

据美国的有关资料估计，美国人每年要花 370 亿小时等待，平均每人每年等待 150 小时。

当流程单元进入流程排队时，可能只排一个队列，因为只有一台机器或者一个服务员，比如小商店只有一个售货员，顾客只能排一个队列等待购买。一个流程也可能有多个服务员，比如超市有多个收银台，因此顾客要在每一个收银台后排一列队。有的银行网点，虽然有多个服务台，但是银行规定只能排一列队，而很多银行实行电脑取号，就相当于排队了。在更复杂的流程中流程单元需要经历多道工序，每道工序可能有不止一个服务员，比如医院，患者要排队挂号、排队看医生，然后根据情况排队做其他检查、排队缴费和取药。有的地方是多个服务员排多列队，比如挂号、缴费；有的地方是多个服务员排一列队，比如看医生，一个诊室往往有几名医生，而患者只能一个一个地进去；有的地方只能排一列队，比如做某项检查的只有一名医生。在银行里，取号可能有多个选项，比如理财和一般业务，不同选项的顾客在银行里等的时间也不一样，这是因为银行赋予了不同性质的顾客不同的优先权。一般而言，对于银行来说，能够带来更多利润的顾客会得到优先权。在有的超市里，会设置一个 6 件以下商品通道，目的是希望买东西少的顾客能够快速通过，不至于等待很长时间，这是因为买东西少的顾客一般没有较长时间的采购计划，希望快买快走。虽然这样的设置会对购买多个商品的顾客不公平，但从长期来看，对每个人都是有利的，因为每个人都可能遇到购买商品数量少的情况。给排队的流程单元设定排队的规则也是排队的重要内容。一般的排队规则就是先来先服务，不同的流程可以根据情况设定一些特别的排队规则。

有意思的是，我们可以把所有做事的过程看作一个排队的过程。流程单元在流程中要么处于排队等待状态，要么处于被加工或服务的状态。因此，我们可以用排队的思维研究做事的流程。

关键概念：

排队：做事的过程，流程单元排队等待加工和服务。

队列：一个服务台一个队列，多个服务台多个队列，多个服务台一个队列。

排队规则：先来先服务，优先通过。

5.2　理发店的简单排队规律

我们怎么观察流程呢？当面对一个庞大而复杂的流程时，发现数量众多的流程单元在流程中沿着不同的路径流动，这是件让人头痛的事情。也许我们可以从观察简单的流程入手，看看能不能找到观察复杂流程的某种规律。

让我们想象一下理发店的情况。我们设置这样一个理发店：只有一位理发师，为了方便，假定他理发的速度是每小时1人。理发店还需要放置让顾客等候的座椅。理发店流程如图5.1所示。

图5.1　理发店流程

我们把理发店看成一个流程，流程单元是需要理发的顾客，唯一的工序就是理发。我们把这个流程看成一个排队过程，也就是说，顾客进入理发店后先排队然后理发，理完发离开理发店。

我们关心的是，这个理发店的输入率和输出率是多少？每个顾客在理发店里待的时间是多长？平均有多少顾客在理发店？

第一种情况：顾客到达的速度为每小时1个顾客。

我们假设顾客到达的速度和理发师理发的速度一样，每隔1小时来1个顾客。所以输入率是每小时1个顾客。由于顾客到达的速度和理发师理发的速度一样，所以理发店永远只有1个顾客在理发，流程的库存是1个顾客。顾客经历1小时理完发离开，所以流转时间是1小时。1小时从理发店出去1个顾客，所以输出率是每小时1个顾客。

理发店的输出率=1个顾客/小时；

库存=1个顾客；流转时间=1小时

第二种情况：每2小时到达1个顾客。

和第一种情况不同，我们假设每2小时才来1个顾客。因为理发师的理发速度是每小时1个顾客，那么理发师只有一半的时间在理发，而另一半的时间只能等待顾客的到来。流程的输出率等于输入率，每2小时从理发店离开1个顾客。而理发店也并不总是有顾客，一半的时间有顾客，另一半时间没有顾客，平均来看，理发店里只有0.5个顾客。每个顾客到理发店不用等待，经过1小时理完发就离开理发店，所以流转时间就是 1 小时。

理发店的输出率=1 个顾客/2 小时；

库存=0.5 个顾客；流转时间=1 小时

第三种情况：顾客到达的速度大于理发师的理发速度。

我们假定顾客到达的速度大于理发师的理发速度，所以理发师一直不能闲着。根据理发师的理发速度，我们知道理发店的输出率是每小时 1 个顾客，因为输出率不可能超过理发师的理发速度。

理发店输出率=1 个顾客/小时

结合第一、第二种情况，我们发现输出率等于输入率和理发速度两者中较小的一个。

输出率=(输入率，理发速度)两者中较小的一个

在第 4 章中，我们知道输出率应该和输入率相等，这样才能保证每一个进入流程的流程单元最终都离开流程，否则，流程中就会积累越来越多的流程单元。在这种情况下，我们不能让所有到达的顾客都进入理发店，可以在理发店放置座椅供顾客等待，假设 1 把座椅只能坐 1 个顾客，理发店最多只有和椅子数一样多的顾客等待。由于顾客不愿意站立等待，那么只有 1 个顾客理完发离开，空出 1 把椅子来，才会进入下 1 个顾客。由于出去 1 个才能进入 1 个，因此这样的安排使得输入率等于输出率，而出去的速率是每小时 1 个顾客，所以输出率也是每小时 1 个顾客离开理发店。这一点可能与现实情况不同，不过这是为了我们分析问题方便。下面我们就来考察放置不同数量座椅的情况。

假设不放置等待的座椅，即除理发用的椅子外，等待的座椅数为 0，那么任何时刻理发店都只能有一个人进去理完发离开后，另一个人再进去。这样理发店里面的顾客永远只有 1 个，所以理发店中的库存永远是 1 个顾客。因为每个人理发需要的时间是 1 小时，所以每个人在理发店里待的时间为 1 小时。

理发店库存=1 个顾客；流转时间=1 小时

假设理发店放置 1 把椅子用于客人等待，如图 5.2 所示。这样理发店可以同时容纳 2 个顾客：1 个在理发，1 个在等待。理发店里一直有 2 个顾客，所以库存是 2 个顾客。每个人在理发店将等待 1 小时、理发 1 小时，在理发店经历的时间就是 2 小时。

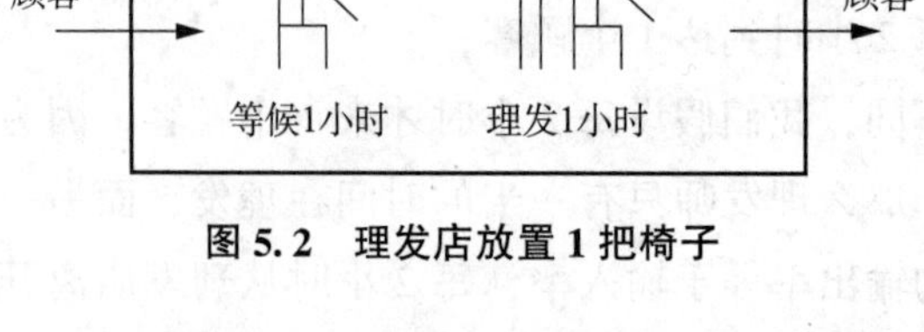

图 5.2　理发店放置 1 把椅子

理发店库存=2 个顾客；流转时间=2 小时

如果理发店放置 2 把椅子用于客人等待，如图 5.3 所示。这样理发店可以同时容

纳 3 个顾客：1 个在理发，2 个在等候。理发店里有 3 个顾客，所以库存是 3 个顾客。每个人在理发店将等候 2 小时、理发 1 小时，在理发店经历的时间就是 3 小时。

图 5.3　理发店放置 2 把椅子

理发店库存 = 3 个顾客；流转时间 = 3 小时

如果椅子增加到 3 把，理发店的库存为 4 个顾客。每个人将等候 3 小时加上理发 1 小时，在理发店经历的时间总共为 4 小时，以此类推。

从前面分析的 3 种情况来看，可以得到什么规律呢？

在第三种情况下，每位顾客在理发店经历的时间就是等待的时间加上理发的时间。理发的时间是固定不变的：1 小时。变化的是等待的时间，顾客等待时间的长短和前面等待的人数有关系。我们发现，随着理发店椅子的增加，理发店里等待的顾客在增加，顾客在理发店经历的时间也在增加。我们进一步想，每个人在理发店经历的时间不仅和等待的人数相关，而且和理发师的理发速度有关。显然，理发速度越快，每个人经历的时间就越少。所以，前面所说的正比例是不是理发师的速度呢？

理发速度的单位：个/小时。理发店人数的单位：个。每个人在理发店经历时间的单位：小时。

个/小时，个，小时

$$个 = \frac{个}{小时} \times 小时$$

从单位的运算来看，这个关系是成立的。

我们考察第二种情况：

理发师的速度 = 1 个顾客/小时；

库存 = 0.5 个顾客；流转时间 = 1 小时

$$0.5\ 个顾客 \neq \frac{1\ 个顾客}{小时} \times 1\ 小时$$

因此，我们猜测的关系在第二种情况下不成立。

但是我们留意一下就会发现，如果把理发师的速度换成输出率，上面的关系就成立了。

输出率 = 1 个顾客/2 小时；库存 = 0.5 个顾客；流转时间 = 1 小时

$$0.5\ 个顾客 = \frac{1\ 个顾客}{2\ 小时} \times 1\ 小时$$

在第一种情况下：

输出率=1个顾客/小时；库存=1个顾客；流转时间=1小时

$$1\text{个顾客}=\frac{1\text{个顾客}}{\text{小时}}\times 1\text{小时}$$

我们来验证第三种情况。

当理发店没有等待用的椅子时：

输出率=1个顾客/小时；库存=1个顾客；流转时间=1小时

$$1\text{个顾客}=\frac{1\text{个顾客}}{\text{小时}}\times 1\text{小时}$$

当理发店放置1把等待用的椅子时：

输出率=1个顾客/小时；库存=2个顾客；流转时间=2小时

$$2\text{个顾客}=\frac{1\text{个顾客}}{\text{小时}}\times 2\text{小时}$$

当理发店放置2把等待用的椅子时：

输出率=1个顾客/小时；库存=3个顾客；流转时间=3小时

$$3\text{个顾客}=\frac{1\text{个顾客}}{\text{小时}}\times 3\text{小时}$$

因此，可以总结得出如下规律，也就是利特尔法则：

库存=输出率×流转时间

5.3 复杂流程的简单排队法则

利特尔法则是不是很简单呢？也许你会怀疑，这个规律是不是只在理发店这种简单的情况下成立，在复杂一些的情况下就不成立了？下面让我们来研究一下更复杂的情况。

我们假设一家制造工厂加工一件产品需要经过四道工序，每道工序的加工时间为2小时，如图5.4所示。

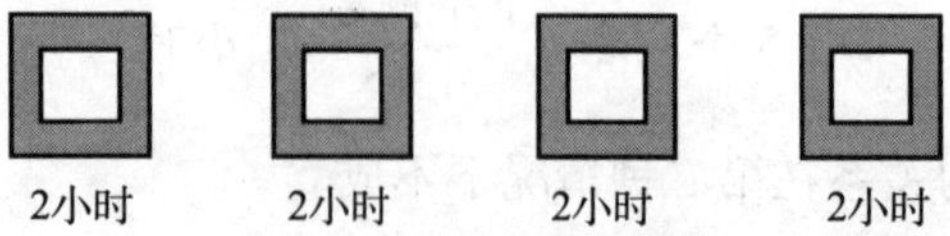

图5.4 四道工序示意图

我们来观察工厂中的加工产品数量、每件产品在工厂中经历的时间以及输出率三者之间的关系。

第一种情况：假设每次只允许1件产品进入工厂加工，待所有的加工工序完成后离开工厂，第二件产品才能进入工厂。这样我们观察到的结果如图 5.5 所示。

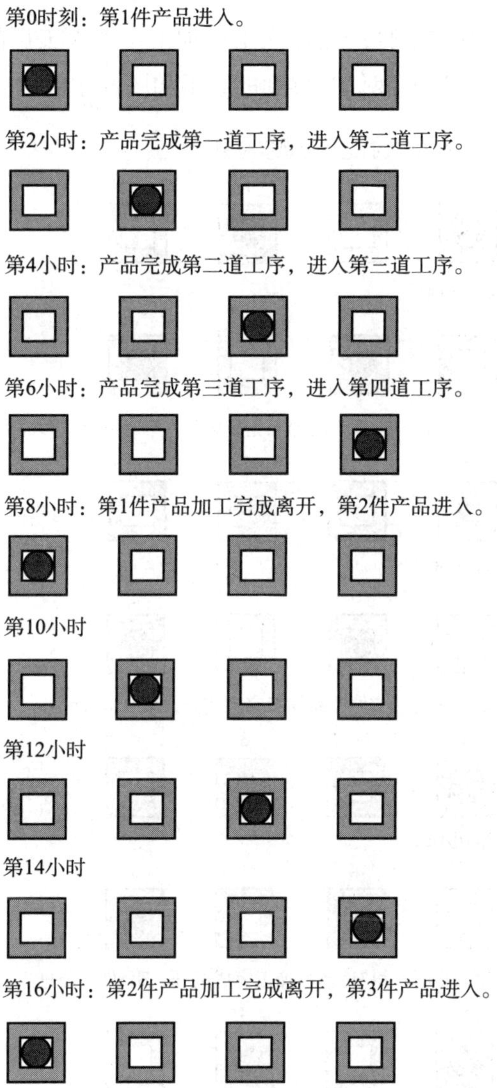

图 5.5　产品加工 1

首先，我们观察输出率，做这件事需要注意的是，你只需站在工厂的最后一道工序观察连续两件产品离开时，它们间隔的时间即可。我们观察到，第 1 件产品离开时刻和第 2 件产品离开时刻间隔 8 小时，第 2 件产品离开时刻和第 3 件产品离开时刻也是间隔 8 小时。因此，输出率就是每 8 小时产出 1 件产品。

其次，再来观察每件产品在工厂中经历的时间，也就是流转时间。每件产品在每道工序的加工时间都是 2 小时，中间没有任何等待，四道工序总共需要 8 小时，因此每件产品在工厂中经历的时间是 8 小时，工厂中任何时刻都只有 1 件产品在流程中。

我们来检验一下利特尔法则：

$$\text{工厂中 1 件产品} = \frac{\text{产出 1 件产品}}{\text{8 小时}} \times \text{产品在工厂中经历 8 小时}$$

第二种情况：假设允许 2 件产品进入工厂加工。进入工厂的每件产品我们都用数字标识其进入的顺序。这样我们观察到的结果如图 5.6 所示。

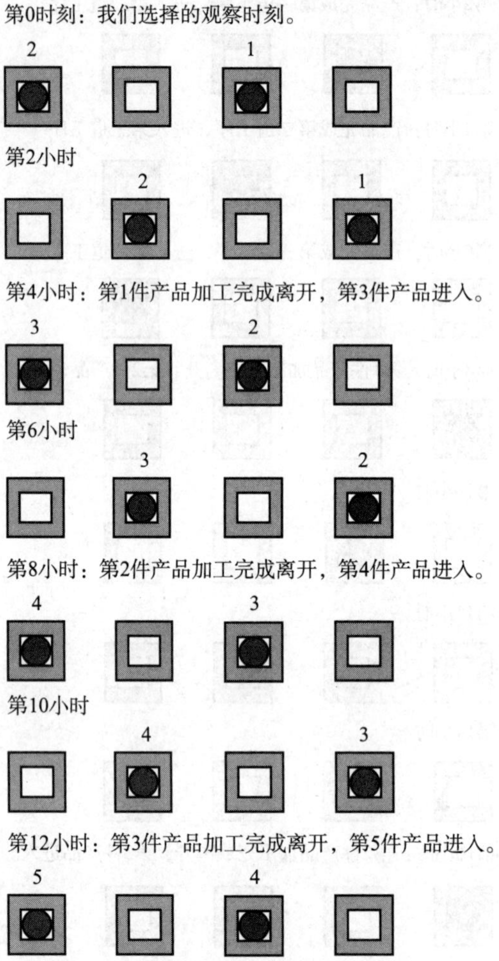

图 5.6　产品加工 2

我们观察到，第 1 件产品离开时刻和第 2 件产品离开时刻间隔 4 小时，第 2 件产品离开时刻和第 3 件产品离开时刻也是间隔 4 小时。因此，产出速度就是每 4 小时产出 1 件产品，每件产品在工厂中经历的时间是 8 小时，工厂中任何时刻都有 2 件产品在流程中。

我们来检验一下利特尔法则：

$$\text{工厂中 2 件产品} = \frac{\text{产出 1 件产品}}{\text{4 小时}} \times \text{产品在工厂中经历 8 小时}$$

第三种情况：假设允许 4 件产品进入工厂加工，如图 5.7 所示。

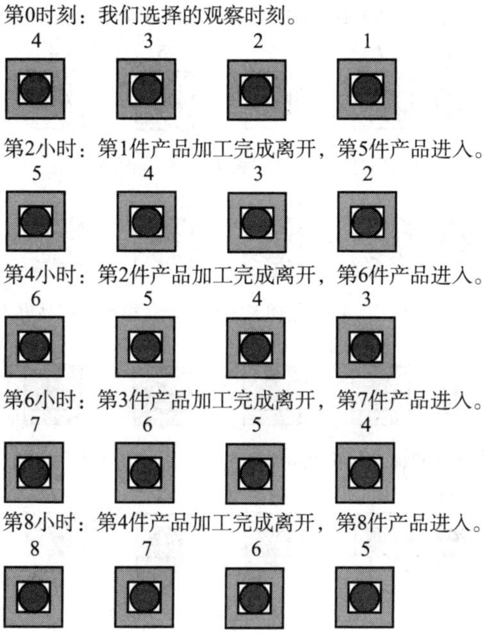

图 5.7　产品加工 3

我们观察到，第 1 件产品离开时刻和第 2 件产品离开时刻间隔 2 小时，第 2 件产品离开时刻和第 3 件产品离开时刻也是间隔 2 小时。因此，产出速度就是每 2 小时产出 1 件产品，每件产品在工厂中经历的时间是 8 小时，工厂中任何时刻都有 4 件产品在流程中。

我们来检验一下利特尔法则：

$$\text{工厂中 4 件产品}=\frac{\text{产出 1 件产品}}{\text{2 小时}}\times\text{产品在工厂中经历 8 小时}$$

第四种情况：假设允许 5 件产品进入工厂加工。由于工厂只有四道工序，所以我们需要在工厂中加一个缓冲区。这样我们观察到的结果如图 5.8 所示。

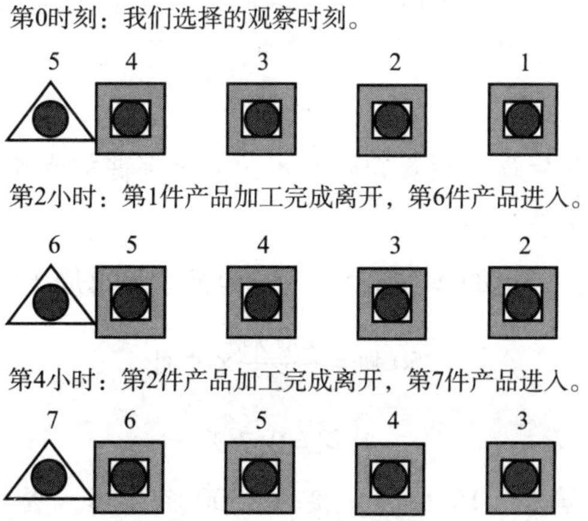

图 5.8　产品加工 4

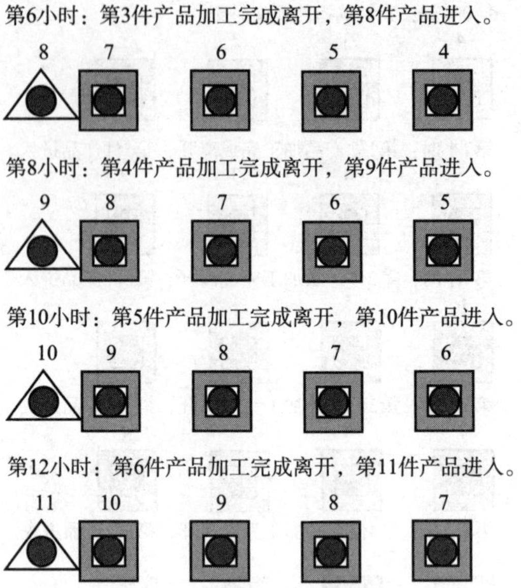

图 5.8　产品加工 4（续）

我们观察到，第 1 件产品离开时刻和第 2 件产品离开时刻间隔 2 小时，第 2 件产品离开时刻和第 3 件产品离开时刻也是间隔 2 小时。因此，产出速度就是每 2 小时产出 1 件产品。前面 4 件产品是流程开始运转的特殊情况，可以排除，从第 5 件以后，所有产品都需要先等待 2 小时，然后经过 8 小时才能加工完成，因此每件产品在工厂中经历的时间是 10 小时，工厂中任何时刻都有 5 件产品在流程中。

我们来检验一下利特尔法则：

$$\text{工厂中 5 件产品} = \frac{\text{产出 1 件产品}}{\text{2 小时}} \times \text{产品在工厂中经历 10 小时}$$

在这个复杂的系统中，我们仍然得到了跟前文一样简单的规律。至此，你应该相信这个规律的真实性了。这个法则告诉我们，只要我们知道了其中的两项，就可以知道另一项。

例题：

物料流：一家小商店每周销售 500 瓶水，店里存储的水始终是 50 瓶，每瓶水在这家商店经历的时间是多少？

利用利特尔法则，店里的库存是 50 瓶，销售率是每周 500 瓶。

$$\text{50 瓶} = \frac{\text{500 瓶}}{\text{周}} \times \text{时间}$$

$$\text{时间} = 0.7\ \text{天}$$

客流：一家餐馆每天（15 小时）接待 1500 名顾客，餐馆里始终有 75 名顾客（等待点菜、上菜，或者正在用餐等），每名顾客在餐馆待多长时间？

利用利特尔法则，餐馆的库存是75名顾客，服务速率是每小时100人。

$$75\text{人}=\frac{100\text{人}}{\text{小时}}\times\text{时间}$$

$$\text{时间}=0.75\text{小时}=45\text{分钟}$$

工作流：一家保险公司的办事处每年接收10000件索赔，平均流程时间是3周，假定该办事处每年工作50周，处理中的平均索赔数量是多少？

利用利特尔法则，保险公司的办事速率是每周200件索赔，每件索赔平均经历的时间是3周。

$$\text{库存}=\frac{200\text{件}}{\text{周}}\times 3\text{周}$$

$$\text{库存}=600\text{件}$$

现金流：一家大型制造企业每年销售价值3亿元的设备，平均应收账款为0.45亿元，账单回收的平均时间是多少？

利用利特尔法则，库存就是平均应收账款0.45亿元，货款流动的速率是每年3亿元。

$$0.45\text{亿元}=\frac{3\text{亿元}}{\text{年}}\times\text{时间}$$

$$\text{时间}=0.15\text{年}=1.8\text{个月}$$

5.4　用简单法则看沃尔玛成功之本

排队法则实在太简单了，但是简单的排队法则的威力比你想象的更强大！下面我们就用这个法则来分析世界上最大的零售企业——沃尔玛的成功之本。

凯玛特和沃尔玛都是美国乃至世界的商业巨头，都有过位居世界零售业榜首的业绩。2002年1月22日，由于经营状况不佳和部分供应商停止供货，凯玛特公司向芝加哥联邦破产法院申请破产保护，从而成为美国历史上寻求破产保护的最大零售商之一。

凯玛特拥有上百年的经营历史。1899年，塞巴斯蒂安·克瑞斯吉在底特律创办了克瑞斯吉公司。1961年3月，公司经过慎重考虑，宣布进入折价经营领域。1962年，克瑞斯吉公司在花园城市密歇根开办了第一家凯玛特折扣商店。它的增长速度相当惊人，到20世纪70年代末期，克瑞斯吉公司已经拥有全美最大的折价销售网。尤其是1976年，克瑞斯吉公司通过收购和新设，一举超过彭尼公司成为美国第二大综合零售商，紧随西尔斯公司之后。1977年3月，克瑞斯吉公司通过股东投票将公司名称改为凯玛特集团公司。

进入20世纪90年代，凯玛特经营状况不断恶化，公司在2002年1月22日发表的一项声明中称，做出申请破产保护的决定是因为2001年第四季度公司的销售和盈利情况不好，导致流动资金急剧下降、公司债券市场下滑，以及供货商信心下跌。根据凯玛特公司提供的数据，截至2001年10月31日，该公司在美国的资产总额为170亿美元，负债113亿美元。由于无法按时支付货款，凯玛特公司的日用杂货供应商弗莱明公司于1月21日宣布暂停供货，草坪和园林产品制造商斯科特斯公司也表示已经停止向凯玛特供货。

成立于20世纪60年代初的沃尔玛，1970年销售额只有0.4亿美元，到1980年，销售额增加到了17亿美元，但仍然无法跻身美国大零售商的行列。整个20世纪80年代，沃尔玛的销售额年均增长速度在20%以上，到1990年达到330亿美元，成为全球最大的零售企业。2000年，沃尔玛一跃成为《财富》世界500强第二大企业，此后的绝大部分年份都是世界第一大企业，销售额超过3000亿美元。

在利用利特尔法则分析沃尔玛成功的根本原因之前，需要确定我们关注的对象：流程单元。在前面我们用物理单位来表示流程单元可能是最直观的。比如，汽车零售商的车辆、医院的患者数或者炼油厂产油的吨数。但是，如果要把沃尔玛商店中的不同产品的库存数加起来，用物理单位来度量就难以统一了。比如，你拥有1000瓶水和1000袋方便面，加起来说你的库存有2000单位没有任何意义。关键是，对于不懂运营的管理者来说，他不知道你在说什么，或者不知道你说的库存、输出率及经历的时间有什么意义。在面对不懂运营的管理者时，你需要把各种库存用货币来表示，例如价值500万美元的库存。采用普通货币度量库存可以便于不同产品的库存加总求和。当然，当库存用货币表示的时候，输出率和经历的时间也需要以货币为对象，也就是说，这时候流程单元就是货币，一般用美元表示。因此，我们在考虑沃尔玛的库存时，不是看它存货（如玩具、衣服和卫生纸）的数量，而是把它们转化为货币值。

在研究沃尔玛之前，我们先来研究沃尔玛的对手——凯玛特。从凯玛特2002年1月29日的资产负债表看，该公司的库存价值是48.25亿美元（见表5.2）。既然我们的流程单元是“每一美元”，我们就来度量一下凯玛特运营流程的单位时间产出。

表5.2 凯玛特和沃尔玛的财务报表举例 单位：百万美元

	1998年	1999年	2000年	2001年	2002年
凯玛特公司					
库存	6376	6536	6350	5796	4825
总运营收入	33674	35925	37028	36151	30762
售出产品的成本	26319	28161	29732	29853	26258
净收入	518	364	268	2446	3219

续表

	1998 年	1999 年	2000 年	2001 年	2002 年
沃尔玛公司					
库存	16497	17076	19793	21644	22749
净销售额	117958	137634	165013	191329	217799
总运营收入	119299	139208	166809	193295	219812
售出产品的成本	93438	108725	129664	150255	171562
净收入	3526	4430	5377	6295	6671

需要注意的是，输出率应按销售产品成本价（销货成本）计算，而不是用销售额（售价大于成本）计算，这是为了与库存的度量相一致。这个指标通过凯玛特的总利润率被放大了，即 1 美元的销售额用销售美元度量，而 1 美元的库存用成本美元度量。因此，单位时间产出的最好度量办法是所销售产品的成本，即销货成本。

有了输出率和库存这两个度量指标，我们就可以利用利特尔法则计算出单位货币流程单元在变为销售额之前的平均时间。

$$\text{单位时间产出}=\text{销货成本}=262.58\text{ 亿美元/年}$$

$$\text{库存}=48.25\text{ 亿美元}$$

因此，我们可以通过利特尔法则计算出流程时间：

$$\text{流转时间}=\frac{\text{库存}}{\text{单位时间产出}}=\frac{48.25\text{ 亿美元}}{262.58\text{ 亿美元/年}}\approx 0.18\text{ 年}\approx 67\text{ 天}$$

从而得到：1 美元产品在凯玛特平均花费 67 天时间被售出。凯玛特的流程需要 67 天的库存。凯玛特周转库存是按照 365 天/年/67 天 = 5.45 次/年进行的。这个度量指标叫作库存周转率。

$$\text{库存周转率}=\frac{1}{\text{流转时间}}$$

下面来看沃尔玛。按照前面的步骤重复同样的计算，得到以下数据：

$$\text{已销售产品的成本}=1715.62\text{ 亿美元/年}$$

$$\text{库存}=227.49\text{ 亿美元}$$

$$\text{流转时间}=\frac{227.49\text{ 亿美元}}{1715.62\text{ 亿美元/年}}\approx 0.13\text{ 年}\approx 48.4\text{ 天}$$

$$\text{库存周转率}=\frac{1\text{ 次}}{48.4\text{ 天}}\times\frac{365\text{ 天}}{1\text{ 年}}=\frac{7.54\text{ 次}}{1\text{ 年}}$$

一件商品存储一年需要付出库存持有成本。第一项库存持有成本包括商品本身占用资金的机会成本，虽然我们看到仓库中或者商店的货架上存放的是各种不同的商品，但其实存放的都是钱。这些钱如果不存放在仓库中或者货架上，就可以存到银行获得利息，或者投资获取更多的收益。第二项包括仓库或者门店等的租金。第三项包括人员、水、电等费用。第四项包括货物贬值，有些商品会随着时间降低售价。第五项包括损耗，特别是一些保质期短的商品，比如生鲜食品，以及其他。假如这些成本加起来，每年占到商品进价的 30%，也就是说，一件 1 美元的商品，存放一年的库存持有成本是 0.3 美元。我们称年库存持有成本比例为 30%。

我们用年库存持有成本比例除以每年的库存周转率得到库存持有成本比例：

$$库存持有成本比例=\frac{年库存持有成本比例}{每年库存周转率}$$

例如，一家公司的年库存持有成本比例为 20%，每年的库存周转率为 6 次，那么库存持有成本比例如下：

$$20\%/年 \div 6\ 次/年=3.33\%$$

在凯玛特和沃尔玛的例子中，假设年库存持有成本比例是 20%，我们前面计算出凯玛特的库存周转率是每年 5.45 次，那么库存持有成本比例相当于销货成本的 3.67%（20%÷5.45=3.67%），而沃尔玛的库存周转率是每年 7.54 次，那么库存持有成本比例相当于销货成本的 2.65%（20%÷7.54=2.65%）。沃尔玛 2002 年的销售产品成本为 1700 多亿美元，所以一个百分点就是 17 亿美元，而沃尔玛 2007 年的销售产品成本为约 3000 亿美元，所以一个百分点就是 30 亿美元。

运用简单的排队法则可以看到沃尔玛成功的关键，也就是零售业的本质，即商品的流动速度。对于一个企业管理者来说，能够看到这一点异常关键，因为只有看到行业的本质才可能建立相应的核心能力。沃尔玛为了实现商品的快速流动，租用卫星建立了全球信息系统，每 2 小时就对全球的销售状况做一次分析，从而及时调整配货策略。它在美国建立了全美最庞大的运输车队，并发明了直接转运，即商品不下地就能实现转运的运输模式，从而加快商品流动速度。

对于所有企业来说，无论生产何种产品、提供何种服务，其实质都是货币在流动。通过上面的例子可以清楚地了解到，货币流动的快慢说明了一家企业的经营能力。

关键概念：

$$库存周转率=\frac{1}{流转时间}$$

持有成本：一件产品的持有成本用一件产品的年持有成本除以一年的库存周转率。

假设一件产品的年持有成本是 30%，一年的周转率是 5 次，则这件产品的持有成本是：30%÷5=6%。

5.5 简单法则下的整体与细节

排队法则可以用在任何复杂的流程中。需要注意的是，输出率是指单位时间内输出流程的流程单元数，因此你只需要观察单位时间内从流程中输出的流程单元数量就可以了。库存是指在流程中的流程单元数，只要进入选定的流程就算作流程的库存，而且在任意时刻，库存数量都保持不变，一般来说这在现实中是不可能的。在实际的流程中，输出率和库存数量可能发生变化，这个时候的输出率和库存数量就是平均输出率和平均库存数量。图 5.9 是一个较复杂的流程。

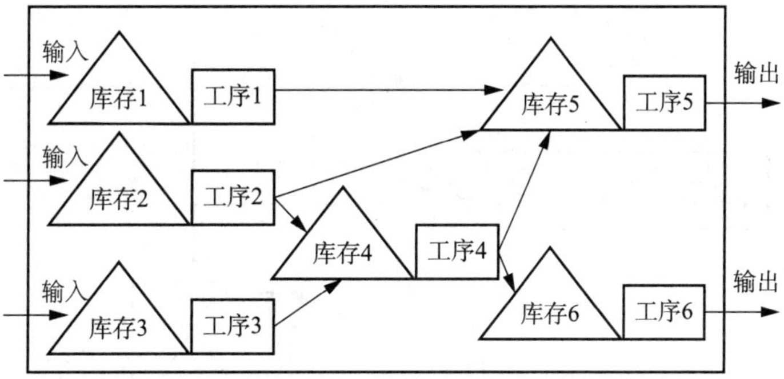

图 5.9 复杂的流程

图 5.9 的输出就是指向流程外的工序 5 和工序 6，因此该流程的输出率是两道工序的输出率相加。值得注意的是，输出率是小于或等于速率的，而库存就是所有工序的库存相加。这样我们就可以计算一件产品在该流程中的流转时间。

库存 = 库存 1 + 库存 2 + 库存 3 + 库存 4 + 库存 5 + 库存 6

输出率 = 工序 5 的输出率 + 工序 6 的输出率

库存 = 输出率 × 流转时间

因此，利特尔法则适用于任何复杂程度的流程，只要选定我们要观察的流程范围，就可以应用利特尔法则观察流程。而且利特尔法则如此简单，无论处在哪个层级的人员，都可以应用。

我们来看一个制造企业的例子。该制造企业制造车棚，通过购买金属薄板（原材料）和底座（外购零件），在制造车间将金属薄板加工成车棚顶，在组装线上将车棚顶和预制底座组装在一起。完工的车棚储藏在产品成品库中，直到把它们发运给客户。

这里我们要考虑的流程单元用货币“元”表示。我们的目标是研究该制造公司的现金流，以确定需要经过多长时间，1 元的成本才能产生 1 元的产品。这里的流程是指整个工厂，包括产成品库。首先，我们需要一个整体的现金流程（见图 5.10）。

由图 5.10 可知，每年的原材料（用于制造顶棚）的价值是 5010 万元，制造顶棚的人工和管理费共计 6020 万元，这样流入制造部门的现金是 5010+6020 = 11030（万元/年）。外购零件（完工的底座）的价值是每年 4020 万元。最后组装的人工成本是每年 2530 万元，这样流入组装部门的现金是 4020+11030+2530 = 17580（万元/

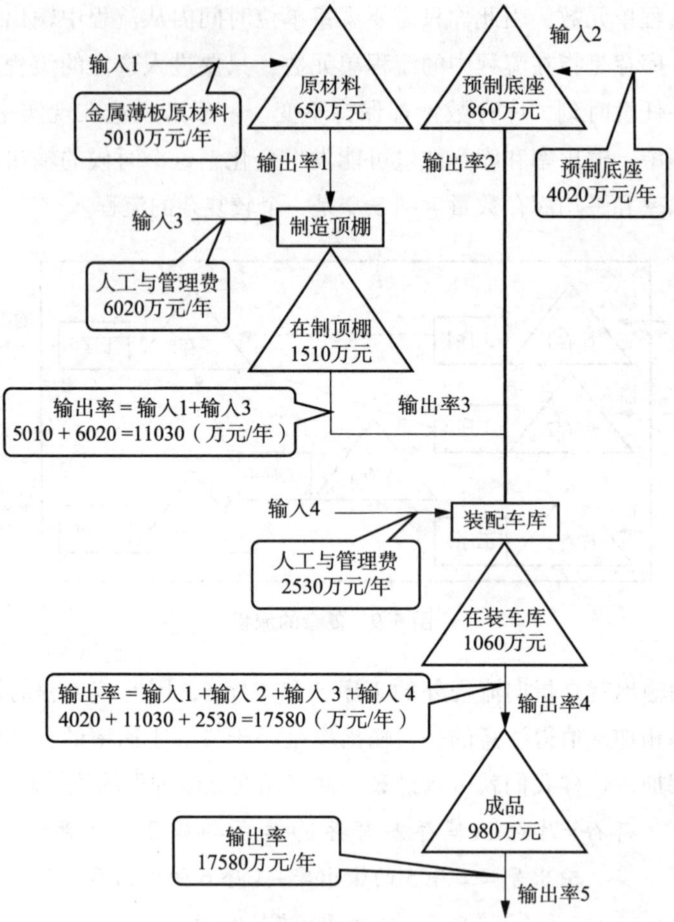

图 5.10　车棚制造的现金流程

年)。从图 5.10 中可以发现，该公司的总库存价值是：原材料 650+在制顶棚 1510+预制底座 860+在装车库 1060+成品 980=5060（万元）。

通过分析现金流，我们得出了下列信息：

$$产出速度=17580\ 万元/年=338\ 万元/周$$

$$平均库存=5060\ 万元$$

$$平均流转时间=5060\ 万元÷338\ 万元/周=14.97\ 周$$

因此，投资在该工厂的成本，平均约需要 15 周的时间才能离开成品库的大门。

产品一离开库房大门就进入流通环节，那么企业平均多长时间才能收回款项呢？我们可以对应收账款部门进行类似的分析。我们的目标是确定进入应收账款部门的 1 元，平均要经过多长时间才能从客户那里收回。应收账款部门界定了流程的边界，而且流程单元是 1 元的应收账款。已知该公司年销售额是 25000 万元，平均应收账款为 2790 万元。

$$产出速度=25000\ 万元/年$$

平均库存 = 平均应收账款 = 2790 万元

据此可以推导出通过应收账款部门的平均流转时间如下：

平均流转时间 = 2790 万元÷25000 万元/年≈0. 112 年≈5. 82 周

在发生一笔销售后，该公司必须等待将近 6 周的时间，才能收到客户的付款。整体上，该公司投资成本发生的时间和收到销售收入时间的间隔大约为 21 周（14. 97 周的生产和在应收账款部门的 5. 82 周）。这里要注意，成本价值和市价是不相等的。从中可以看出，17580 万元的成本带来了 25000 万元的收益。

当管理者了解了整个企业 1 元的投入经过 21 周的时间会被收回后，他基本上就明白整个企业的运营效率了。也许管理者通过行业的调查，发现这个时间是可以进一步缩短的，因为减少流转时间可以减少公司花费的流动资本，那么应该如何入手呢？上文提到过，从管理者到员工观察企业的层面和范围是不同的，但他们观察的对象是相同的，就是流程单元。因此，流程单元在整个企业流程中的流转时间，也就是在流程中各部分的流转时间之和。

通过图 5. 10，我们应用利特尔法则可以算出各个部分的流转时间，如表 5. 3 所示。我们先来看看整个流程和各部分流程之间的关系。

表 5. 3　制造车棚各个环节的流程数据

项目	原材料	制造	外购零件	组装	产成品	整体制造流程	应收账款
输出率/（万元/年）	5010	11030	4020	17580	17580	17580	25000
输出率/（万元/周）	96	212	77	338	338	338	481
库存/万元	650	1510	860	1060	980	5060	2790
流转时间/周	6. 77	7. 12	11. 17	3. 14	2. 90	14. 97	5. 82

整个流程的库存 = 原材料库存 + 在制顶棚库存 + 预制底座库存 + 在装车库库存 + 成品库存（流程单元是“元”）

所以根据利特尔法则：

原材料库存 + 在制顶棚库存 + 预制底座库存 + 在装车库库存 + 成品库存 = 总输出率×总流转时间

同时：

（1）原材料库存 = 输出率 1×原材料阶段流转时间

（2）预制底座库存 = 输出率 2×预制底座阶段流转时间

（3）在制顶棚库存 = 输出率 3×在制顶棚阶段流转时间

（4）在装车库库存 = 输出率 4×在装车库阶段流转时间

（5）成品库存 = 输出率 5×成品阶段流转时间

我们把（1）~（5）的等号右边相加：

(输出率 1×原材料阶段流转时间)+(输出率 2×预制底座阶段流转时间)+
(输出率 3×在制顶棚阶段流转时间)+(输出率 4×在装车库阶段流转时间)+
(输出率 5×成品阶段流转时间)= 总输出率×平均流转时间

所以有

平均流转时间=[(输出率 1×原材料阶段流转时间)+
(输出率 2×预制底座阶段流转时间)+
(输出率 3×在制顶棚阶段流转时间)+
(输出率 4×在装车库阶段流转时间)+
(输出率 5×成品阶段流转时间)]÷总输出率

从上面公式可以看出，要减少总流转时间，需要减少每部分的流转时间。那么在哪个部门减少流转时间对减少总流转时间的影响最大呢？显然，这和每部分的输出率有关，哪部分输出率较大，就减少该部分的流转时间，其减少的总流转时间是该部分输出率的倍数。因为流过产成品库的输出率是每周 338 万元，那么把流转时间减少一周将使库存减少 338 万元，从而节省 338 万元的流动资本（库存）。因为外购零件部门的输出率仅为每周 77 万元，那么该部分流转时间减少一周，将节省 77 万元的流动资本。另外，一般来说，哪部分流转时间越长，可缩短的程度就越大。

从表 5.3 中可以看出，应收账款部门的流转时间减少一周将会产生最大的影响，因为应收账款部门有最高的流转率每周 481 万元。流转时间减少一周影响最小的是外购零件部门，其流转率仅为每周 77 万元。但是，这个外购零件部门的流转时间是 11.17 周，表示其在缩短流转时间方面可能最容易。

关键概念：

总的库存等于所有库存相加。

总的输出率等于所有输出率相加。

总的输入率等于所有输入率相加。

5.6 案例分析：便利店竞争[①]

上海最大的国有连锁便利店好德拥有 8700 名职工，“好德”意为持有好的品德，广泛地为人民大众服务，是拥有 1000 多家店铺的大型连锁便利店。全球第二大连锁便利店——全家在上海市中心开业，其中一家店面的位置就设在了国有超市好德的旁边，比好德的店还靠近公寓的出口。三周之后，好德的销售额从原本每天 1 万元下滑到每天 1000 元，只有原来的 1/10。

① 节选自 NHK 纪录片《上海便利店之争》，感谢道兰字幕组。

1996年，日本的罗森响应上海市关注便利店的要求在上海开店。国有的便利店以其为蓝本纷纷出现，现在的数量是4000家。便利店点燃了独生子女一代的巨大消费欲望，三明治、饭团和关东煮等各种新小吃迎合了年轻人的心理。

罗森的店铺数量是200家，试图以便当为武器大举扩张。它以总经理为中心进行新便当开发，以占便当顾客六成左右的女生为目标，试制了牛排便当，并邀请了20位在日企工作且口味敏感的中国女性试尝。罗森便当工厂的牛排开始生产了。第一天的生产量为2700份，这是目前最高纪录的2倍。罗森采纳试尝会的意见，为追求时尚，每份菜肴的品种增加到8种，菜色很多。当天有20人装盒，而平时只有十三四个人。12月6日，新便当出售的第一天，罗森的总经理来到一家位于办公楼的店铺，很多年轻女性在这幢楼工作。

午休的一小时内能卖出多少便当呢？店里在货架上准备了50份牛排便当供客人选购，是其他便当的2倍，定价7.9元，价格略高。同时，店里举行了答问卷送电话卡的优惠活动。正午过后，在新便当前聚集了众多顾客，年轻人居多，还有派代表来买的。销售情况出奇地好，只用了40分钟新便当就卖完了，而且从没卖得这么好过。总经理要求把这个情况告诉营业部，明天得多订一点了。

好德针对业绩下滑开始行动了，采取的方案是出售新鲜的鸡蛋和大米。针对对手用便当吸引年轻人的策略，好德把重点放在了邻近居民的餐桌上，并且送货上门。

在静安中心医院旁边营业的好德便利店每天的营业额达到1万元。不过，罗森选定在好德店的原店址开第二家店。这家店的店主暗自决定不与好德续约，而改签罗森，租金提高了1倍，远高于周围店铺的租金。

在前面的罗森店，第一天上架的牛排便当在40分钟内销售一空。一周后，店里仍然上架了50份牛排便当。下午1点过后，午休时间结束。上架第一天的这一时刻应该已经卖完了，但这天还剩20份没卖掉。晚上10点过后，24小时的保质期快到了，最后有15份没卖出去，全部作废弃处理。

牛排便当发售第一天的数量为2201份，一周后减少为每天1207份，一个月后减少为每天620份，两个月后每天只卖了332份。半年来，为迎合上海百姓口味而制作的便当多达70种，其中大部分便当在3个月内被新便当取代而退出市场。

问题：

1. 连锁便利店应该卖大米和鸡蛋吗？便利店应该卖什么商品？
2. 罗森以2倍的租金挖走好德的店面，请问罗森如何才能盈利？
3. 牛排便当的销量不断下降，由此导致了什么后果？

解析

问题1：

这个问题实际上就是便利店应该卖什么商品。利用利特尔法则：

库存=销售率×周转时间

便利店与大型超市不一样，由于店面很小导致库存少，租金昂贵，需要较高的销售率，所以便利店销售商品的周转时间需要尽可能短。也就是

库存(少)=销售率(高)×周转时间(短)

由于大米和鸡蛋的周转率并不高，尤其是在便利店，人们一般去大型超市买大米和鸡蛋，所以便利店不能卖大米和鸡蛋。

总的说来，根据利特尔法则，便利店应该卖周转时间短的商品。也就是商品在货架上存放的时间不能太长。如果商品没有在合适的时间内被顾客买走，怎么办呢？当然只好下架换成其他的商品。而便利店主打的就是能够被顾客快速买走的商品，比如一日三餐、饮料等快消品，否则就不应该在便利店销售。当然，不可能要求便利店内所有商品的周转速度都很快，但是要保证平均周转率达到合理的速度才能盈利。

问题 2：

同样的店面，2 倍的租金，如果要盈利，就需要 2 倍的销售额。

同样的库存=2×销售率×0.5×周转时间

同样的库存=两倍销售率×一半周转时间

换句话说，商品在货架上存放的时间应该缩短到以前的一半。如果在以前一半的上架时间内商品被顾客买走，就达到了目的。

问题 3：

库存=销售率(高)×周转时间(短)

库存=销售率(低)×周转时间(长)

罗森牛排便当的销售趋势说明了便利店经营的困难所在。当顾客的需求高时，便利店的销售率高，在同样的库存下，商品的周转时间短。但是，如果顾客的需求变低，在同样的库存下，商品的周转时间就变长。根据 5.4 节的周转率和库存持有成本的概念，商品的周转时间变长，周转率降低，库存持有成本就会增加。库存持有成本包括商品占用的资金、店面的租金、人工管理费、电费、商品由于时间延长而产生的损耗和贬值等。

关键概念：

库存(不变)=输出率(高)×周转时间(短)

库存(不变)=输出率(低)×周转时间(长)

库存(多)=销售率(不变)×周转时间(长)

库存(少)=销售率(不变)×周转时间(短)

库存(多)=销售率(高)×周转时间(不变)

库存(少)=销售率(低)×周转时间(不变)

思考题

1. 假设输出率接近最大，使用利特尔法则表示：①生产线在制品库存和周期时间；②产成品库存和在产成品库存中花费的时间；③在收费亭等待的车辆数量和平均等待时间的关系。

2. 一条生产线是否可能在高周期时间、高在制品库存和低周期时间、低在制品库存的情况下具有相同的输出率？你想要哪一个？为什么？

3. 刚好达到最大输出率的在制品水平是否会超过生产线上的机器数量？

4. 考虑一条四工位生产线，所有工位都由1台机器组成，其中1个工作站的处理时间是2小时，其他3个工作站的处理时间都是1小时。这条线的输出率和流转时间各是多少？

5. 假设某公司年库存持有成本比例为40%，以计入为库存提供融资所需的资本成本、仓库空间和报废成本。换句话说，公司库存100元的组件，每年需要支付40元的费用。2001年，财务报告显示，该公司的库存为4亿元，销货成本为264.42亿元。该公司的成本百分比反映了库存持有成本吗？

6. 一家生产医疗器械的制造公司报告上年的销售额为60000000元。当年底，该公司有价值20000000元的现成设备库存。

a）假设存货的价值为每单位1000元，并以每单位2000元的价格出售，那么该公司每年的周转率是几次？

b）该公司使用25%的年库存持有成本。也就是说，对于一个假设的情况，即1000元的一个单元恰好可以存放一年，该公司向其运营部门收取250元的存货成本。以绝对值计算，价格为1000元的产品库存持有成本比例是多少？

7. 一家大型时尚服装零售商指出，上年的收入为1亿元。在当年，该公司平均拥有500万元仓库中的库存价值。假设库存中的单位基于销货成本，并且零售商对所有产品加价100%。

a）零售商每年的周转率是几次？

b）该公司有40%的年库存持有成本比例。也就是说，一件销货成本100元的产品，一年收取40元的库存持有成本。假设库存周转率与价格无关，销货成本30元的产品年库存持有成本是多少？

8. 某个滑雪基地非常受滑雪者欢迎，因此所有床位总是在冬季被预订满，每年平均有1200个滑雪者，平均每个滑雪者在滑雪基地停留10天。

a）每天平均有多少新滑雪者到达该基地？（冬季90天，平均每天13.3个人）

b）该基地最大的酒店所做的一项研究表明，滑雪者在第一天的平均消费为每人50元，其后每增加一天的平均消费为30元。该研究还预测，由于酒店价格上涨，

今年滑雪者的平均逗留时间将减少到5天。与过去滑雪者待10天相比，当地餐馆的收入会发生什么变化？（假设酒店继续被预订满）

9. 你在高速公路上的平均速度约为每小时100千米。交通广播指出，在高速公路离你1/4千米处，平均有24辆车驶向你。每小时（朝你的方向行驶）高速公路的汽车流量是多少？

10. 一家大型面包店正在为其包装面包制定一种新的生产工艺，并将其出售给多家杂货连锁店。烤面包需要12分钟。公司需要多大的烤箱才能每小时生产4000单位（以可以同时烘焙的单位数量为单位）的面包？

11. A公司和B公司的财务报表如下。（单位：百万元）

项目	A公司	B公司
库存	129.4	54.4
收入	17140.5	3148.9
销货成本	11943.7	1634.6
毛利	5196.8	1514.4

a）A公司的库存周转率是多少？B公司的库存周转率是多少？

b）假设A公司和B公司生产的每顿超值套餐都花费3元（销货成本），每顿都以4元的相同价格出售。假设两家公司的年库存持有成本均为30%，且库存周转率与价格无关，则与B公司相比，A公司每顿餐可节省多少库存持有成本？

12. 某公司财务信息如下。（单位：百万元）

项目	金额
库存	6244
收入	95751
销货成本	76858

该公司的库存周转率是多少？

扫码获取参考答案

第 6 章

流程能力：产能与瓶颈

学习目标

要理解流程瓶颈，建议阅读小说《目标：简单而有效的常识管理》。瓶颈相对容易理解，可以为第 7 章的流程能力风险打下基础。

我们关注流程，其中最关心流程的产能及产能的决定因素，因为产能决定了流程在单位时间内能够生产出多少产品或者提供多少服务。

6.1 瓶颈

一个木桶由许多块木板组成，如果组成木桶的木板长短不一，那么木桶的最大盛水量取决于最短的那块木板，这就是大家熟知的木桶原理，如图 6.1 所示。

图 6.1 木桶原理

木桶原理常被称作瓶颈法则。如图 6.2 所示的流程，工位 1、2、4 加工一件产品的时间都是 2 小时，但是第三个工位的加工时间却是 3 小时，那么流程的输出率就取决于最慢的第三个工位，而第三个工位就是这个流程的瓶颈。

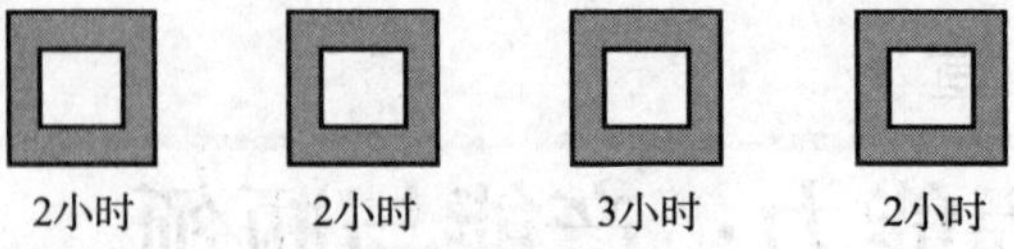

图 6.2　四道工序示意图

所以流程的能力可以表示为

流程能力 = min{工位 1 的能力，…，工位 n 的能力}

流程能力不是流程的产出，因为流程产出不仅取决于流程能力，还取决于流程的输入。单位时间产出（产出率）可以表示为

单位时间产出 = min{输入，流程能力}

就像本书在阐述利特尔法则时所举的理发店的例子，虽然理发师给一个人理发只需要 1 小时，但是如果下雨，来理发店的人不多，每 2 小时才来一个顾客理发，那么理发店单位时间产出 = min{每 2 小时进来一个顾客，每 1 小时理完一个顾客}，因此产出只有每小时 0.5 个人。

为理解如何找出流程的瓶颈，进而决定流程的能力，需要考虑流程的每个工位。以医院体检为例，下面只列出了几个关键步骤，括号里为每个人所花时间，以及安排的工序数量。

第一步：到接待处领取体检导检表（1 分钟）。

第二步：贴化验标签（0.5 分钟）。

第三步：空腹抽血（2 分钟，2 个抽血护士）。

第四步：空腹 B 超（5 分钟，3 台 B 超机）。

第五步：体检结束后将体检导检表交至接待处（1 分钟）。

计算每个步骤的能力（见表 6.1）：

第一步：领取体检导检表需要 1 分钟，这个步骤的产能是 60 人/小时。

第二步：贴化验标签每个人需要 0.5 分钟，这个步骤的产能是 120 人/小时。

第三步：抽血每个人需要 2 分钟，有 2 个护士。因此，每个护士的产能是 30 人/小时，2 个护士的产能是 60 人/小时。

第四步：B 超每个人需要 5 分钟，有 3 台 B 超机。因此，每台机器的产能是 12 人/小时，3 台 B 超机的产能是 36 人/小时。

第五步：体检结束后将体检导检表交至接待处需要 1 分钟，这个步骤的产能是 60 人/小时。

表 6.1 每个流程步骤的能力

流程步骤	能力/（人/小时）
第一步 到接待处领表	60
第二步 贴化验标签	120
第三步 抽血	60
第四步 B超检查	36
第五步 交表	60
全部流程	36

$$\text{流程能力}=\min\{60,\ 120,\ 60,\ 36,\ 60\}=36\ （人/小时）$$

阐述木桶原理最为著名的书当属高德拉特的小说《目标：简单而有效的常识管理》。该书作者讲述了一家工厂的经理如何通过寻找工厂中的瓶颈来逐步提高生产能力的故事，其基本步骤如下：

步骤一：找出系统的瓶颈。

步骤二：决定如何挖尽瓶颈的潜能。

步骤三：其他一切配合上述决定。

步骤四：给瓶颈松绑。

步骤五：假如步骤四产生了另外的瓶颈，那么就回到步骤一。

木桶原理看似简单，但企业往往会忽视这样简单的常识。比如，雅戈尔就试图打造一个集纺织面料、成衣制造和连锁零售于一体的超长垂直型产业链，上游有纺织城，中游有服装城，下游有旗舰店。

然而，企业的产业链长并不意味着企业的竞争力强。根据木桶原理，链条的强度并不取决于它最强的环节，而是取决于它最薄弱的环节。

雅戈尔的超长垂直型产业链运行得似乎并不理想。截至当年年末，公司存货高达10.07亿元，同比增加87.05%，短期借款11.08亿元，增加了6.5亿元，这导致资产流动性迅速下降，流动比率即使与房地产行业相比也偏低，公司面临较大的财务风险。雅戈尔庞大的超长垂直型产业链的复杂性是外人难以想象的，这么庞大而复杂的系统，要保证每一个环节的灵活性，保证每一个链条都紧紧追随市场千变万化的步伐，以免哪个环节成为市场反应的瓶颈，的确是一个巨大的挑战。

6.2 生产特定数量流程单位的供应时间有多长

很多情况下，人们需要计算生产特定数量流程单位的供应时间有多长。例如，在体检案例中，有人或许会问：“完成3600个人的体检需要多长时间？”一旦确定了流程的单位时间产出，计算时间就比较直接。设 X 为想要完成的供应数量，则

$$完成X单位的时间=\frac{X单位}{单位时间产出}$$

以上问题的答案为

$$完成3600个人体检的时间=3600人\div36人/小时=100小时$$

这种计算方法假设流程中一直有人输出流程单元，也就是说，3600个人中的第一个人会立即从体检流程中离开。如果流程是从零开始的，则需要使第一个单元流经整个流程。也就是说，第一个人开始时整个流程是空的，只有第一个人离开时整个流程才进入正常运营状态。

在这个等式中，本书使用了单位时间产出概念，而在案例中实际是指流程能力，主要是因为这个系统是供应约束型的。如果系统是需求约束型的，那么单位时间产出等于需求。

6.3 流程利用率与能力利用率

给定体检流程的生产能力，最初的运营由于顾客还不够了解，所以顾客对这里的体检需求可能达不到体检的产能。每年体检生产能力为

$$\frac{36人}{小时}\times\frac{12小时}{天}\times\frac{300天}{年}=129600（人/年）$$

而需求只有每年100000人，因此存在需求和潜在供给（流程能力）的不匹配。量化这个不匹配的常用度量指标是流程利用率，流程利用率的定义如下：

$$流程利用率=\frac{单位时间产出}{流程能力}$$

因此，为了计算流程利用率，我们要考虑相对于流程在全力运转时能够生产的数量，流程真正生产了多少。这与驾驶的例子相似，如果你每小时只开60千米（单位时间产出），尽管你能开到120千米（能力），但是汽车只利用了60÷120=50%的潜力。

在体检案例中，相应的利用率为

$$流程利用率=\frac{100000人/年}{129600人/年}=0.77=77\%$$

一般来说，流程无法达到100%利用率的原因如下：

- 如果需求小于供给，则流程一般不能全力运转，而只是以需求的速度生产。
- 如果流程的输入没有充足的供应，则流程不能全力运转。
- 如果一个或几个流程步骤的工序不可用（如维护保养和设备故障），导致流程无法运转，流程就会进入不生产任何产出的时期。

就像本书定义流程能力和单个工序能力一样，我们不仅能够定义整个流程的利

用率，还能定义单个工序的利用率，其公式如下：

$$工序利用率=\frac{单位时间产出}{工序能力}$$

由于瓶颈是能力最低的工序，而且通过所有工序的单位时间产出相同，因此瓶颈就是具有最高利用率的工序。

体检案例中，各个工序的利用率如表6.2所示。注意流程中的所有工序都只有一个流程单元，而且拥有相同的单位时间产出等于整体流程的单位时间产出。这个案例中，单位时间产出是每年100000人。

表6.2　体检流程中的产能和利用率

流程步骤	能力/（人/小时）	产能/（人/年）	利用率/%
第一步　到接待处领表	60	60×3600=216000	100000÷216000=46
第二步　贴化验标签	120	120×3600=432000	100000÷432000=23
第三步　抽血	60	60×3600=216000	100000÷216000=46
第四步　B超检查	36	36×3600=129600	100000÷129600=77
第五步　交表	60	60×3600=216000	100000÷216000=46
整个流程	36	36×3600=129600	100000÷129600=77

度量设备的利用率在资本密集行业中最为普遍。考虑到有限需求和工序的利用率问题，体检流程的瓶颈没能达到100%的利用率。图6.3用条形图总结了利用率。

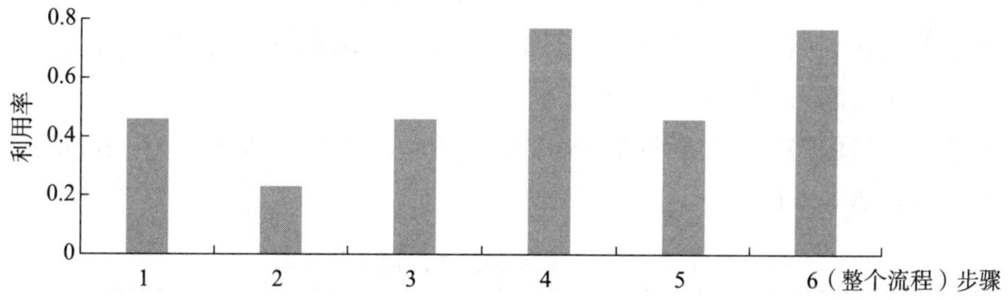

图6.3　体检流程利用率条形图

体检流程的利用率条形图指出了各个工序之间的不平衡。这个绩效指标应该仔细处理。大多数商业目标都是最大化利润而不是最大化利用率。从图6.3中可以发现，有两个原因使得体检案例中单个工序的利用率不能达到100%，因而显示出能力过剩。

- 其他工序比瓶颈具有更低的利用率。
- 流程可能输入或者需求不足，瓶颈也无法达到100%的利用率，在这种情况下，流程中的每道工序都能力过剩。

如果市场需求充足，工序又完全可用，则瓶颈将达到100%的利用率水平。在体检中心的案例中，如果瓶颈的利用率为100%，则整体单位时间产出为129600人/年，或36人/小时。相应的利用率水平如表6.3所示。

表6.3　需求无限和无停工时间下的体检流程利用率

流程步骤	能力/（人/小时）	利用率/%
第一步　到接待处领表	60	129600÷216000=60
第二步　贴化验标签	120	129600÷432000=30
第三步　抽血	60	129600÷216000=60
第四步　B超检查	36	129600÷129600=100
第五步　交表	60	129600÷216000=60
全部流程	36	129600÷129600=100

6.4　工作量与隐含利用率

考虑到本书定义利用率（单位时间产出和流程能力的比率）的方式，利用率不会超过100%。因此，利用率只能包含能力过剩的信息，这种情况下的利用率严格小于100%。与之相反的是，我们不能从利用率中推断出需求超出流程能力多少，因此要介绍工序的隐含利用率。工序隐含利用率的公式如下：

$$工序隐含利用率=\frac{需求要求的能力}{可得到的能力}$$

工序的隐含利用率度量了对一道工序的需求所要求的能力（又称工作量）与工序现有可得到的能力之间的不匹配。

假设对体检的需求增加到每年252000人(70人/小时)，体检工序相应的隐含利用率的计算如表6.4所示。

表6.4　体检流程步骤的工序隐含利用率

流程步骤	隐含利用率/%	利用率/%
第一步　到接待处领表	252000÷216000=117	60
第二步　贴化验标签	252000÷432000=58	30
第三步　抽血	252000÷216000=117	60
第四步　B超检查	252000÷129600=194	100
第五步　交表	252000÷216000=117	60
全部流程	252000÷129600=194	100

表6.4中有两点值得进一步讨论：

- 工序隐含利用率与流程利用率不同，它可以超过100%。超过100%体现了一道工序没有足够的资源满足需求。

• 隐含利用率超过100%的工序不一定是瓶颈。从表6.4中可以看出，可能会有多道工序的隐含利用率超过100%，但是在流程中有一个瓶颈，就是那道隐含利用率最大的工序。毫无疑问在体检案例中，瓶颈就是第四步B超检查。

6.5　多个种类的流程单元

选取合理的流程单元是绘制流程图的关键步骤，前面的例子看上去相对简单，但是在许多情形下，选取流程单元需要更加仔细。两个重要原因如下：

• 流程过程中流程单元分解成多个流。例如，在一条装配线环境中，检验步骤之后，好的产品继续进入下一个流程步骤处理，而坏的产品则需要返工。

• 有多种类的流程单元，如不同的客户类型。在一间急救室中，有复杂危险的手术流程与相对简单的手术流程，就有不同的流程单元。

下面考虑有多种产品和客户类型的例子。一家求职人员信息认证机构一旦收到来自咨询公司和律师事务所寄来的简历，就要验证这些求职人员提供的信息的有效性和准确性。

图6.4描述了处理申请者简历的流程。注意三类客户共享流程中的第一步和最后一步（文件归档和寄确认信），但其他步骤各不相同。

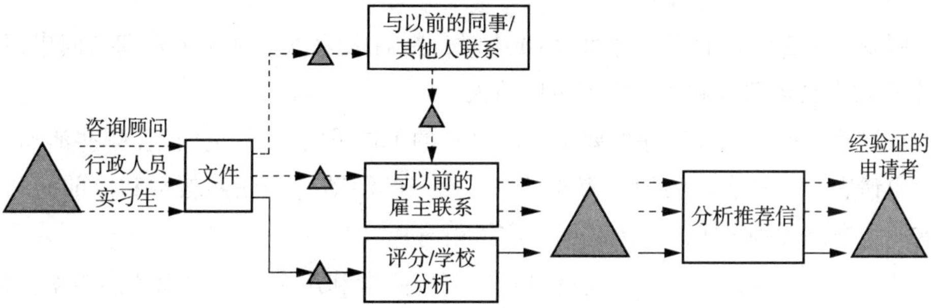

图6.4　处理申请者简历的流程

• 对于实习生的职位，认证机构要提供申请者在读的商学院/法学院的信息，以及先前接受高等教育机构的信息，如果有可能的话，还要提供一些申请者学习的课程和获得的荣誉等信息。

• 对于行政人员的职位，认证机构要联系申请者以前的雇主并对来自这些雇主的推荐信进行分析。

• 对于咨询顾问的职位，认证机构除了联系申请者先前的雇主和分析推荐信以外，还需要联络申请者之前的同事。

产品混合，即不同种类的产品流经同一个流程，使流程分析变得更为复杂。理解流程能力主要取决于产品混合。例如，与申请者之前的同事联系这一步骤或许具有很长的活动时间，使得这一活动的能力降低。但是，如果 100 个申请者中只有 1 个申请咨询顾问的职位，那么活动的低能力将不是问题。所以，产品混合可以决定哪道工序是瓶颈。

因此，为了在多产品的情况下找出瓶颈和决定能力，我们需要比较可得能力和所需要的能力，其分析如表 6.5 所示。

表 6.5　在多产品情况下处理申请者简历流程的隐含利用率

	活动时间/（分钟/申请）	工作人员数/人	可得能力/（申请/小时）	能力要求/（申请/小时）				隐含利用率/%
				咨询顾问	行政人员	实习生	合计	
文件归档	3	1	20	3	11	4	18	18÷20=90
联系个人	20	2	6	3	0	0	3	3÷6=50
联系以前雇主	15	3	12	3	11	0	14	14÷12=117
评分/学校分析	8	2	15	0	0	4	4	4÷15=27
确认信	2	1	30	3	11	4	18	18÷30=60

我们假设需求是每天 180 个申请者，分类如下：

- 30 人申请咨询顾问的职位。
- 110 人申请行政人员的职位。
- 40 人申请实习生的职位。

假设一个工作日的工作时间为 10 小时，则需求为每小时 3 个咨询顾问申请人、11 个行政人员申请人和 4 个实习生申请人。

在计算每道工序（工序所要求的能力）的工作量时，有必要记住哪些活动（如填写申请表）是所有产品种类都要求的，而有的活动（如联系教师和以前的同事）只有一个产品类别要求。看流程图时应该很清楚。

要求的能力除以可得能力便可得到工序的隐含利用率。通过隐含利用率，我们可以找出“最忙”的工序。在这个案例中，“最忙”的工序是联系以前的雇主。由于这个利用率超过 100%，因此这个流程是受能力约束的，除非我们可以加班（即在当天工作时间之外增加额外时间，这样可以增加可得能力），否则无法对所有申请者进行处理。

前文已经讨论过，出现了产品混合后定义流程单元有些复杂，其中一种定义方法如下：

- 流程单元是“随机”的申请。
- 所有申请中，申请咨询顾问的概率是 3/18，申请行政人员的概率为 11/18，申请实习生的概率是 4/18。

另外，我们也可以定义流程单元为“每分钟的工作量”，则可得能力为每分钟的工作量×60 分钟。当我们考虑要求的能力时，要看一小时内有多少不同种类的申请者需要处理，在给定的流程步骤中，处理每个申请者需要多少分钟。例如，考虑“文件归档”的流程步骤和行政人员的申请时，我们知道：

- 每小时有 11 个行政人员申请者需要处理。
- 每个申请者对应的处理时间为 3 分钟。

因此，要求行政人员申请文件归档步骤的能力（工作量）达到 33 分钟/小时，即每小时占用了 33 分钟。不同的是，在“联系个人”流程步骤中没有行政人员申请工作的能力要求。

表 6. 6 总结了这种方法的计算结果。注意，在产品混合下，两种寻找瓶颈的方法是等价的，也就是说，得到相同的瓶颈和相同的隐含利用率。

表 6. 6　在多产品情况下使用“每分钟的工作量”作为流程单元寻找瓶颈

	活动时间/（分钟/申请）	工作人员数/人	可得能力/（分钟/小时）	能力要求/（分钟/小时）				隐含利用率/%
				咨询顾问	行政人员	实习生	合计	
文件归档	3	1	60	3×3	11×3	4×3	54	54÷60=90
联系个人	20	2	120	3×20	0	0	60	60÷120=50
联系以前雇主	15	3	180	3×15	11×15	0	210	210÷180=117
评分/学校分析	8	2	120	0	0	4×8	32	32÷120=27
确认信	2	1	60	3×2	11×2	4×2	36	36÷60=60

在定义流程单元时，必须记住两个指导原则：

- 每道工序的能力可以表达为流程单元的形式。
- 每个种类的需求可以表达为要求的流程单元的数量形式。

例如，如果流程单元是一个申请者，那么可以按照单位时间处理申请者的数量为每道工序估计能力。如果每个需求种类确定是一个申请者，那么可以表示每道工序要求的申请者数量。如果流程单元是“每分钟的工作量”，那么能够为每道工序按照单位时间内“每分钟的工作量”的处理数量来表示能力。同样，每个需求类型可以表示为工序要求的“每分钟的工作量”的数量。

这两种方法没有哪一种比另一种更好，我们看到它们可以得到相同的结果。因此，你可以简单地选择自己认为更直观或者在给定的背景下更容易应用的方法。

上述分析是对多流程单元进行流程分析的第一步。该分析计算了每道工序的隐含利用率，因此可以很快地确定流程是否具有足够的能力。但是，该分析并没有计算出流经该流程的实际产出率，因为这种分析更为复杂。该分析也未显示在什么情况下扩大工序的潜在能力是最有利的。

为了考察多流程的单元流程中对瓶颈和单位时间产出的完整分析，我们考察以下例子。中国一个主要机场的国际入境区，每分钟有 15 人到达，其中有 10 个中国居民或永久居住者，另外 5 人为来访者。

入境流程按以下方式组织：乘客离开他们的飞机，乘坐电梯到达入境受理大厅。每分钟电梯可运载100名乘客。

乘客乘坐电梯必须经过入境受理区。中国居民或永久居住者（每分钟可受理10人）和来访者（每分钟可受理3人）有各自的入境办理窗口。办理好入境手续后，所有乘客取回自己的行李。行李受理流程（从行李离开飞机到行李转移至传送带为止）每分钟可处理10名乘客的行李。最后，所有乘客办理海关手续，每分钟能受理20人。

我们计算出隐含利用率水平（见表6.7）。基于之前的分析，我们称入境受理处为瓶颈。然而，对乘客流和等待队列累计的分析更为复杂。请考虑以下信息：

表6.7 机场例子中的隐含利用率计算

流程步骤的工序	中国居民或永久居住者的需求/（乘客/分钟）	来访者的需求/（乘客/分钟）	能力/（乘客/分钟）	隐含利用率/%
电梯	10	5	100	15/100=15
入境——中国居民及永久居住者	10	0	10	10/10=100
入境——来访者	0	5	3	5/3=167
行李受理	10	5	10	15/10=150
海关	10	5	20	15/20=75

- 每分钟有3个来访者离开入境区走向行李提取区。
- 包括每分钟10个中国居民或永久居住者在内，每分钟共有13名乘客处于行李受理阶段。
- 值得注意的是，行李受理阶段每分钟只能受理10名乘客。这表明，尽管我们不清楚该队列中是否包括来访者或者中国居民及永久居住者，但在行李受理处总会有等待队列。

这里表明的问题是我们必须决定在每道工序下应该服务两种类型的多少名乘客。假设我们的目标是最大化通过系统的乘客数，设CH为每分钟服务的中国居民或永久居住者人数，V为每分钟服务的来访者人数，则有

$$\max\{CH+V\}$$

$$\text{限制于 } CH\leqslant 10,\ V\leqslant 5\text{(需求约束)}$$

$$CH\leqslant 10,\ V\leqslant 3\text{(入境)}$$

$$CH+V\leqslant 10\text{(行李受理)}$$

因此，最优解是满足$CH+V=10$的任意CH和V的组合。例如，$CH=7$，$V=3$或者$CH=10$，$V=0$。

现在，我们假设独立于工序能力和乘客需求的机场有以下两种情况：

- 若机场对中国乘客采取优先措施，则最优解为 $CH=10$，$V=0$。
- 若机场希望达到平衡的流量，即服务的乘客总数等于乘客到达数。在这种情况下，最优解为 $V=3.33$，$CH=6.67$。由于 $V=3.33$ 不可行，因此我们增加中国居民和永久居住者（$CH=7$）并减少来访者至 $V=3$。

因此，我们可以看出流程的单位时间产出不仅取决于需求和能力，而且依赖系统的目标。所以，基于网络流量问题的最优流量的计算是线性规划的一种特殊形式，可在需求和工序约束下计算流量以最大化利润。这里只做简单介绍，实际情况比我们在本书中介绍的更为复杂。

6.6　流程均衡：消除瓶颈

如果能设计出没有变异性的流程当然是最理想的情况，但现实和理想之间往往有一段距离。即使如此，我们也要采取措施尽可能减小变异性，使流程趋于理想的情况，这样的方法我们称作趋同法。

如果每个流程单元在每个工位的加工时间是一样的，换句话说，就是每个工位的工作量都是相同的，流程的各个工位就是均衡的。如果流程不均衡，会出现什么情况呢？常见的现象就是流程中有的环节很忙，有的环节却很闲。这样必然使得空闲的环节出现工序浪费的情况，这对企业是不利的。在现实中，由于技术等方面的原因，很难保证流程的绝对均衡性。虽然现实中存在困难，但我们的目标是要尽可能提高流程的均衡性，让每个工位的工作量都尽可能趋向同一个水平，使得工序得到充分利用。

均衡法就是要把不均衡的流程尽可能均衡化，让所有工位的速率趋于一致。我们来看一个例子：3 个工人要完成一个流程上的 26 项任务。初始的任务分配如表 6.8 所示。

表 6.8　3 个工人的任务初始分配

工人	任务	任务时间/（秒/单位）	工人	任务	任务时间/（秒/单位）
工人 1	任务 1	30	工人 2	任务 13	110
	任务 2	25		任务 14	59
	任务 3	100		任务 15	33
	任务 4	66		任务 16	96
	任务 5	114		任务 17	135
	任务 6	49		任务 18	84

续表

工人	任务	任务时间/（秒/单位）	工人	任务	任务时间/（秒/单位）
	任务 7	66		任务 19	56
	任务 8	100	工人 2	任务 20	75
	任务 9	30			总和：648
	任务 10	43			
	任务 11	51		任务 21	95
工人 1	任务 12	118		任务 22	20
		总和：792		任务 23	43
			工人 3	任务 24	114
				任务 25	94
				任务 26	84
					总和：450

这项任务分配是极端不平衡的，如图 6.5 所示。工人 1 最忙，工人 2 和工人 3 都有处于空闲状态。这里人工工序的使用率是有浪费的。

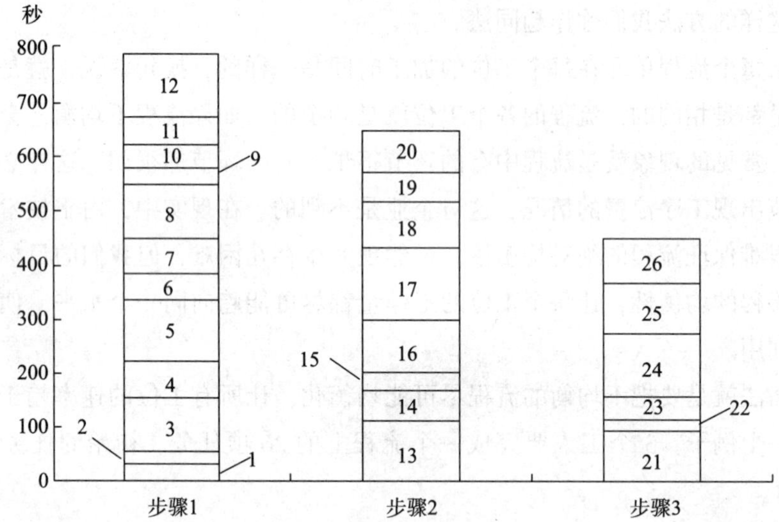

图 6.5 流水线的周转时间

如果把工人 1 的最后一项任务 12（每单位需要 118 秒）作为一个整体转移给工人 2。在这种情况下，

工人 1 的活动时间：792−118＝674（秒/单位）

工人 2 的活动时间：648+118＝766（秒/单位）

工人 3 的活动时间：450（秒/单位）

瓶颈：工人 2（766 秒/单位）

整个流程的能力提升了，因为瓶颈的速率由 792 秒/单位变成了 766 秒/单位。

然而，还能够做得更好吗？如果我们把工人 2 的最后两项任务（任务 19 和任务 20）对应的 56+75=131 秒/单位转移给工人 3，情况就会有所改善。

新的活动时间如下：

工人 1 的活动时间：674（秒/单位）

工人 2 的活动时间：766−56−75=635（秒/单位）

工人 3 的活动时间：450+56+75=581（秒/单位）

瓶颈：工人 1（674 秒/单位）

这时的瓶颈是工人 1，其速率为 674 秒/单位。这是最优了吗？不！我们可以重复相似的计算以进一步把工人 1 的任务转移给工人 2（任务 11，51 秒/单位），把工人 2 的任务移给工人 3（任务 18，84 秒/单位）。则活动时间如下：

工人 1 的活动时间：674−51=623（秒/单位）

工人 2 的活动时间：635+51−84=602（秒/单位）

工人 3 的活动时间：581+84=665（秒/单位）

瓶颈：工人 3（665 秒/单位）

这时的瓶颈是 665 秒/单位。我们看到瓶颈速率的变化是 792 秒/单位、766 秒/单位、674 秒/单位、665 秒/单位。3 个工人的任务越来越均衡，流程的效率越来越高。

经过调整后的流水线的周转时间如图 6.6 所示。我们发现流水线调整后变得比以前均衡了。

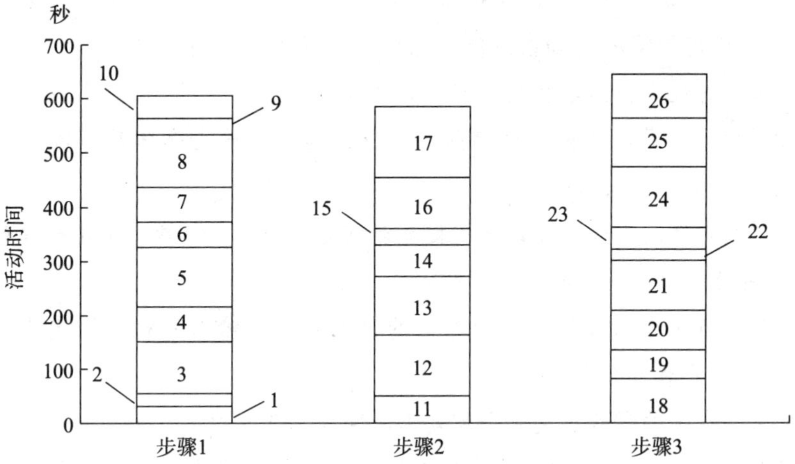

图 6.6　流水线调整后的周转时间

思考题

1. 一条线的站点 1、2、3 的平均处理时间分别为 15 分钟、12 分钟和 14 分钟。但是，站点 2 会受到随机故障的影响，这会导致其正常运行时间（可用性）仅占 75%。

a）哪一站是这条线的瓶颈？

b）生产线的瓶颈效率、最大输出率、最短流转时间和关键在制品（达到最大输出率的最少在制品数量）是多少？

c）如果站点 2 的可用性降至 50%，那么关键在制品会发生什么变化？

2. 粉末金属生产线分 3 个步骤生产衬套：压实、烧结硬化和粗/精车，这 3 个步骤分别在 3 个机站完成，平均加工时间分别为 12 分钟、10 分钟和 6 分钟。然而，虽然衬套生产线专用于压实和烧结硬化，但粗加工/精加工回转站也加工另一条生产线的轴承。轴承的平均加工时间为 14 分钟。

a）如果衬套和轴承的产量相同，那么生产线的瓶颈是什么？

b）如果轴承的体积是衬套的 1/2，那么生产线的瓶颈是什么？

c）如果轴承的体积是衬套的 1/3，那么生产线的瓶颈是什么？

d）如果必须为瓶颈选择一个流程，你会是哪一个？

3. 印刷车间有一条两工位装订线，第一工位在书页上打孔，第二工位安装装订机。打孔机平均每小时可加工 15000 页，而装订机每小时可加工 10000 页。这个车间接收的工作需要打孔和装订每小时 8000 页，还接收只需按每小时 5000 页速度打孔的工作。哪个工位是这条线路的瓶颈，为什么？

4. 考虑一条四工位生产线，其中所有工位都由一台机器组成。工作站 2 每个作业的平均处理时间为 2 小时，而其余工作站每个作业的平均处理时间为 1 小时。在假设过程时间确定的情况（如在最佳情况）下，回答以下问题。

a）这条线的最大输出率和最短流转时间是多少？

b）如果站点 2 添加了第二台相同的机器，其最大输出率和最短流转时间应如何更改？这对性能有什么影响？

c）如果站点 2 的机器加速到平均处理时间为 1 小时，其最大输出率和最短流转时间应如何变化？这对性能有什么影响？

d）如果站点 1 中添加了第二台相同的机器，最大输出率和最短流转时间应如何更改？这对性能有什么影响？

e）如果站点 1 的机器加速到平均处理时间为 1/2 小时，其最大输出率和最短流转时间会发生什么变化？这对性能有什么影响？你是否同意“在非瓶颈上节省一个小时是一种幻觉（即没有价值）”的说法？

5. 铆钉公司是一家生产钣金产品的小型机械厂。它有一条生产线专门生产轻型通风罩外壳，但由于需求旺盛，最近又增加了第二条生产线。新生产线采用了更大产能的自动化设备，但与旧生产线的四个基本工序相同。此外，新生产线每个工作站使用一台机器，而旧生产线的工作站有并联机器。下表中给出了每条生产线的进程及其机器速率、每个工作站的机器数和单个作业通过工作站的平均时间（不包括排队时间）：

过程	旧生产线			新生产线		
	每台机器的费率/（件/小时）	每站机器数量/台	时间/分钟	每台机器的费率/（件/小时）	每站机器数量/台	时间/分钟
打孔	15	4	4.0	120	1	0.50
制动	12	4	4.0	120	1	0.50
装配	20	2	3.0	125	1	0.48
完成	50	1	1.2	125	1	0.48

在过去的3个月里，旧生产线平均每天生产315个零件，其中一天包括一个8小时轮班，平均在制品水平为400个零件。新生产线平均每天8小时生产680个零件，平均在制品水平为350个零件。管理层一直对旧生产线的表现不满意，因为它的生产能力比新生产线弱，在制品产量比新生产线高。你的工作是利用上述数据尽可能地评估这两条生产线，并通过解决以下问题为每条生产线确定潜在的有吸引力的改进路径。

a）计算两条生产线的最大输出率、最短流转时间和关键在制品。哪一条有较大的关键在制品？解释原因。

b）如果你是负责这些生产线的经理，你会首先考虑什么方案来提高旧生产线的输出率？

6. 一条生产自粘瓷砖的生产线由单台机器站组成，它几乎是平衡的（站速率几乎相等）。一位制造工程师估计生产线的瓶颈率为每天16小时2000箱，原始加工时间为30分钟。这条生产线平均每天1700箱，周期平均为3.5小时。

a）你估计平均在制品水平应为多少？

b）如果增加一个非瓶颈站的生产能力，并将在制品保持在当前水平不变，那么生产线的输出率会发生什么变化？

c）如果用4台机器取代1个单机站，而这4台机器的生产能力与单机的生产能力相等，并且在制品保持在当前水平不变，那么生产线的生产能力会发生什么变化？

d）如果开始大批量而不是一次一箱地在车站之间移动瓷砖，生产线的输出率会发生什么变化？

7. 考虑一个有3道工序的流程：

工序	活动时间/（分钟/单位）	工人数量/人
工序1	10	2
工序2	6	1
工序3	16	3

这个流程的瓶颈是什么？能力有多大？如果需求是每小时 8 单位，那么单位时间产出是多少？每道工序的利用率是多少？

8. 考虑一个有 5 道工序、每天运行 8 小时的流程。这个流程生产 3 种产品 A、B、C。

工序	工人数量/人	A 的活动时间/（分钟/单位）	B 的活动时间/（分钟/单位）	C 的活动时间/（分钟/单位）
工序 1	2	5	5	5
工序 2	2	3	4	5
工序 3	1	15	0	0
工序 4	1	0	3	3
工序 5	2	6	6	6

3 种产品的需求分别为：产品 A 每天 40 单位，产品 B 每天 50 单位，产品 C 每天 60 单位。

请问这个流程的瓶颈在哪里？假设需求必须是上面描述的这种组合（也就是每 4 单位 A，就有 5 单位 B 和 6 单位 C），那么每个流程单元的单位时间产出是多少？

9. 饮料公司的桶装饮料以每小时 150 桶的速率装到卡车上，并以持续不变的每小时 100 桶的速率被处理。运送卡车在早上 6 点到下午 2 点的 8 小时里匀速到达。假设卡车足够小，使得饮料的运输可以看作连续流程。早上 6 点第一辆卡车到达，并立刻卸载，因而这批饮料在早上 6 点开始被处理。储存箱柜最多可以装载 200 桶饮料。如果一辆卡车到达而此时储存箱柜是满的，那么这辆卡车就必须等待直到储存箱柜有空间为止。

a）在任意给定的时间点，在卡车上等待处理的饮料最多有多少桶？

b）什么时候卡车停止等待？

c）什么时候储存箱柜变空？

d）公司正在考虑聘用季节工人以加强常规处理能力。当季节工人加入工作的时候，处理速率上升至每小时 125 桶。季节工人从上午 10 点开始工作，直至卡车停止等待才结束工作。那么什么时候公司可以停止使用季节工人？

10. 牛奶公司以固定的每小时 5000 升的速率生产牛奶。公司客户一天内需要 100000 升牛奶。这个需求在上午 8 点到下午 6 点之间均匀分布。如果没有牛奶可供给，客户将会等待直到生产出足够的牛奶以满足他们的需求。公司每天上午 8 点开始生产，此时库存中有 25000 升成品。每天晚上当所有需求都被满足时，工厂就会继续生产直至成品库存积累到 25000 升。在解答以下问题的时候，把卡车/牛奶看作连续流程。画一张图说明库存中有多少牛奶，一天中有多少牛奶被延迟交货。

a）一天中什么时候客户要等待产品生产出来以满足他们的需求？

b）什么时候客户无须等待？

c）假设牛奶用卡车运输并且每辆卡车可以装1250升，那么等待的卡车最多有多少辆？

d）假设工厂付给每辆等待车辆每小时50元，那么每天等待时间的总成本为多少？

11. 考虑一家饼店出售3种饼，饼的生产过程如下图所示。我们假设需求是每天180个饼，其中30个蔬菜肉饼，110个蔬菜饼，40个素饼。假设工作日有10小时工作，每道工序配备1名工人。

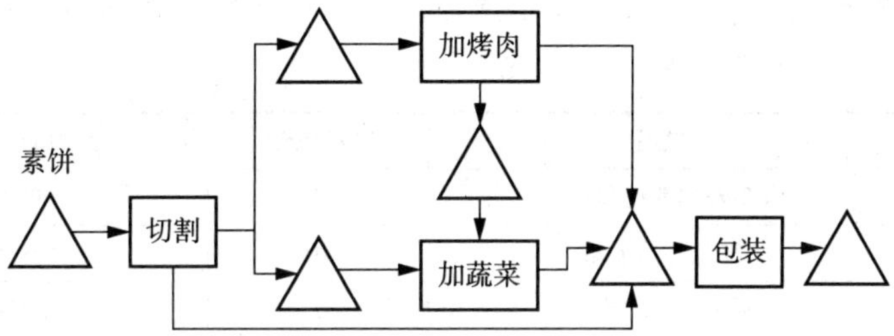

假设活动时间如下：

	切割	烤肉	加蔬菜	包装
活动时间/（分钟/个）	3	10	5	2

活动时间与饼的种类无关，相同的活动在同样的工序上进行（如切蔬菜肉饼和素饼的时间是相同的）。

a）流程中的瓶颈在哪里？

b）假设产品数量组合保持不变，那么流程在1小时内可以生产多少产品？

12. 某项客户服务业务基于多年的经验，将案子分配到以下小组中：

小组1（新客户，简单）：15%的案子	小组2（新客户，复杂）：5%的案子
小组3（旧客户，简单）：50%的案子	小组4（旧客户，复杂）：30%的案子

为了处理该业务，要完成以下一系列活动。

单位：分钟

小组	归档	初始会面	准备	复核	撰写
小组1	20	30	120	20	50
小组2	40	90	300	60	80
小组3	20	没有会面	80	5	30
小组4	40	没有会面	200	30	60

这些活动由以下3个人执行：

- 行政人员A：归档和撰写。
- 行政人员B：初始会面，复核。
- 行政人员C：准备。

假设 3 个人都是每天工作 3 小时，每月工作 20 天。对于以下问题，假设产品混合如上面描述的那样，事务所每个月需要处理 50 份申述。

a）以上哪个人是瓶颈？

b）行政人员 A、B、C 的隐含利用率分别是多少？

c）假设要求你分析 4 种申述中哪个成本最低，哪些因素会影响你的结果？

d）假设新的文字处理系统可以将撰写过程的时间缩短 50%，流程能力将怎样变化？

13. 汽车清洗店主要提供汽车清洁服务。由该公司提供的服务、服务时间以及每个步骤所需的工序如下表所示。

服务	描述	时间/分钟	所用工序
A. 汽车清洗	汽车外部清洗和烘干	10	1 台自动清洗器
B. 汽车上蜡	汽车外部上蜡	10	1 台自动上蜡器
C. 车轮清洁	所有车轮的清洁	7	1 名员工
D. 内部清洁	汽车内部的清洁	20	1 名员工

该公司提供如下套餐服务：

- 套餐服务 1：仅包括汽车清洗（服务 A）。
- 套餐服务 2：包括汽车清洗和上蜡（服务 A 和服务 B）。
- 套餐服务 3：汽车清洗、上蜡和车轮清洁（服务 A、B、C）。
- 套餐服务 4：所有 4 种服务（服务 A、B、C、D）

汽车清洗店平均每天有 40 名顾客（可以忽略任何变化的影响）。在这些顾客中，40%的顾客购买套餐服务 1，15%的顾客购买套餐服务 2，15%的顾客购买套餐服务 3，30%的顾客购买套餐服务 4。这种组合不随时间变化。该店每天营业 12 小时。

a）提供车轮清洁服务的员工的隐含利用率是多少？

b）哪道工序拥有最大的隐含利用率？

汽车清洗店预期夏天需求会增加至每天 80 名顾客。随着需求的增加，套餐服务的需求组合也将发生变化：30%的顾客需要套餐服务 1，10%的顾客需要套餐服务 2，10%的顾客需要套餐服务 3，50%的顾客需要套餐服务 4。该公司将重新安装一台清洗器来提供服务 A。

c）该流程中新的瓶颈是什么？是清洗和内部清洁服务吗？

d）每天有多少顾客得不到服务？哪种顾客会等待服务？说出你的理由。

扫码获取参考答案

第7章 流程能力风险：变异性

学习目标

掌握流程能力风险法则。理解流程风险对流程效率的影响，从而认识到管理流程能力风险的重要性。学会用流程能力风险法则分析流程中存在的关键问题，从而找到解决问题的方法。

7.1 风险来源

流程的风险来源于各种变动因素，如加工服务的处理时间并不能保持不变，产品的质量也不能始终完美，员工的技能并非完全一样，顾客的需求每天都在发生变化。产生变异性风险的原因可以分为内部因素和外部因素。内部因素包括产线设置、停机时间（计划的和非计划的）、操作员引起的生产率波动、返工等。外部因素包括特殊需求、顾客需要的产品种类多、客户更改订单等。外部变异性通常和公司战略相关，如提供丰富的产品品种以赢得竞争优势。在这种情况下，一定程度的变异性是做生意的成本，如海底捞服务的变异性很大，所以服务成本高，但是也因此赢得了顾客的青睐。但是，外部变异性并不总是和战略相一致的。例如，顾客的需求变化导致某种产品无法满足从而卖不出去。

变异性的影响常常被忽略。管理人员可能意识到与机器故障相关的明显浪费（如产能损失），但是他们并不了解由这些故障引起的变异性所导致的较高的在制品库存、损失的产能或较长的周期时间。“库存是万恶之花”，变异性是其根源。

2000年，当索尼将第二代游戏机投放市场时，很多消费者争相购买该产品，甚至要等上几周才能买到。然而，当微软将 X-box 投放市场后，这个原本被期望至少能获得和索尼第二代游戏机同样成功的产品，却在上市一年之后不得不将单价降低 100 多元，其原因就在于零售商在他们的货架上囤积了超过 10 万件的该产品。很显然，需求的趋势在变动，并没有如企业想象的那样增长，而过多的库存必然让经济规律发生作用，降价导致了企业资源的浪费。

2002 年初，在德国发生的一起车祸中，由于医疗队伍及他们的联络人员没能在 8 家医院中找到一间空的手术室，致使一名遇难者死在了救援的直升机中。在很多国家，每天都有成千上万的患者需要紧急救护，但是很多患者却需要等待相当长的时间才能受到救护。急救医疗服务面临的需求变动异常巨大，急救资源可能在相当长的时间内闲置，但是在某个特定的时刻又满足不了突如其来的大量需求，这是因为急救事件并不是均匀发生的，存在巨大的变异性。这种情况也存在于呼叫中心，顾客在给大多数呼叫中心打电话时都得等一段时间才能和客服代表通话，而大量的客服代表在某个时间段却处于空闲状态，等待顾客拨进电话，因为顾客打进电话的数量也不是均匀的，变异性很大。

2002—2003 年，美国暴发了大范围的流感疫情，当时生产了 9500 万剂流感疫苗，然而有 1200 万剂疫苗因为没有被及时派上用场而不得不予以销毁（疫苗在过了流感疫情时间后就失去了药效）。因此，在接下来的 2003—2004 年的流感疫情期，疫苗的产量只有 8700 万剂，不幸的是，这一时期疫苗的供应量严重短缺，导致因流感引发的死亡率剧增。

7.2 管理需要“看得见的手”

所有这些事例都有一个共同之处，因为需求的不可预测的变异性导致产品和服务供给的数量和时间都存在供需失衡的情况。拿航空业来说，英国航空公司的飞机利用率达到了 70.3%。也就是说，如果一架航班有 300 个座位，平均每次有 89 个座位是空的。如果英国航线可以在每趟航班增加 1 名乘客的话，它将增加 0.33%的利用率，公司利润将增加 6500 万元，相当于该航线 2001 年第二季度整个季度的利润。这点给我们的关键启示是：即使在运作流程中看似很小的一点改进，如仅增加 0.33%的利用率，也能给公司的盈利带来显著的影响。这是因为对于大多数公司而言，它们的利润（如果它们有利润的话）只占到总收入中相对很小的比重。所以，提高供给与需求之间的匹配程度对于公司管理层而言是一个关键的职责。虽然要使供给与需求完全匹配是极其困难的，但是在调整价格之外，管理者还是需要积极借助更多的方法以达到供求平衡。

企业常常面临的是市场需求的变异性，因为产品往往需要先生产出来，而未来的顾客需求却是无法预知的，所以企业的供给和市场需求常常会出现不匹配的情况。

经济学认为有一只“看不见的手”——价格的不断变化会使供给与需求趋于平衡。如果需求过多，价格就将上升；如果供给过剩，价格就会下降。但是，价格的调节是一种滞后的信息，对于管理者来说，需求过多而没有得到满足意味着收入损失，供给过剩而降价销售则意味着资源浪费。

本书后面的章节将介绍各种尽可能达到供求平衡的原理和方法。

7.3 长沙市需要多少辆120救护车

快速反应有一个原则，只有反应的能力大于需要的能力，才能做到快速反应，否则是无法做到的。拿医院的120救护车来说，在大多数情况下，它多半处于闲置状态，如果它在大多数时间里都在满负荷运转，当需要大量急救能力时，就跟不上了。在被问及“你希望120救护车多长时间内到达”时，得到的答案如出一辙：10分钟左右。但就目前情况而言，国内几乎没有城市能够做到这一点。

7.3.1 理想情况：长沙市只需要2辆救护车

我们假设长沙市一年时间有72000例急救，一年按300天计算，如表7.1所示。

表7.1 长沙市2009年1月1日—12月22日的急救数量统计表 单位：例

	车祸	外伤（包括摔伤）	晕厥	心脑血管疾病	酒精中毒	意识障碍	抽搐	腹痛
数目	10965	9811	3216	2865	2153	1199	1112	999
总计	32320							

如果急救患者在一年时间内按照平均间隔时间发出急救需求，也就是每天有240例，每小时10例，每6分钟1例。

在交通没有阻碍的情况下，如果救护车从急救中心到最远的患者所在地需要12分钟，也就是救护车从急救中心到所有患者所在地平均需要6分钟，那么整座城市只需要2辆救护车（一辆在接患者到医院的途中，另一辆在去接患者的途中），就能够保证任何患者在发出急救信息后，最晚在12分钟后能够等到救护车。

我们可以用利特尔法则把这个数字算出来。

$$库存=输出率\times 时间$$

每6分钟1例也就等同于每6分钟1辆车，一辆车往返共需要12分钟。

$$\frac{1辆}{6分钟}\times 12分钟=2辆$$

7.3.2 现实情况：变动越大，救护车需求越多

很显然，上面的推算是在最理想的情况下，而实际情况却是患者并不会按照平均时间间隔发出急救需求，可能在某个时间段如一两小时内没有患者需要急救，而在另外一个时间段内同时出现大量的患者需要急救。而且，交通不会完全无阻，有时候会发生严重堵车的情况。

我们分两种情况讨论。

假如患者按照平均间隔时间 6 分钟发出急救需求，而救护车辆往返需要的时间会随着交通状况而延长，比如平均增加到 30 分钟。那么要保证我们能够每隔 6 分钟出车就需要 5 辆救护车。

$$\frac{1\text{ 辆}}{6\text{ 分钟}}\times 30\text{ 分钟}=5\text{ 辆}$$

如果患者不是按照平均间隔时间发出急救需求，假如高峰期是 6 分钟内 20 名患者，那么在没有交通阻碍的情况下，需要 40 辆救护车才能保证每个患者在平均 6 分钟内等到救护车，最长的时间是 12 分钟。

$$\frac{20\text{ 辆}}{6\text{ 分钟}}\times 12\text{ 分钟}=40\text{ 辆}$$

如果有交通阻碍，往返平均时间是 30 分钟，便需要 100 辆救护车，每隔 6 分钟发出 20 辆。

$$\frac{20\text{ 辆}}{6\text{ 分钟}}\times 30\text{ 分钟}=100\text{ 辆}$$

由此可知，当发出急救需求的患者在时间分布上极不均匀时就会带来短时间内对救护车的大量需求，而在某些时间段内大量救护车可能处于闲置状态。此外，交通问题不仅被迫增加了车辆，而且延长了到达患者所在地及返回急救中心的时间。

7.4 流程风险法则

前面我们研究的具有四道工序的加工流程是一个理想的流程。在这个流程中，同一个流程单元在四道工序的加工时间都是 2 小时，不同的流程单元在同一道工序的加工时间也是 2 小时。也就是说，流程单元就像没有任何波澜的河水在平静地流淌，所有流程单元在流程中的任何一道工序都保持一定的速度流动，但是在实际流程中，这样稳定不变的流程是难以预见的。实际情况是一个流程单元在流程中流动

时，速度可能会发生变化。也就是说，在不同工序的加工或服务速度可能是不同的，如患者在医院里挂号、看病、化验、缴费、取药时，各个环节的速度就不相同。对于患者而言，假如挂号员为一个患者挂号所花的时间是 1 分钟，医生为一个患者看病需要 5 分钟，化验员为一个患者化验需要 10 分钟，收费员收取一笔费用需要 1 分钟，取药员为一个患者取药需要 2 分钟，如图 7.1 所示。我们可以看到把各个环节的时间连接起来就是一条起伏不平的曲线，平均下来，每个环节的服务时间是 3.8 分钟，在图 7.1 中是一条没有任何起伏的直线。

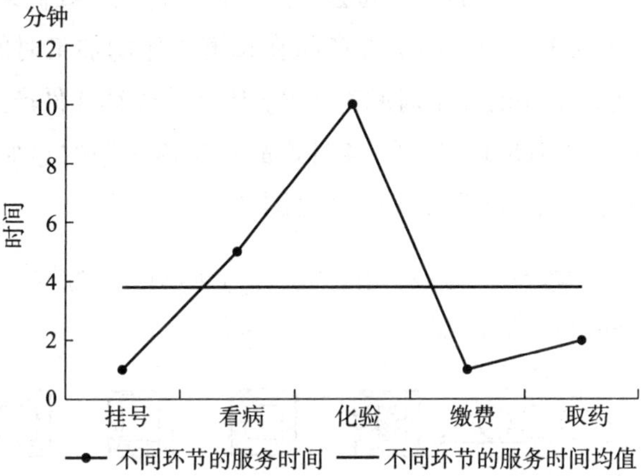

图 7.1 同一个患者在不同环节被服务的时间不同

流程中的波动除了由各个工序的速度不同造成以外，不同的流程单元在同一道工序的服务和加工速度可能也不一样。如在医院里，同一个医生为不同的患者看病所花费的时间可能也是不同的。如图 7.2 所示，假如医生为 5 个患者看病所花的时间分别是 2 分钟、5 分钟、4 分钟、3 分钟、6 分钟，把这些时间连接起来同样是一条起伏不平的曲线，其均值是 4 分钟。

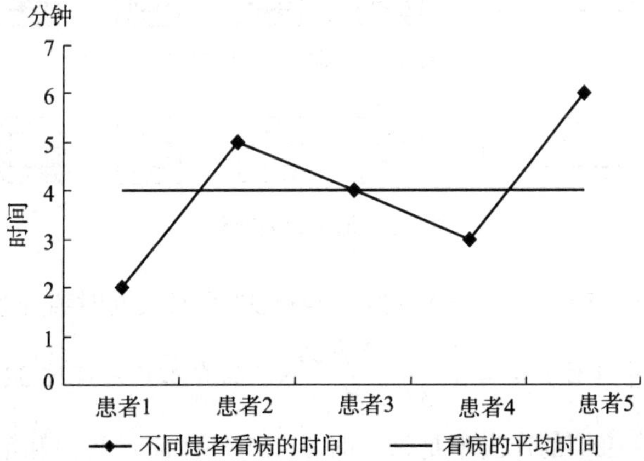

图 7.2 同一个医生为不同的患者看病所花的时间不同

从图 7.1 和图 7.2 中，我们看到了流程的两种变异性：一是同一个流程单元在不同工序中的流动速度在变化；二是不同的流程单元在同一道工序中的流动速度也在变化。第一种变化是因为同一流程存在不均衡性，第二种变化是因为同一工序的加工时间发生了变化。

如果不同流程单元在同一工序中的加工时间不断变化，会发生什么情况？在这种变异性存在的情况下，利特尔法则是否成立？我们来分析以下几种情况。

第一种情况：仍然以第 5 章的工厂为例，假设工厂中允许的库存为 4 件产品，不同的流程单元在各工序中的加工时间会发生变化。首先，我们来研究第一种情况，假设 4 件产品同时进入工厂中，第 1 件产品在每道工序的加工时间都为 8 小时，第 2、3、4 件产品在每道工序的加工时间都为 0。因此，连续 4 件产品在每道工序的加工时间为 8—0—0—0（小时）。这样，4 件产品在每道工序的总加工时间为 8 小时，因此平均每件产品的加工时间为 2 小时（见图 7.3）。

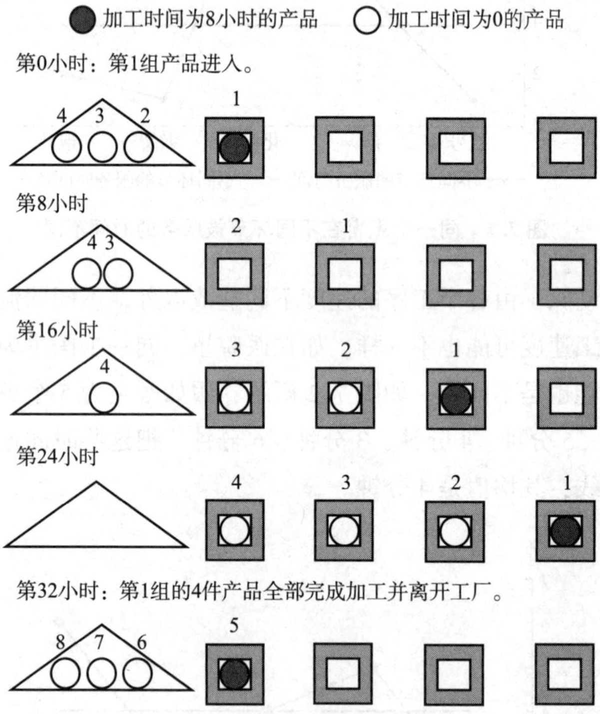

图 7.3　加工时间变化 1

我们看到每 4 件产品同时进入系统，经过 32 小时又同时离开系统，即

$$\text{工厂中 4 件产品} = \frac{\text{产出 4 件产品}}{\text{32 小时}} \times \text{产品在工厂中经过 32 小时}$$

这种情况下，工厂的产出率是每小时 0.125 件产品。我们和第 5 章的制造工厂中的第三种情况（工厂中允许同时有 4 件产品）对比：在第 5 章的制造工厂的第三种情况下，当工厂中允许的库存达到 4 件产品时，产出率为每小时 0.5 件产品。在

目前的情况下，当工厂中允许的库存达到 4 件产品时，系统的产出率为每小时 0.125 件产品。同样的库存数量，每道工序的平均加工速度都是每小时加工 0.5 件产品。在第 5 章的制造工厂的第三种情况下，每个流程单元在每道工序的加工时间都是 2 小时。在目前的情况中每 4 个流程单元一组，第一个流程单元在每道工序的加工时间为 8 小时，其他 3 个流程单元的加工时间为 0，平均下来每个流程单元的加工时间也是 2 小时。那么为什么输出率会产生这么大的差距呢？

关键的原因是，在目前的情况下，不同流程单元的加工时间在变化！

如果你认为仅此一例不足以说明问题，那么我们再来看一个例子。

第二种情况：仍然以第 5 章的工厂为例，假设工厂中允许的库存为 4 件产品，第 1 件产品在每道工序的加工时间都为 4 小时，第 2 件产品在每道工序的加工时间都为 0，第 3 件产品在每道工序的加工时间都为 4 小时，第 4 件产品在每道工序的加工时间都为 0，以此类推。因此，连续 4 件产品在每道工序的加工时间为 4—0—4—0（小时）。2 件产品为一组，在每道工序的总加工时间为 4 小时，因此平均每件产品的加工时间为 2 小时（见图 7.4）。

我们观察到第 1 组产品离开的时间和第 2 组产品离开的时间相隔 8 小时，第 2 组产品离开的时间和第 3 组产品离开的时间也相隔 8 小时，因此每隔 8 小时产出 2 件产品，产出率为每小时 0.25 件产品。观察每一组的 2 件产品，都是在工厂中经过 16 小时才离开。

$$\text{工厂中 4 件产品} = \frac{\text{产出 2 件产品}}{\text{8 小时}} \times \text{产品在工厂中经过 16 小时}$$

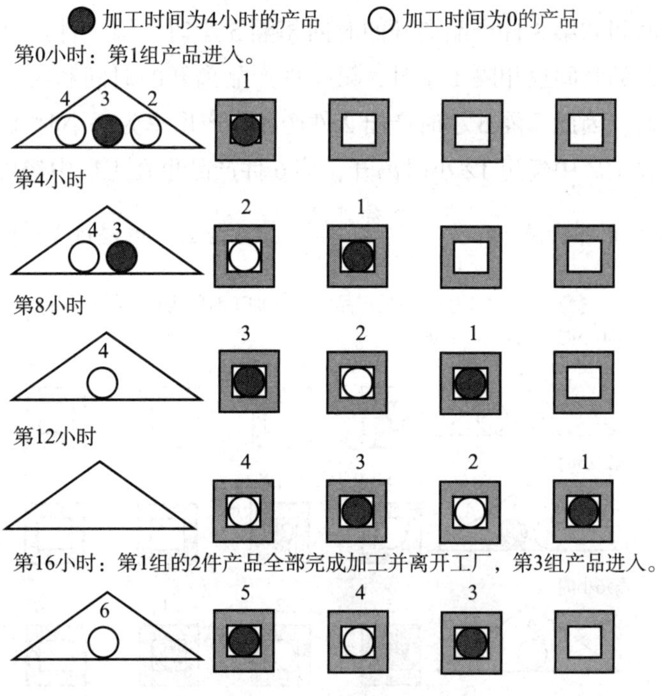

图 7.4　加工时间变化 2

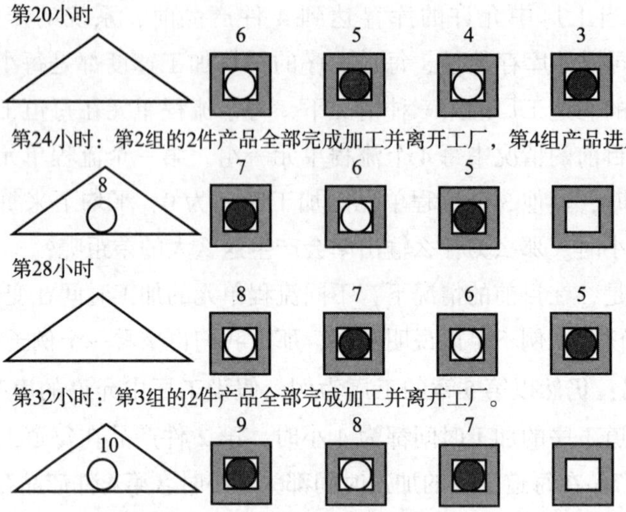

图 7.4　加工时间变化 2（续）

第三种情况：仍然以第 5 章的工厂为例，假设工厂中允许的库存为 4 件产品，第 1 件产品在每道工序的加工时间都为 3 小时，第 2 件产品在每道工序的加工时间都为 1 小时，第 3 件产品在每道工序的加工时间都为 3 小时，第 4 件产品在每道工序的加工时间都为 1 小时，以此类推。因此，连续 4 件产品在每道工序的加工时间为 3—1—3—1（小时）。2 件产品为一组，在每道工序的总加工时间为 4 小时，因此平均每件产品的加工时间为 2 小时（见图 7.5）。

我们观察到第 1 件产品离开的时间和第 2 件产品离开的时间相隔 1 小时，第 2 件产品离开的时间和第 3 件产品离开的时间相隔 5 小时，第 3 件产品离开的时间和第 4 件产品离开的时间也相隔 1 小时，第 4 件产品离开的时间和第 5 件产品离开的时间相隔 5 小时，因此每隔 6 小时产出 2 件产品，产出率为每小时 0.33 件产品。观察第 5 件产品在工厂中经历 12 小时离开，第 6 件产品也在工厂中经历 12 小时离开。

$$\text{工厂中 4 件产品} = \frac{\text{产出 2 件产品}}{\text{6 小时}} \times \text{产品在工厂中经过 12 小时}$$

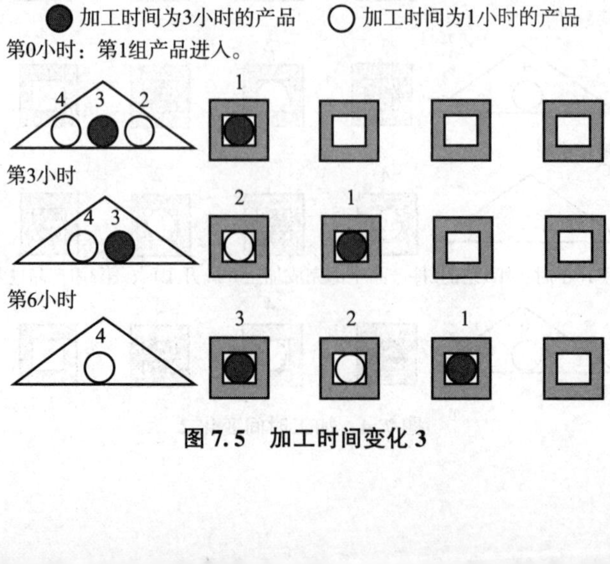

图 7.5　加工时间变化 3

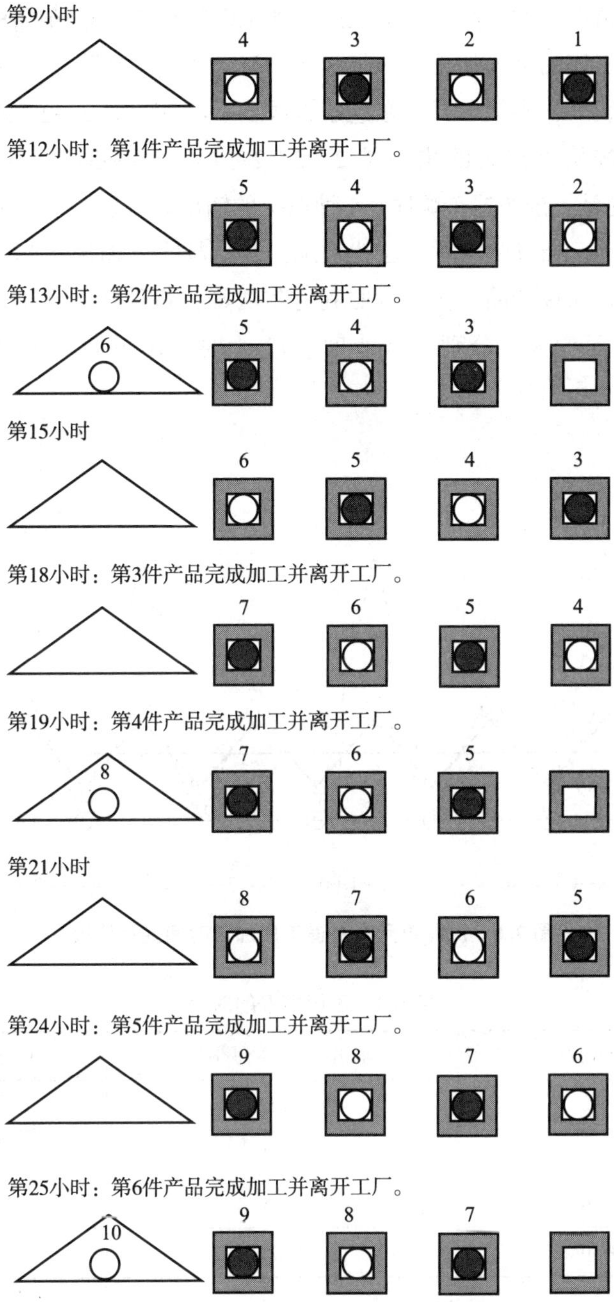

图 7.5　加工时间变化 3（续）

至此，我们观察了工厂中允许同时有 4 件产品的 4 种情况（包括第 5 章制造工厂的第三种情况），连续 4 件产品的加工时间分别为 2—2—2—2、8—0—0—0、4—0—4—0、3—1—3—1。这 4 种流程的产出率分别为每小时 0.5 件产品、0.125 件产品、0.25 件产品、0.33 件产品，每件产品在工厂中经历的平均时间为 8 小时、32 小时、16 小时、12 小时。从这 4 种情况中我们能看到什么规律？

我们把4种情况中的产品在一道工序的加工时间按顺序总结成图7.6，4种情况中的产品在每道工序的平均加工时间都是2小时。我们看到除2—2—2—2这种情况是一条水平的直线外，其他情况都在这条直线上下波动。而2—2—2—2这种情况的波动为0。波动按从小到大的排序是2—2—2—2、3—1—3—1、4—0—4—0、8—0—0—0。有趣的是，按照这个顺序，4种情况的输出率分别是0.5件/时、0.33件/时、0.25件/时、0.125件/小时。也就是说，波动越大，输出率越小。由于库存数量是一样的，都是4件产品，所以按照利特尔法则，每件产品在工厂中经历的时间随着输出率变小而变大，分别是8小时、12小时、16小时、32小时，如表7.2所示。

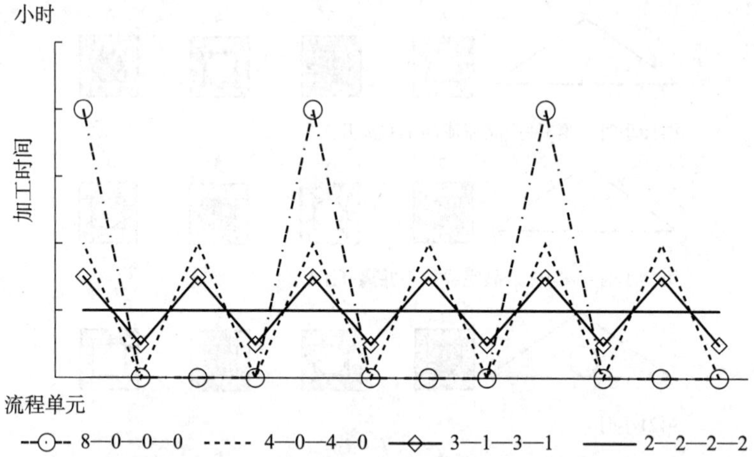

图7.6　流程单元在每道工序加工时间变化比较

表7.2　不同情况的对比

加工时间/（小时/件）	输出率/（件/小时）	流转时间/小时
2—2—2—2	0.5	8
3—1—3—1	0.33	12
4—0—4—0	0.25	16
8—0—0—0	0.125	32

变异性越大，系统效率损失越大，这就是我们得到的规律。

流程风险法则：流程中的变异性风险越大，流程效率越低。

为什么变异性会导致流程效率的降低呢？木桶法则告诉我们，流程效率受到瓶颈的制约。瓶颈的产生一方面由于瓶颈处的资源不足或者流程在设计时本身难以做到完全均衡；另一方面由于变异性，如流程中的某个环节出现了问题，导致工作延误，所花费的时间比其他所有环节都要长，这个环节就成为瓶颈。由于在流程中出现问题的环节是变化的，所以瓶颈往往也是变化的，这样就发现瓶颈在流程中不断变化。在8—0—0—0、4—0—4—0、3—1—3—1这三个例子的流程中，我们发现无论任何时候，流程中都有一道工序的加工时间是最长的。也就是说，无论任何时候，流程中都存在瓶颈，不过瓶颈并不在一个地方固定不动，而是在工序之间变动。以8—0—0—0为例，实心的加工时间最长的环节就是瓶颈（见图7.7）。

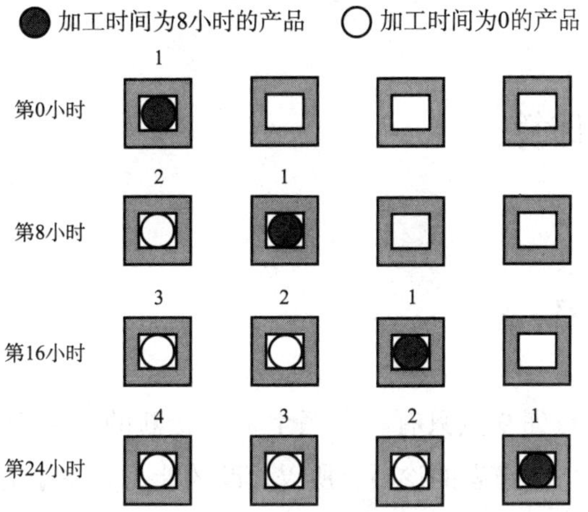

图7.7　实心的加工时间最长的环节是瓶颈

因此，我们发现变异性法则是木桶法则的延伸，木桶法则中的瓶颈是固定不动的，而变异性法则中的瓶颈是不断移动的。就此我们可以总结出，变异性导致流程效率降低的原因就是在流程中始终有一块不断移动的短板。

流程中存在的变异性就好像一块移动的短板。

7.5　金曼方程

用金曼方程描述变异性对流程造成的影响。

$$平均等待时间=\frac{利用率}{1-利用率}\times\frac{到达间隔变异系数^2+处理时间变异系数^2}{2}\times平均处理时间$$

我们知道的利特尔法则：

$$库存=输出率\times流转时间$$

这里的流转时间就是平均等待时间加上平均处理时间。所以有

$$库存=输出率\times(平均等待时间+平均处理时间)=输出率\times$$
$$\left(\frac{利用率}{1-利用率}\times\frac{到达间隔变异系数^2+处理时间变异系数^2}{2}\times平均处理时间+平均处理时间\right)$$

一般而言，由于平均等待时间远大于平均处理时间（见表5.1），我们也可以用平均等待时间近似表示流转时间，所以近似的公式如下：

$$库存 \approx 输出率 \times \frac{利用率}{1-利用率} \times \frac{到达间隔变异系数^2+处理时间变异系数^2}{2} \times 平均处理时间$$

我们把这个公式称作流程风险方程。

因此，当库存、利用率、平均处理时间保持不变时，变异系数越大，输出率越低，也就是流程的效率越低。

7.6 流程风险计算

7.6.1 利用率

以一个从上午 8 点到 9 点只有一名医生提供诊断的诊室为例。基于历史观察，估计平均 4 分钟完成一个患者的诊断，所以诊断的能力是每小时服务 60/4＝15 个患者。实际上在 60 分钟内有 12 个患者到来，即平均 5 分钟有 1 个患者。因此，平均来看，诊断的能力并没有完全被利用，用来刻画能力利用情况的指标是利用率。

$$利用率=\frac{单位时间产出}{能力}$$

因此，该诊室医生的利用率是 80%。

由于医生在上午 8 点到 9 点并没有被完全利用，那么每个患者是不是一到诊室就能够看病而没有任何等待呢？这需要仔细研究患者的到达过程和医生给患者诊断过程的时间。表 7.3 显示了患者到达的时刻和医生为患者诊断所花费的时间。

表 7.3　患者到达时刻及诊断时间分布

患者	第 1 个	第 2 个	第 3 个	第 4 个	第 5 个	第 6 个	第 7 个	第 8 个	第 9 个	第 10 个	第 11 个	第 12 个
到达时刻	8：00	8：07	8：09	8：12	8：18	8：22	8：25	8：30	8：36	8：45	8：51	8：55
诊断时间（分钟）	5	6	7	6	5	2	4	3	4	2	2	3

我们发现，第 1 个患者在 8：00 到达，他不用等待。第 2 个患者在 8：07 到达。因为第 1 个患者看病只花了 5 分钟，所以第 2 个患者也不用等待。但是第 3 个患者在 8：09 到达，而第 2 个患者看病花了 6 分钟，也就是第 13 分钟（7+6）才看完病，所以第 3 个患者需要等待 4 分钟（13−9）。图 7.8 显示了患者等待的情况，其中黑色条表示患者等待的时间。

从图 7.8 中可以看到，医生出现了空闲时间，在第 1 个患者看完病和第 2 个患

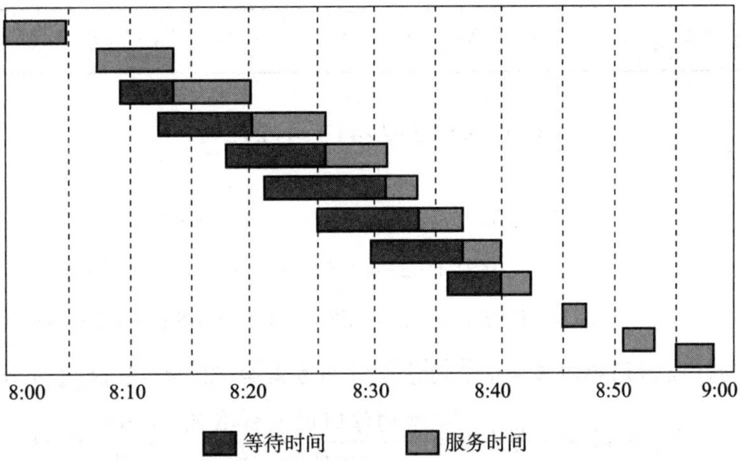

图 7.8　患者到达时刻及诊断时间

者到达之间空闲了 2 分钟（7−5）。在第 9 个患者和第 10 个患者之间空闲了 5 分钟（45−36−4）。后面还出现了空闲，在习题中请计算空闲时间。

上面计算患者等待时间的方法虽然看起来简单，但是如果数据太多，计算起来就会很麻烦，而且无法了解整体情况。幸运的是，我们有简单的公式可以计算患者的等待时间。在计算等待时间之前，我们需要计算患者到达过程的变异系数和医生诊断过程的变异系数。

7.6.2　变异系数

先计算患者到达过程的变异系数。我们首先把患者的到达间隔时间算出来。

到达间隔时间/分钟	0	7	2	3	6	4	3	5	6	9	6	4

其次计算平均到达间隔时间，就是用患者到达间隔时间中的数据求平均值。

$$\text{平均到达间隔时间}=\frac{0+7+2+3+6+4+3+5+6+9+6+4}{12}=4.58\ (\text{分钟})$$

$$\text{平均到达间隔时间方差}=\frac{1}{12}\begin{pmatrix}|0-4.58|^2+|7-4.58|^2+|2-4.58|^2+|3-4.58|^2+\\|6-4.58|^2+|4-4.58|^2+|3-4.58|^2+|5-4.58|^2+\\|6-4.58|^2+|9-4.58|^2+|6-4.58|^2+|4-4.58|^2\end{pmatrix}=5.41$$

$$\text{平均到达间隔时间标准差}=\sqrt{\text{平均到达间隔时间方差}}=\sqrt{5.41}=2.33\ (\text{分钟})$$

$$\text{平均到达间隔时间变异系数}=\frac{\text{平均到达间隔时间标准差}}{\text{平均到达间隔时间}}=\frac{2.33}{4.58}=0.51$$

然后计算医生诊断患者过程的变异系数，步骤和计算患者到达过程的变异系数一样。

诊断时间/分钟	5	6	7	6	5	2	4	3	4	2	2	3

$$平均诊断时间=\frac{5+6+7+6+5+2+4+3+4+2+2+3}{12}=4.08\ (分钟)$$

$$平均诊断时间方差=\frac{1}{12}\begin{pmatrix} |5-4.08|^2+|6-4.08|^2+|7-4.08|^2+|6-4.08|^2+ \\ |5-4.08|^2+|2-4.08|^2+|4-4.08|^2+|3-4.08|^2+ \\ |4-4.08|^2+|2-4.08|^2+|2-4.08|^2+|3-4.08|^2 \end{pmatrix}=2.74$$

$$平均诊断时间标准差=\sqrt{平均诊断时间方差}=\sqrt{2.74}=1.66\ (分钟)$$

$$平均诊断时间变异系数=\frac{平均诊断时间标准差}{平均诊断时间}=\frac{1.66}{4.08}=0.41$$

我们看到患者到达过程的变异系数（0.51）大于医生诊断过程的变异系数(0.41)。变异系数刻画了过程的波动性，在很多领域这种波动性被称为风险。变异系数越大，风险越高。

7.6.3 等待时间

有了上述的各种数据，我们就可以计算等待时间了。

$$平均等待时间=\frac{利用率}{1-利用率}\times\frac{到达间隔变异系数^2+诊断时间变异系数^2}{2}\times平均诊断时间$$

$$利用率=\frac{4.08}{4.58}=0.89$$

$$平均等待时间=\frac{0.89}{1-0.89}\times\frac{0.51^2+0.41^2}{2}\times4.08=7.07\ (分钟)$$

我们把患者在时间上的数量变化称作外部变动率，把交通状况称作内部变动率。那么：

$$平均往返时间=(外部变动率^2+内部变动率^2)\div2\times无变动的时间$$

由利特尔法则：库存=输出率×时间，可以得到

$$库存=输出率\times(外部变动率^2+内部变动率^2)\div2\times无变动的时间$$

我们把救护车辆看作库存，把患者提出急救需求的速率看作输出率，患者急救需求速率的变化率就是外部变动率，交通变化情况决定内部变动率，因此：

$$救护车辆数=平均急救发生率(每6分钟1例)\times(急救发生变动率^2+交通变动率^2)\div2\times无变动的时间\ (12分钟)$$

把上面式子等号右边的第一项和最后一项相乘，可以变为

$$救护车辆数=2辆车\ (理想无变动情况)\times(急救发生变动率^2+交通变动率^2)\div2$$

因此，无论是急救发生的变动率增加，还是交通变动率增加，都会增加所需要的救护车辆数。

7.6.4　反应能力

我们把救护车数量看作急救中心的反应能力，根据前面的分析可以得出这样的规律：变动越大，所需要的反应能力越强。我们把上面公式中的救护车辆数换成反应能力，就得到

$$实际反应能力=无变动的反应能力\times(外部变动率^2+内部变动率^2)\div 2$$

患者急救发生率的变化是我们无法控制的，因此注定了我们所配置的救护车要远大于平均需要的数量，这会导致大量的救护车在很多时间内闲置，但这样才能在急救发生高峰时期做出及时反应。消防车辆的配置也是如此。

7.7　变异性：破解刘永行的困惑

变异性的存在降低了运营效率，最主要是延长了流动单元在系统中经历的时间。科学的研究结论认为，流动单元在系统中经历的时间是随着变异性的增加呈平方增长的，也就是说：

$$流转时间=变异性^2\times没有变异性的时间$$

根据利特尔法则：

$$库存=输出率\times时间=输出率\times变异性^2\times没有变异性的时间$$

因此，$输出率=库存\div(变异性^2\times没有变异性的时间)$

因此，$输出率=库存\div没有变异性的时间\div变异性^2$

因此，在库存相同的情况下：

$$输出率=没有变异性的输出率\div变异性^2$$

那么，在库存不变的情况下，当变异性增加 1 倍时，流程效率下降为原来的 1/4；当变异性增加 3 倍时，流程效率下降为原来的 1/16。由此可见，变异性对流程效率的影响是致命的，当变异性不断增加时，将对流程效率产生灾难性的影响。

恶魔法则：随着流程中的变异性风险增加，流程效率以平方的速度降低。

至此，我们可以解释第 1 章中刘永行的疑问了，中国企业与韩国企业效率的差异主要是因为流程中的变异性差异。也就是说，中国企业流程中的变异性要比韩国企业的大得多，因而流程效率就低得多。因为根据木桶原理，流程效率是由效率最低的环节决定的，只有提高最低环节的效率才能提高整个流程的效率。而对于某一道工序来说，工人的效率只是简单的加和关系，不存在乘积关系。

思考题

1. 使用变异系数而不是标准偏差作为变异性度量的理由是什么？

2. 对于以下随机变量的变异性，请指出每项的变异性分别属于低、中或高的哪种类型。

a）是时候完成这套学习题了。

b）机修工应该更换汽车消声器了。

c）一对骰子在7次投掷之间的掷数。

d）一个好的维修技术人员最近修理过的机器在发生故障前正常生产运行的时间。

e）最近由一个不太好的技术人员修理的机器发生故障前的运行时间。

f）一书中印刷错误的字数。

g）不同客户到达自动取款机的时间间隔。

3. 变异性减少和产能扩张之间有什么重要的区别？

4. 考虑以下机器的加工时间集。计算每个样本的变异系数，提出可能发生这种行为的情况，以及找出现实中可能发生这种情况的例子。

a）5，5，5，5，5，5，5，5，5，5，5。

b）5.1，4.9，5.0，5.0，5.2，5.1，4.8，4.9，5.0，5.0。

c）5，5，5，35，5，5，5，5，5，42。

d）10，0，0，0，0，10，0，0，0，0。

5. 假设作业以每小时20次的速度到达单机工作站，平均处理时间为2.5分钟。

a）这台机器的利用率是多少？

b）现在假设流程时间的平均值为2.5分钟，标准偏差为5分钟。

ⅰ. 一份工作在工作站的平均流程时间是多长？

ⅱ. 工作站的平均工作人数是多少？

ⅲ. 排队的平均作业数是多少？

6. 在电路板工厂中，生产单个面板的平均时间为2分钟，标准偏差为1.5分钟。

a）计算变异系数。

b）如果需要生产60个面板，这项工作的均值和方差是多少？变异系数是多少？

7. 考虑一条线中两个相邻的工作，标记为A和B。工作站A的一个工人在一个作业上执行一组任务，并将该作业传递给工作站B，在那里第二个工人执行另一组任务。两个工作站之间的存货空间有限。目前，工作站A和工作站B各自完成自己的任务。当缓冲区已满时，工作停止；当缓冲区为空时，工作站B耗尽。然而，有人提出了一项新策略。新策略将一组任务指定为“共享任务”。当缓冲区已满一半以上时，工作站A将作业放入缓冲区之前执行共享任务。当缓冲区不足一半满时，工作站A将共享任务留给工作站B执行。假设工作站A或工作站B都可以快速地完成共享任务，请评论此策略对总体变异性的影响。你认为这项策略有价值吗？

8. 考虑一个由4台机器并联组成的单站设备，机器有适度可变的随机过程时间。请注意，如果在制品水平固定在4个工作岗位上，工厂就能够保持100%的利用率、最小周期时间和最大输出率，无论加工时间是否随机。考虑变异性，你如何看待这种明显“完美”的表现？［提示：考虑所有绩效指标，包括产成品库存（FGI）和需求的绩效指标，前提是根本不存在变异性。当过程时间发生变化，需求仍然不变时，这些度量会发生什么变化？］

9. 顾客平均每2分钟就会向网上书店的服务台发送一封电子邮件，间隔时间的标准差也是2分钟。书店有3个雇员负责回复电子邮件，回复一封邮件平均需要4分钟。服务时间的标准差是2分钟。

a）估算一下在接受服务之前平均每个顾客要等待多长时间？

b）平均有多少封发送给网上零售商的邮件无法回复？

10. 一家汽车租赁公司在机场的分公司拥有50辆SUV。需求间隔到达时间是2.4小时，平均标准差是2.4小时。假设所有SUV都被租了出去，顾客愿意等待直到有SUV闲置。SUV租出去的平均时间是3天，标准差是1天。

a）公司停车场停的SUV的平均数量是多少？

b）通过一次市场调查，公司发现如果将每日租金从80元下调25元，平均需求会上升到每日12辆，平均租赁期延长至4天。分析这个降价方案是否可行？

c）顾客租一辆SUV平均需要等待的时间是多长？请在初始的条件下计算。

d）假设公司决定将SUV的租赁时间限制在4天以内，等待时间会发生怎样的变化？如果设定这样的限制，平均间隔到达时间将延长到3小时，标准差将变为3小时。

11. 一个大学生在一家单位实习，他的职责是接听电话，也是唯一应答电话的人。现在平均每3分钟接到一个电话，间隔到达时间的标准差是3分钟。他每2分钟处理一个电话，活动时间的标准差是1分钟。电话公司向每条正在使用的电话线收取每小时5元（不管顾客是和他交谈还是在等待服务）的费用。假设接入的顾客数量不限，并且即使被迫等待很长的时间顾客也不会挂断电话。

a）为了修习一门课程，他必须读完一本书。他每分钟能读1页，老板同意他在空闲时间学习，假设他可以在电话接进来的时候立刻放下书本。在8小时的工作中，他可以读多少页？

b）在与他交谈之前，顾客平均要等待多长时间？

c）在8小时的工作中，电话线的费用是多少？(无论电话线何时使用，包括用户等待的时间，都要收费。)

12. 一家小型影碟租赁公司，每天运营24小时。店长最近得到的分析结果显示，每小时有30名顾客到达，间隔到达时间的标准差是2分钟。这种到达模式是持续不断的并且与时间无关。由一个雇员负责结账工作，他需要1.7分钟完成工作。结账时间的标准差是3分钟，这主要由于顾客租借的影碟数量不同。

a）假设每个顾客租借至少一张影碟（也就是一定要去结算)。在结账之前顾客平均要等待多长时间？(不包括实际结算时间，在1分钟以内)。

b）在没有顾客结算的时候，雇员会将归还的影碟分类。假设公司积压了很多影碟等待分类，如果整理一张影碟需要15分钟，在8小时工作中雇员可以将多少影碟分类？

c）平均有多少顾客在收银台？(包括等待和接受服务)

d）假设仅对于这个问题，有10%的顾客不租赁任何影碟，因此并不会到收银台。假设到达过程的变差系数和以前一样，在结账之前顾客需要等待多长时间？(不包括实际结算时间，在1分钟以内)。

作为特别服务，影碟租赁公司为等待结算的顾客提供3桶爆米花和1杯苏打水(注意：正在接受服务的顾客没有时间享用食物)。店主估计顾客每等待1分钟便会支出75美分的食品费。假设小时工资是10美元，收银台最好安排多少名员工？

13. 一家电子公司研发和推销创新的消费电子产品，研发程序如下。

公司研究新技术以应对未满足的市场需求。从专利权注册开始，一般授予专利权20年有效时间。获得专利权后，该专利技术就会在5个独立的研发中心被开发成可投向市场的产品，每种产品只在一个研发中心研发，每个研发中心拥有将产品投向市场所必需的技术（每个中心一次只能研发一种产品)。公司平均每7个月注册一个专利（标准差也是7个月)，平均研发过程持续28个月（标准差为56个月)。

a）公司研发设施的利用率为多少？

b）从注册一个专利到投放一个商业产品到市场平均需要多长时间？

c）电子公司发布一种产品时平均的专利权有效时间还剩多少年？

14. 快递公司的员工为3种类型的包裹打包和贴标签：一般包裹、商务包裹、超大包裹。商务包裹优先于一般包裹和超大包裹，因为那些顾客支付了保险金以保证在两天内送达。在9小时的工作中，平均每3小时要处理一个包括一般包裹、商务包裹和超大包裹的集装箱。一旦处理了一个包裹，打包的员工就会立即将其传给下一个将该包裹装上卡车的员工。处理3种不同类型包裹的时间及每个集装箱包裹的平均数如下表所示。

	一般包裹	商务包裹	超大包裹
单位包裹贴标签和打包的时间/分钟	5	4	6
单位集装箱可装载产品数量/个	10	10	5

当前员工按以下方式处理每个集装箱包裹。首先，处理集装箱中的商务包裹；其次，随机选择一般包裹和超大包裹直到该集装箱为空。但是，他的上级建议他首先处理集装箱中所有的商务包裹，其次处理所有的一般包裹，最后处理超大包裹。

a）若接受上级的建议，利用率将会发生什么变化？

b）每个包裹在集装箱中的平均时间是多少？

15. 服务器的流量需求率为每小时 55 单位，服务一个流量单元平均需要 6 分钟。服务由 7 台服务器提供。

a）7 台服务器全部被利用的概率是多少？

b）每小时服务多少单位？

c）每小时丢失多少单位？

16. 高速公路边建有一个大型加油站。下午，加油站平均每小时有 1000 辆车通过，其中 2%愿意停下来加油。但是，由于高速公路上还有其他几个加油站，它们的价格也差不多，因此潜在客户不愿等待并绕过该加油站。加油站有 6 个可用于加油的地点，平均每辆汽车需要 5 分钟才能再次驶离该地点（包括加油及客户进入加油站可能造成的任何潜在延误）。

a）6 个地点全部被抽中的概率是多少？

b）每小时为多少客户提供服务？

17. 假设一个进程包含两个工作站，它们之间没有缓冲区运行。

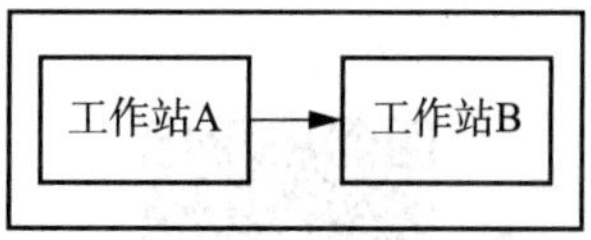

现在考虑以下 3 种可能的方案：

方案	工作站 A 的处理时间/分钟	工作站 B 的处理时间/分钟
方案 1	5	5
方案 2	5	4 或 6 的可能性相同
方案 3	5	3 或 5 的可能性相同

a）平均而言，这 3 种方案中的哪一种具有最高的流量？

b）平均而言，这 3 种方案中的哪一种流动时间最短？

18. 一个拥有多个业务部门的呼叫中心，一个业务部门目前拥有 4 名操作员，他们从星期一到星期五每天工作 8 小时。假设客户在工作时间内致电，平均而言，电话每3分钟到达一次（到达时间的标准偏差等于3分钟）。如果4名操作员都很忙，则将客户重新分配到另一个业务部门，而不是被搁置。假设每次呼叫的平均处理时间为5分钟。

a）未处理来电的概率是多少？

b）假设处理的每个客户收取1元，每日收入是多少？

c）假设为每个分配到另一个业务部门的电话支付5元，每日需要向其他业务部门的转账付款是多少？

19. 考虑两台不同的机器A和B，它们可以在一个工作站上使用。机器A的有效加工时间为1小时，变异性为0.5；机器B的平均有效处理时间为0.85小时，变异性为2。

a）当到达率为每小时0.92个作业且变异性为1时，哪台机器的平均循环时间更短？

b）在车站安装两台A型机器，到达率提高1倍（即产能和输出率提高1倍）。循环时间会发生什么变化？对机器B也一样。哪种机器的平均循环时间更短？

c）在每个站点只有一台机器的情况下，到达率为每小时0.95个作业，且变异性为1，重新计算机器A和机器B在站点上花费的平均时间。

d）考虑一台仅有A型机器的工作站。

ⅰ. 让到达率为每小时0.5个作业。在车站的平均时间是多少？如果到达率增加1%（即增加到0.505），在车站花费的平均时间会怎样？这表示等待时间增加了多少百分比？

ⅱ. 让到达率为每小时0.95个作业。在车站的平均时间是多少？如果到达率增加1%（即增加到0.9595），在车站花费的平均时间会怎样？这表示等待时间增加了多少百分比？

扫码获取参考答案

第8章 乌龟法则

学习目标

掌握当前最卓越的生产管理方式：精益生产，也被称作丰田生产方式背后的基本原理。建立在这个原理上的管理逻辑，为学习后面章节的理论打好基础。

8.1 乌龟和兔子在科学管理中重新赛跑

标准化是减少变异性从而提升效率最基础的方法，但在现实生活中，完全消除变异性是不可能的。比如，顾客的需求是在不断变化的，拿智能手机来说，基本上每年都在更新换代。顾客的需求发生了变化，企业的生产供给也需要跟着改变。生产变化必然导致生产的效率降低。那么有没有既适应市场的变化，又不让这种变化导致效率降低太多的管理方法呢?

我们都知道龟兔赛跑的故事，事实上在企业运营中也有如同乌龟和兔子两种不同的做法。在龟兔赛跑中，乌龟始终保持同样的速度爬行，而兔子刚开始跑得很快，中途却在树下睡大觉。在企业运营中，有些企业能够谨慎小心，保证质量，不赶进度，有了问题马上解决，绝不拖延，如同故事中的乌龟；有些企业为了赶进度，有了问题也不及时改进，等问题积累一大堆才着手解决，如同故事中的兔子。那么乌龟代表的企业是否能胜过兔子代表的企业呢?

我们来看一个简单的例子。假设有两条生产线：一条生产线上的机器被命名为乌龟号，另一条生产线上的机器被命名为兔子号，如图 8.1 所示。乌龟号和兔子号的生产效率相同，都是每小时生产 1 件产品。乌龟号机器一出现问题就检修，而兔子号采取集中检修的方式，检修的次数虽然比乌龟号少，但是两种机器检修的总时间是相同的。

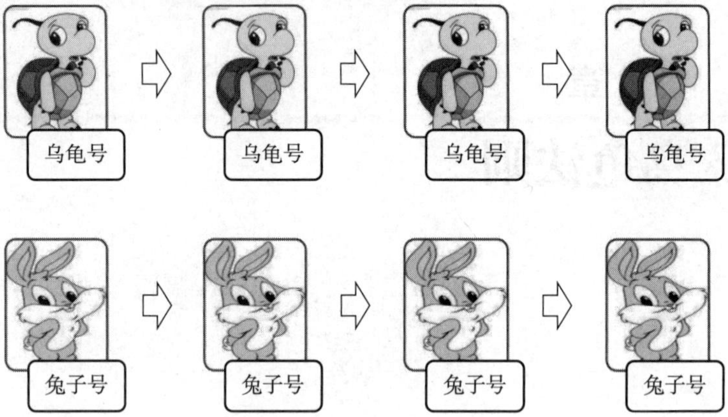

图 8.1　乌龟号和兔子号

我们假设乌龟号在生产每件产品的过程中都会出现一个问题，出现问题就会马上检修，检修需要 1 小时，所以生产 1 件产品需要 2 小时。兔子号在生产每件产品的过程中也会出现一个问题，但是每生产 2 件产品才检修一次，检修需要 2 小时。在 2 件产品中，兔子号机器在生产第 1 件产品的过程中出现了问题没有检修，因此生产第 1 件产品只花费了 1 小时，在生产第 2 件产品的过程中又出现了问题才检修，检修花费了 2 小时，因此兔子号机器生产第 1 件产品花费了 1 小时，生产第 2 件产品花费了 3 小时。

因此我们看到，乌龟号的运作情况是：

2 小时生产 1 件产品（包括 1 小时检修）—2 小时生产 1 件产品—2 小时生产 1 件产品……

兔子号的运作情况是：

1 时生产 1 件产品—3 小时生产 1 件产品（包括 2 小时检修）—1 小时生产 1 件产品—3 小时生产 1 件产品……

乌龟号机器所在生产线的运作情况相当于前文提到的 2—2—2—2 的情况，而兔子号机器所在生产线的运作情况就相当于 3—1—3—1 的情况。我们知道，四道工序生产线中，2—2—2—2 的最大输出率为每小时 0. 5 件产品，3—1—3—1 的最大输出率为每小时 0. 33 件产品。

如果兔子号机器不是每生产 1 件产品，在生产第 2 件产品的过程中才检修一次，而是每生产 3 件产品，在生产第 4 件产品的过程中才检修，那么兔子号的运作情况是：

1 小时生产 1 件产品—1 小时生产 1 件产品—1 小时生产 1 件产品—5 小时生产 1 件产品（包括 4 小时检修）—1 小时生产 1 件产品—1 小时生产 1 件产品—1 小时生产 1 件产品—5 小时生产 1 件产品……

这就变成了 1—1—1—5 的情况，生产线的效率会进一步降低为每小时 0.25 件产品。

从这个例子中我们能总结出什么规律呢？我们发现，乌龟号机器和兔子号机器检修的总时间相同。由于检修时机器没有生产，所以我们把检修看成生产流程偏离了正常生产，也就是产生了变异性。乌龟号机器和兔子号机器变动的总量相同，但是乌龟号机器每次变动的幅度为 1 小时，而兔子号机器每次变动的幅度为 2 小时，兔子号机器变动的频率是乌龟号机器的 2 倍。乌龟号机器组成的生产线运作模式相当于 2—2—2—2 的情况，兔子号机器组成的生产线运作模式相当于 3—1—3—1 的情况，我们已经知道 3—1—3—1 的变异性比 2—2—2—2 的要大，效率要低，因此我们可以总结出：

乌龟法则：流程中频繁的小变动比不频繁的大变动导致的整体变异性要小。

由于应用乌龟法则可以减少流程的变异性，因此根据流程风险方程：

$$库存 \approx 输出率 \times \frac{利用率}{1-利用率} \times \frac{到达间隔变异系数^2+处理时间变异系数^2}{2} \times 平均处理时间$$

应用乌龟法则可以提升流程效率。

8.2　暴露问题—发现问题—快速解决问题

乌龟法则可以帮助我们寻找解决问题的方法：问题总会产生变动，小问题产生小变动，大问题产生大变动，频繁地解决小问题比不频繁地解决大问题要好。我们知道大问题是由小问题引发或累积起来的，那么怎样才能在问题还很小的时候发现它呢？所以一旦有了问题，把问题暴露出来就很重要。丰田生产方式中有很多暴露问题的方法，比如零库存。

8.2.1　零库存

大批量生产方式认为“库存是必要的恶物”，先进的生产方式则认为“库存是万恶之源”，生产中的一切库存皆被视为“浪费”，同时库存被认为掩盖了生产系统中的缺陷与问题。企业在及时满足市场需求的同时，也要追求零库存，暴露隐藏在生产各个环节中的问题并加以改进，不断降低库存以消灭库存产生的“浪费”。

理想的库存水平是一个流，就是每道工序只有一件产品，达到零库存。但是在实际生产中存在各种问题，一旦问题发生就会导致流程中断，从而产生变异性。所以，在现实生产中会保留一定的库存以应对流程的中断，但因此各种导致变异性的问题也被掩盖起来，如图 8.2 所示。

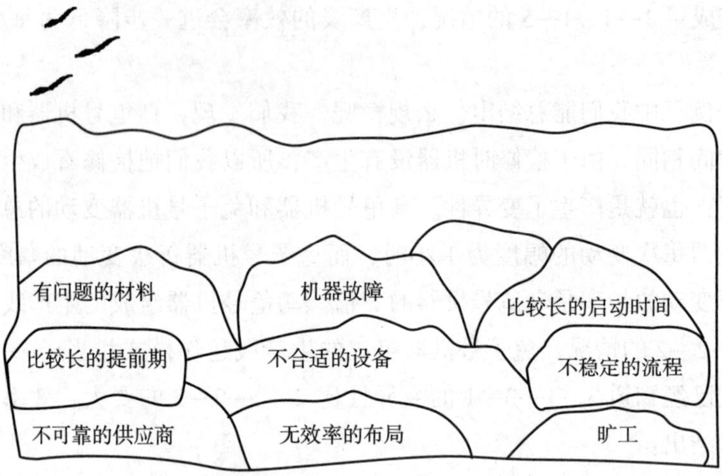

图 8.2　库存像河里的水掩盖了问题

如果把企业比作船只，库存就是河流里的水，船只在河流中航行，为了安全行驶，不触及河底的暗礁，就必须保持一定的水位，水位越浅遭遇暗礁的可能性就越大。库存就像水一样，对企业的顺利运行起到缓冲作用。我们把流程中出现的问题，比如不可靠的供应商、有问题的材料、比较长的提前期、比较长的启动时间、不合适的设备、不稳定的流程、无效率的布局等比喻为河里的暗礁。如果水位过高，水深漫过暗礁，减少了暗礁的可见度，就掩盖了内部存在的问题；虽然水位过高也能保证顺利航行，但它会使我们丧失寻找问题的动力。因此，正确的、长久的行为应该是降低库存，暴露问题然后解决问题，以便企业这条船即使在水位很浅，也就是较少库存水平的时候也能够顺利航行。

由流程风险方程可知，在利用率、平均处理时间不变的情况下，如果减少库存，输出率就会降低，也就是流程效率会降低。如果要提升流程效率，在低库存水平下就需要减小变异系数。也就是

$$\text{低库存} \approx \text{输出率(不变)} \times \frac{\text{利用率（不变）}}{1-\text{利用率（不变）}} \times \frac{\text{减小的到达间隔变异系数}^2 + \text{减小的处理时间变异系数}^2}{2} \times \text{平均处理时间(不变)}$$

流程的变异性正是由于各种隐藏的问题产生的。

1. 看板的使用步骤

虽然一个流是我们追求的目标，但是在现实中，只要把库存限制在一定水平就能达到暴露问题的目的，同时不至于中断流程。限制库存水平的常用手段就是看板管理方法。看板在生产系统中起两方面的作用：一方面是信息传递作用，另一方面是限制库存的作用。在生产中通常用看板传递生产和取货信息：生产看板传递生产

信息，取货看板传递取货信息。在生产系统中，任何产品都必须有相应的看板对应，不能存在没有看板与之对应的产品。也就是说，产品的数量不能超过看板的数量。生产看板和取货看板在实际生产过程中的使用方法如图 8.3 所示，其中产品先在前工序加工，然后在后工序加工。看板的使用一般可归结为 8 个步骤，与图中的序号相对应。

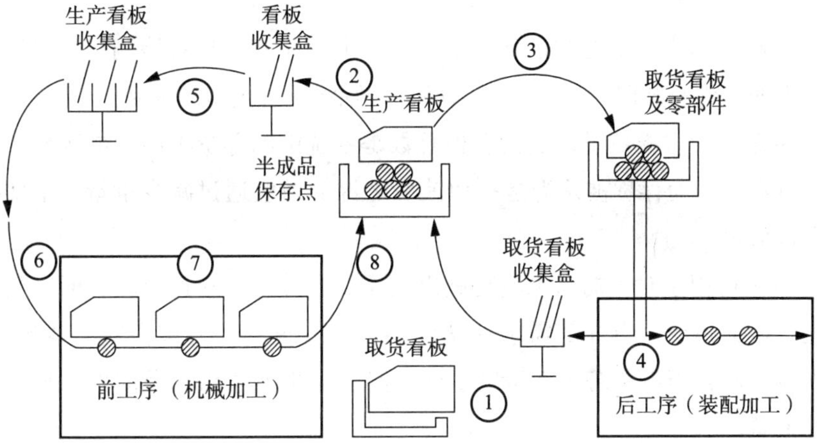

图 8.3　看板流向示意图

（1）后工序用存放在看板收集盒中的取货看板到前工序的半成品保存点取所需的半成品部件，注意领取的半成品部件的种类和数量必须和取货看板一致。

（2）在前工序的半成品保存点取到所需的半成品部件后，把附着在部件上的生产看板放到看板收集盒中。

（3）把取货看板附着在拿到的部件上一起送到后工序中。

（4）当部件在后工序开始被加工时，附着在部件上的取货看板被送到取货看板收集盒中。

（5）按时把看板收集盒中的生产看板送到生产看板收集盒中，顺序和原来的一致。

（6）前工序按照生产看板收集盒中的看板顺序生产。

（7）部件和生产看板成对在前工序中等待加工，并一起移动。

（8）前工序加工完成后，生产看板附着在部件上一起被送到半成品保存点，等待后工序的取货看板随时取货。

2. 看板的使用原则

生产系统实施看板管理，其目的是不断识别并消除生产过程中的浪费。为了消除浪费，需要遵循以下原则。

（1）后工序只在需要的时间，到前工序取所需数量的所需类型的产品，因此没有看板不允许取货。同时，取货数量不允许超过看板数量，系统内任何零部件都必须附着看板。由于生产批量和取货批量都很小，所以生产过程必须保证稳定流畅，否则为应付需求波动，系统中必须保存大量的存货。

（2）前工序只生产后工序所需数量的产品，因此超过看板数量的生产是不被允许的。当生产不同类型的产品时，生产顺序应与看板顺序一致。

上面两条保证了生产系统中的平衡，如果某个单元出现了问题，整个生产系统都可能因此被迫停下来，直到问题解决为止。

（3）有缺陷的产品不能被送到后工序。要求工序实行自我检测，一旦发现前工序单元送来的部件有缺陷，就应立即送回，否则将造成更多的浪费。

（4）尽量减少看板数量。因为看板总数是系统中的存货上限，减少看板数量则可减少存货数量，而存货被认为是一切浪费之源。一般通过减少批量、缩短提前期来减少看板数量。

（5）看板可用于对小的需求波动做出反应。当外部需求速率较大时，看板移动的速率也更快；相反，当外部需求速率较小时，看板移动的速率就会变慢。同时，由于小批量生产，当市场需求类型发生变化时，看板能够做出及时的反应，不致造成过多的浪费。

看板的作用：传递需求信息、限制库存。降低库存水平，暴露隐藏的问题。

8.2.2 乌龟法则应用：丰田 DNA

两位哈佛教授在历时 4 年的广泛研究中，对丰田 40 余家工厂的内部运作方式进行了考察。他们发现了丰田生产体系隐藏的内部运行机制，并归结为四条规则，前三条规则如下：

规则一：所有工作的内容、顺序、时间和结果都必须明确规定。

我们知道一项作业是由多个步骤和动作构成的，假设某一项作业总共由 5 个动作组成，那么按照规则一，在进行这 5 个动作的过程中，每一个动作都必须是标准的，完成整项作业既不能多于 5 个动作，也不能少于 5 个动作，而且这 5 个动作的先后顺序是固定不变的。由于每个动作都是标准的，因此每个动作所花费的时间也是固定不变的，又因为 5 个动作的顺序不变，所以完成整项作业所花费的时间也是固定不变的。如果每一个动作都按标准完成，那么每个动作都会实现设定的目标，5 个动作就会实现作业的目标，达到预期的结果。如果按照规则一作业，那么作业不会有任何变异性。也就是说，无论一个人将这项作业重复多少次，每次的过程和结果都完全一样。无论多少不同的人来操作这项作业，过程和结果也会完全一样。

规则二：每一种客户—供应商关系都必须是直接的，发送要求和得到回应的方式必须明确无误，非“是”即“否”。

所谓客户—供应商关系，是指在企业内部的供给和需求关系，比如在生产线上，上游工序就是下游工序的供给，下游工序就是上游工序的需求，因此上游工序是供应商，下游工序是客户。企业内部所有员工和管理者之间的关系都可以看成供给与需求的关系，也就是供应商与客户的关系。

每一种客户—供应商关系都必须是直接的，也就是说，每一个客户只向拥有该资源的供应商提出需求，客户和供应商之间不存在中间环节。而且，客户—供应商关系必须明确规定涉及的人员、提供的产品和服务的形式与数量。当某个工人要求得到零件时，应当由谁来提供、要供应多少及何时交货等，这些都是明白无误的。通常工人会通过看板［这是一张薄薄的卡片，上面写明了零件的代码、零件的数量、零件供应者的地点，以及需要这些零件的安装工（即客户）的名字］提出需求。同样，如果某人需要帮助，那么应该由谁提供帮助、从哪里开始帮助，以及提供哪些服务等，也都是明白无误的。因此，在决定由何人、于何时、把何物提供给谁这个问题上，不存在任何灰色区域。

我们来看一个例子，比如汽车座椅的安装工需要一盒新的塑料螺帽，他会把需求通过看板发送给材料保管员，后者就是螺帽的指定供应者。这种客户—供应商关系必须是直接明确的。也就是说，安装工不能通过第三方发出需求信息，否则增加了中间环节，也不能向其他螺帽供应者发出需求信息。在很多企业中，员工的工作衔接往往做不到这么直接和明确无误，一线生产工人对材料的需求和其他求助通常要绕个弯儿，通过一个中间人才能到达供应者那里，或者当需求在一个供应者那里得不到满足时，会转向另一个供应者。为什么要这么做呢？一般来讲，因为会出现各种例外情况，一旦直接供应者出现问题，且不能通过第三方或者向其他供应者提出需求时，需求得不到满足就会造成损失。拿安全和混同法则来讲，当直接供给出现问题时，还有其他方式来解决遇到的问题就会提高服务水平。如果应用安全法则，就会有不止一个供应者，这样当一个供应者出现问题时还有备用的选择。如果应用混同法则，设一个第三方来处理多个工人的需求，就有利于解决临时出现的问题，而不至于增加过多的成本。

规则三：每一条产品和服务的流转路线都必须简单而直接。

在丰田公司，构筑任何一条生产线都必须保证产品或者服务能够沿着简单、确定的路线流动，除非生产线需要重新设计，否则该路线不得轻易更改。原则上，在丰田的任何一条供应链上，都不能有分岔或者回流等干扰正常流程的现象。

按照规则三设计生产线时，关键在于货物和服务并不是朝着任意一个有空暇的员工或机器流去，而是流向某个指定的员工或者机器。规则三与共享资源的常规思维相悖。按照常理，当产品或者服务沿生产线流动时，应当流向下一台空闲的机器或者由有空暇的员工处理。同样，大多数人也认为，谁空闲就应该由谁提供帮助，而不应局限于某个指定人员。例如，在一般汽车零件供应企业中，大多数零件都可以在不止一台压力机上进行冲压，或者在不止一台焊台上焊接。我们知道，把零件传送到下一台空闲的机器上或者下一名有空暇的工人手中，相当于利用风险混同来减少变异性。

但让我们感到困惑的是，为什么丰田通过规则一，把所有的工作内容、顺序、时间和结果都高度规范化以减少变异性？为什么不应用安全法则和风险混同法则来设计工人之间的衔接及生产线，从而减少变异性呢？

还有一条规则也让人有相同的困惑，就是在丰田公司，一旦工人发现自己不能解决问题时，就必须让生产线停下来。生产线停下来无疑会增加生产线的空闲时间，本书作者及合作者曾在国际期刊上发表论文，文中指出一旦发生问题让生产线停下来便会增加变异性。

规则二和规则三，要么发现问题让生产线停下来，要么没有利用混同减少变异性，要么增加变异性，它们与规则一努力减少工作的变异性相矛盾，这是为什么呢？

本书作者及合作者研究发现，其中的逻辑是通过规则二和规则三以及发现问题中止生产线的做法让变异性暴露出来，这就如同通过减少库存来暴露产生变异性的各种隐藏的问题一样，然后通过规则一的方法减少变异性。逻辑关系如图 8.4 所示。

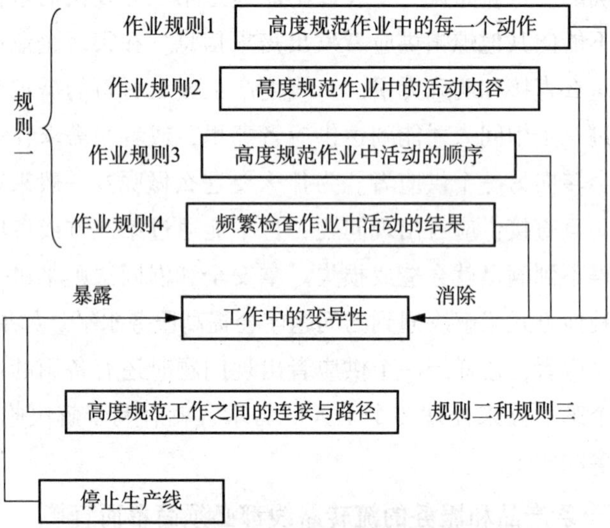

图 8.4　暴露并消除工作中的变异性

在规则二中，既不使用安全和混同法则，又要保证高效率，丰田公司要求必须在规定的时间内对供货需求做出响应。当工人遇到问题时，他应当立即求助，而指定的帮助者应立即做出回应，并且在那名工人的作业周期内把问题解决。比如，工人应该每 55 秒安装好一个副驾驶座椅，那么他的求助就必须在 55 秒内得到回复和解决。倘若这个问题无法在 55 秒内得到解决，那么这一失败等于暴露了供应者与客户之间求助关系设置的问题：也许是求助信号含混不清，也许是指定的帮助者收到的其他求助要求太多而忙得无法分身，或者是他解决问题的能力不足。也就是说，帮助者的工作内容、顺序、时间和结果没有高度的规范性，不符合规则一的要求。

在规则三中，由于产品只能在简单、确定的生产线上流动，工人只能把他生产的产品传递给一个指定的人，而不是下一个环节中随便哪个空闲的人，因此如果由于某种原因该员工不能及时处理，那么丰田公司就会将其视为一个问题，这意味着生产线需要重新设计。同样，这说明生产线设计没有很好地符合规则一，其中有不明确的地方。规则三不仅适用于产品，而且适用于服务，如对求助的回应等。举例来说，如果座椅安装工人需要帮助，那么提供帮助的也必须是指定人员。如果该人员不能提供必要的帮助，那么他又会向自己的指定帮助者求助。在丰田的某些工厂里，这样的援助线路可能包括 3 个、4 个或者 5 个环节，涉及人员从基层的车间工人一直到高层的工厂经理。

规则二和规则三，以及出现问题中止生产线的做法都暴露了不符合规则一的各种问题，按照规则一来设计工人之间的衔接及生产线，则要求所有与客户相关的供应者都是必需的，而任何未与该客户建立关联的供应者都不是必需的。假如汽车零件供应企业的工人希望转向另一台机器或者焊台生产，或者转向非指定的帮助者求助，那么可以得出结论：他们的实际需求或实际能力与初始预期并不相符，这意味着有必要重新审查生产线的设计。

在丰田公司，每个产品都必须按照简单、既定的路线遵守这条规定，并不意味着每条路线只能由一种产品专用。恰恰相反，丰田公司里的每一条生产线都适用于多种类型的产品生产，通常比其他公司生产线上适用的品种要多得多。

8.2.3　如何对待问题

当出现产品质量问题、操作失误或纠纷等常见问题时，企业应该如何处理？也就是说，企业应该如何对待失败？如何发现隐藏的问题？如何防止问题再次发生？如何提高工作的质量与速度？如何减少难以察觉的浪费？

2015 年，丰田公司的汽车销量超过了 1000 万辆，位居世界第一，净利润突破 2 万亿日元。但是，即使像丰田公司这样优秀的企业也会出现“失败”。2009—2010 年，丰田汽车在美国出现一系列质量问题，社长丰田章男在美国议会的公开听证会上出席做证。所以，企业是无法避免问题的，关键是如何对待问题。

不能一出现问题就认为是失败，而是要找到问题出现的原因，变成改善工作的机会。在出现问题之后，首先要弄清楚其真正原因，不断地问“为什么”，而不是斥责员工或推卸责任。重蹈覆辙是因为没有排除引发问题的真正原因。比如，一名工人能在 1 小时内做出 100 个产品，其中有 3 个产品出现了质量问题，“制作 3 个有质量问题的产品时他的技巧不够娴熟，而制作剩余 97 个产品的时候他的技巧十分娴熟”，这显然不可能。虽然技巧不够娴熟听起来是一个挺有道理的理由，但并不是其真正原因。当问题出现之后，应该优先思考对策而非追究责任。

不采取针对人的对策，尽可能采取针对问题的对策。例如，即使是“作业人员的粗心大意”导致质量出现问题，也要思考令作业人员粗心大意的原因，也许是作业的顺序或者给出的指示有问题，也可能是作业的速度有问题。如果工作人员出现身体不适、注意力不集中的情况，还要考虑是不是工作系统或者轮班制度出了问题，而绝不会以作业人员说“以后会认真工作”来给问题画上句号。将责任归咎于个人很简单，但要在组织架构上寻找原因却需要付出大量的心力。我们必须开动脑筋，改变工作的方式与推进的方法。以人总会产生失误为前提，构筑谁都不会失败的“架构”来解决问题——不论员工是新手还是老手。为了在有人出现失误时不漏掉有质量问题的产品，丰田流水线引入了“防呆”，以防止失败。一旦以错误的顺序工作，流水线就会自动停止运作，这样的构造使得作业者即便失败了也不会制造出有质量问题的产品。再如，汽车模具（使物体成型的模型）的左右方向有一对模型，虽然看起来一样，但实际上有着微妙的差别。将左右模型对调后出现质量问题的案例不在少数。如果不小心将左右模型装反就得返工作业，非常麻烦。因此，为了不出现左右装反的失误，人们将模具左右两边螺丝钉的位置改成了不一样的状态。

扩大“防呆”程序的范围，设置的程序不要让人逐一去想“这有必要吗”——办公室的工作也可以设置类似的程序。例如，在职场中，常有信息传达不准确导致的失误。为防止信息传达有误，在文件上设置核对记号栏就是一种“防呆”。填入个人姓名和核对记号，就是“已确认”的证据，可以防止有人说“没听说过”这样的事情。

8.2.4　让问题可视化

人们的普遍心理是想要隐藏失败。为了避免受到指责等，隐藏失败是人们的本能，但往往问题拖得越久越可能变成大问题，这不符合乌龟法则。实际上“没有问题”才是大问题，企业可以凭借人海战术或更多的体力劳动来解决问题，但也会因此种下许多失败的种子。即使企业发现了问题，但是其采取的对策也只能暂时应付问题而无法根本地解决问题，从而将真正的问题隐藏起来。

引入能令错误可视化的装置。例如“故障灯”：在作业人员的工作区垂着一条绳子，在发生异常状况时，作业人员就会通过拉绳来通知大家，以停止流水线的运作。重要的是，拉动故障灯的拉绳使流水线暂停运作的当事人并不会被斥责，而会被称赞，因为这样会将容易被隐瞒的问题显现出来，并且将注意力集中到引发问题的真正原因上。

将问题扼杀在摇篮之中。根据重要程度、紧急程度、扩大趋势来确定处理问题的优先次序，让生产现场的问题可以立即显现出来。问题出现时要“停下、联络、等待”，从而将问题的不良影响控制到最低。防止问题再次发生是上司的职责，所以上司不能亲自去解决问题“灭火”，如果员工自己不能解决问题，那么产生问题的火种就还在。

建立发现问题的标准。5S 的目标不单是将场地和物品整理得干干净净，而是让问题或异常状况一目了然。将“应有的状态”与“现状”之间的差距视为“问题”。通过“现场、实物”发现问题，对问题的了解不再只停留在口头报告上，而是需要上级在现场实地考察了解。

8.2.5　问题孕育创造

不是去评估眼前的结果或数字，而是去评估过程，让员工挑战困难的工作。

8.2.6　丰田的五种 DNA

1. 理念 DNA

丰田式的哲学是研究“造物即造人”。丰田式的育人是通过现场的改善活动来实现的。在现场，“把作业的时间缩短一秒，把步行数量减少一步”，像这样制定不同的目标，将这些小的改善活动一个一个不断地累积起来。这些小的积累最终将会取得显著的成果。而日常的改善活动之所以具备育人效果，其中一个理由就是对员工的意识改革。育人的误区在于：育人通常被认为是对人的教育和培训，被认为是通过教育课程提高人的知识和技能。其实，育人是通过改革将员工的价值观转变为完全从顾客的角度出发的价值观。例如，在对于浪费的判断方式中，在丰田公司是以是否对顾客有价值为判断标准的，下一道工序就是顾客。

从顾客的角度出发彻底消除浪费，顾客意向是所有改善活动的行为准则。比如库存，持有库存就表明生产已经超过了顾客所需要的价值量。换言之，就是在顾客并不需要的东西上投入了过多的生产力。

2. 行动 DNA

现场工作的每一位员工都应该执行的行为准则就是“三现主义”。“三现主义”就是依照“现地”（现场）、“现物”（实物）、“现实”（实际情况）行动。到实际的现场中进行客观判断，养成依据事实采取行动的行为习惯，不以经验判断行事。问题一旦发生就马上赶赴现场，为判断取得第一手正确的信息。每个工作人员都具备这种习惯，才是丰田式管理中行动 DNA 的本质。

3. 观点 DNA

谋求能够彻底改变事物看法的灵活的思考习惯，就是观点 DNA。

观点一：不稳定妨碍生产效率和品质。这就是我们的流程风险法则。细微的不稳定性妨碍生产效率的原因有两个：其一，即使提高了生产效率，如果其不稳定性依然存在，那么提高的那部分也会被不稳定现象掩盖住，从而无法验证改善到底是否有效。其二，减少不稳定性对提高工作人员的作业熟练程度有很显著的效果。

观点二：标准化就是智慧共享。标准化往往被认为是为了作业的“统一化”，其实标准化是“智慧共享化”的手段。标准化凝聚了现场工作人员和前辈们的智慧，从而传承给后辈。统一化只会使工作人员变成没有思考能力的机器人。

观点三：关注整体流程，“完工必要时间”和“整流化”。不要只关注和分析单独的个别作业，要统观整体的流程。

观点四：改善秘籍——缩短完工必要时间就能提高生产率。当一项工作的标准交货期是5天，而这项工作的实际完工时间是4天时，对于按时完工来说应该是没有问题的，但是交货期延迟的现象却不断发生。因为工作人员必须在接受订单的当天或者第二天发出作业指示，否则就会来不及。当工作人员已经忙得不可开交时，就会发生即使加班也无法按时完工的情况。但是当完工时间降为1天，在5天之内的任何一天投入都来得及时，也消除了忙时很忙、闲时很闲的差别。

4. 改善DNA

每一名工作人员都时常有意识地发现浪费，并且不断地思考有没有更好的解决方法。改善DNA的关键有两点：一点是现场要具备改善的执行力，另一点是意识到要改善的速度。现场要具备在想到的同时“不管怎么样先试试”的执行力，以及反复试行的行为习惯。在现场看到的问题要先于在办公桌上讨论如何采取行动，在实行之后反复地进行PDCA循环，再想想这种方法的对错，然后决定要不要正式展开。这样的执行力和速度是应用现场管理改善业务工作所需要的。

5. 管理DNA

明确行动与结果的联动性，从而尽早地探知异常所在，迅速地采取下一步的行动，启动PDCA各环节的循环进行管理。PDCA不是指问题产生以后才采取行动的事发后对策，而是指在问题发生及产生影响之前，在确定目标未达成之前发觉出异常，并进行预防性管理，使其不产生影响。这就要求进行可视化管理，包括异常可视化和管理目标可视化。异常可视化是指对那些在形成实际销售之前各流程中重要行动的恰当性及其与结果的联动性进行监督，如果有异常发生，就马上采取措施，努力使之切实达成销售目标。要使异常可视化，就必须进行“管理目标可视化”。要将改善持续进行下去，也需要朝着目标采取行动，促使产生“与目的吻合的行动”。只是将异常简单地做一个定性化的描述，如说“某某有问题”是无法改善行动的。坏到什么程度、要改好到什么程度，必须用具体的、可测定衡量的方式描述。

思考题

1. 餐馆的员工将时间花费在以下方面：等待客户下单，接收订单，将订单转发到厨房，等待厨房确认订单，将食物带给客户，服务客户并收取款项。在这些事件中，哪些是在浪费时间？哪些是非增值工作？哪些是增值工作？

2. 考虑以下两个生产流程。这两个过程都由20道工序组成，并且以1分钟/单位的循环时间运行。它们最容易出错的操作是步骤9。下列两个流程在步骤9上发生故障的信息周转时间是多少？

流程1：在过程结束时进行最终检查，在步骤9和过程结束之间大约有300单位的库存。

流程2：让每个工人依次检查前面步骤的工作，在步骤9和最终检查之间大约有50单位的库存，在整个过程的其余部分大致均匀地分布。

3. 流程中看板的数量与库存水平之间是什么关系？选择以下答案之一。

a）在此过程中，库存永远不会超过看板允许的范围。

b）该过程的清单随着看板数量的平方根增加。

c）通过添加更多的看板，可以减少该过程的库存。

d）两者之间没有关系。

4. 考虑陈述：亨利·福特在19世纪前10年从事短周期制造业。20世纪20年代，西方电气公司开发并实施了全面质量管理的基本工具。看板相当于自20世纪30年代以来众所周知的基本库存系统。精益生产只不过是对美国传统思想的重新包装。

a）对这一说法的准确性发表评论。

b）精益生产的哪些方面与旧技术有根本的区别？这些是否证明了精益生产是一场革命？

c）精益生产的哪些方面扎根于日本文化？这对精益生产向其他国家的转移有什么影响？

5. 为什么库存经常被说成是不好的？

6. “水代表WIP，岩石代表问题”是什么意思？

7. 阐述两卡看板的工作原理。

8. 看板的“魔力”是什么？

9. 至少给出两个理由，说明丰田看板系统在工业界尚未被普遍采用。

10. 解释为什么问题必须被暴露出来。

扫码获取参考答案

第9章
标准化

学习目标

标准化是第7章流程风险的基本应对方法。本章的主要目的是帮助学生树立标准化的意识，虽然也介绍了标准作业的制定方法，但更重要的是希望通过各种事例帮助学生牢固树立标准化思想，理解各行各业都需要具有标准化的意识。关于标准作业的制定，学生学习时可以不限于本书所介绍的方法。

9.1 标准化管理思想

为了提高流程效率，最直接简单的做法就是让所有流程单元一样，这样不同的流程单元在同一道工序的加工时间都是一样的，然后设计一个均衡的流程，使得流程单元在每道工序的加工时间都相同，如前面介绍的制造工厂2—2—2—2的情况。要做到这一点，只有一种方法，就是标准化。

标准化管理思想的先行者是泰勒，现在的许多标准如ISO等标准化管理体系，沿用的仍然是泰勒的思想和工作方法。泰勒从18岁开始做学徒工，先后被提拔为车间管理员、技师、小组长、工长、维修工长、设计室主任和总工程师。在他的管理生涯中，他不断在工厂试验，系统地研究和分析工人的操作方法和动作所花费的时间，逐渐形成科学的管理方法。我们首先来看“科学管理之父”泰勒是如何把极其简单的工作效率提高3倍的。

1. 效率的差距

1898年，伯利恒钢铁公司有5座高炉，高炉的生铁产品由一个75名工人组成的小组搬运。生铁堆就在火车车厢旁边，一块木板斜靠在车厢上，每名工人从生铁堆上搬起一块重约 92 磅的生铁走上木板，将生铁送往车厢。每天这样的过程要重复数百遍。在伯利恒钢铁公司总部，泰勒仔细查阅了公司的账簿，然后计算出每个人每天的搬运量是 12.5 吨。然而，泰勒发现有个工人一天能够搬运 47~48 吨，这一发现令他又惊又喜。为什么这个人能做到呢？他是怎么做的？他有什么特点？这也是我们需要思考的。作为管理者关注员工的表现差异是其职责，因为表现差异是客观存在的。

2. 效率机器

泰勒对 75 名工人进行了为期 4 天的观察，从中挑选了 4 名身体强壮的工人。然后，他又查阅了他们的历史资料，详细询问了他们的性格、习惯和抱负，最后挑选了一名身材矮小的荷兰籍工人斯密特。斯密特被列为观察对象，说明他的效率高，而且他下班后并不觉得累，不但能够精神抖擞地走回家，还能在家里盖房子。这说明他的高效率并不是某一天突然迸发出来的，而是可以每天重复的，而且他的身体条件并非异于常人，这进一步说明了研究他工作的必要性。

3. 观察实验

斯密特开始工作了，他一整天都是按照规定间歇。一个人拿着秒表，站在他面前，对他发出“现在搬起生铁、移动”“现在坐下、休息”之类的指示。我们看到研究人员把斯密特的工作进行了分解：搬起生铁、移动、坐下、休息。而且用秒表计时，可以研究各个步骤的时间标准。到了下午 5：30，斯密特已经把 47.5 吨生铁搬上了火车车厢。标准程序是通过观察实验的方法来发现的。

4. 标准复制

斯密特工作的步骤和标准被确定后，一个接一个的工人被挑选出来加以培训，按照每天 47.5 吨的任务量搬运生铁，直到全部工人达到每天 47.5 吨的任务量。这说明这个工作标准具有普遍的适应性，标准程序是可以被复制的。

5. 科学管理的基础：实验与逻辑

泰勒做了三次系列实验，影响研究对象的每一个细微因素都被仔细地记录下来并加以研究。在仍然没有找到规律后，泰勒把找规律的工作交给了数学家巴斯先生。巴斯先生用描绘曲线等图示的方法来表示影响工作的各个因素，以便从全局把握所有因素。不久，巴斯先生就发现了支配疲劳反应的规律，即劳动强度如何引起工人的疲劳。首先有一个假设：当工人精疲力竭时，即达到了其能力的极限。工人在一天的劳动中，只有部分时间有负荷。以搬运生铁为例，当搬运生铁时，一天中只有 43%的时间有负荷，也就是说，需要 57%的时间休息。工人搬运生铁时有负荷会引起肌肉疲劳，但工人返回时空手，完全没有负荷，他们的肌肉得到了放松，而且每搬运 10~20 块生铁后就休息一下可以消除疲劳。所以当工人有负荷时就会产生疲劳，休息可以消除疲劳。

如果减少每次的搬运重量，工人的负荷时间就可以增加，直到重量减少到某一个关键点，这时工人的负荷时间达到一整天的工作时间，在完成一天的工作后也不会感到疲劳。如果继续减少每次的搬运重量，工人满负荷工作一天都不会感到疲劳，不过这时工人的总搬运量也会减少。满负荷工作一天而不感觉疲劳的单次最大搬运重量就是最佳的搬运重量。泰勒还发现，当工人搬起生铁块时，无论是站还是走，身体都要承受同样的重量，因此疲劳程度是一样的，但是工人若站着不动不会产生“马力”却会感觉疲劳，也就是说，没有实际工作量就付出了体力。所以泰勒做了三次实验都没有发现“马力”和疲劳之间的关系。工人如果有负荷而不移动，那么虽然身体会产生疲劳，但这是无用功，所以应该尽可能减少工人有负荷的持续时间，也就是减少无用的动作。

6. 工具标准化，工具是程序中的要素

泰勒还研究了另一项工作：原先工厂里的工人干活都是自己带铲子，铲子的大小各不相同，而且铲不同的原料时用的是同一工具，那么铲煤沙时重量如果合适的话，铲铁砂时就过重了。工人用同样的铲子铲不同的原料，在工作中就会做很多无用功，因为要不断地增减铲子中的重量直到合适为止，这不但浪费了时间，而且会增加疲劳感。研究发现，每个工人的平均负荷是 21 磅。后来泰勒就不让工人自己带工具了，而是准备了许多不同的铲子，每种铲子只能铲特定的物料，这不仅使工人的每铲负荷都达到了 21 磅，也让不同的铲子适合不同的情况。为此他还建了一间大库房，用于存放各种工具，每个工具的负荷都是 21 磅。他还设计了一种有记录功能的卡片，一面用于记录工人在工具房领到的工具和该在什么地方干活，另一面用于记录他前一天的工作情况，以及干活的收入。工人在取得白色卡片时，说明工作良好；取得黄色卡片时意味着要加油了，否则要被调离。将不同的工具分给不同的工人，要事先进行计划，需要有人专门负责这项工作，需要增加管理人员。尽管这样，工厂也是受益很大的，据说这一项变革可为工厂每年节约 8 万美元。

泰勒在工厂深入车间，做了大量的实验。他认为，工人提高劳动生产率的潜力是非常大的，挖掘潜力的方法就是科学管理。传统管理对工人在劳动中使用什么样的工具，怎样操作机器缺乏科学研究，没有统一标准，只是师傅教徒弟或者靠个人在实践中摸索。在科学管理下，要用科学知识代替个人经验，要让每个人都用正确的方法作业，对工人操作的每一个动作进行科学研究，把每一次操作分解成许多动作，然后研究每个动作的必要性和合理性，去掉那些不合理的动作，并对保留下来的部分依据经济合理的原则加以改进和合并，以形成标准的作业方法。为标准作业制定标准的时间，以便确定合理的劳动定额。

7. 福特的流水线

泰勒的理论为福特提供了灵感，经过不断尝试，1913 年世界上第一条流水线在福特汽车厂建成投产，从这头进去的是零件，从那头出来的就是一辆汽车。组装一辆 T 型车的时间由 12.5 小时缩短为 1.5 小时，装配速度提高了 8 倍，每隔 10 秒就有一辆 T 型车驶下流水线，年产量达到 13 万辆。1915 年，T 型车的产量超过了 40 万辆。1927 年，当 T 型车停止生产时，总共出厂 1500 万辆，缔造了一个至今未被打破的世界纪录。

大批量的生产意味着工厂不再需要全能型的工人，生产流程被细化了，原来由一名工人完成的工作到 1914 年已被分解成 30 多道不同的生产工序，每一道工序都由不同的工人完成，工人必须跟随机器流水线的节奏不间断地重复单调的动作。

尽管流水线在卓别林的电影《摩登时代》里受到了喜剧大师的冷嘲热讽，但没人能否认，在大工业时代，这种生产方式产生的成果带给人类生活极大的转变。大规模流水装配线意味着工业生产方式的革命性转变，掀起了世界范围内具有历史进步性的“大批量生产”的产业革命，并且迅速地改变了人类生活。

8. 一百年后程序的思想没有老

泰勒是在 1898 年做的搬铁块实验，一百年后我们再来看泰勒的做法是否过时了呢？为了加速输出丰田公司的生产技艺，丰田城的元町生产厂（Motomachi）创建了一个新的机构——全球生产中心。学员首先在这里观看讲解基本生产技巧的“工作教学片”，随后来到操作间，他们在这里将动手完成难度更大的工作任务。2004 年 12 月，一个由 1500 名工人组成的培训班在操作台上接受零配件收集、焊接、喷漆和塑料压模的训练，这些工人中有一半来自丰田公司在中国、马来西亚和印度尼西亚开设的工厂。

在汽缸安装操作台前，技术教练规定他们在 1 分钟内把一组体积不等的铁制汽缸依次装入相应的圆桶中。这项工作看似简单，但没有一位学员能一次成功，技术教练则能够在 24 秒内完成所有操作。他向学员示范应该如何调整双脚的站位，如何分配身体的重量，最后如何把每一口汽缸准确无误地插入圆桶。

9. 标准化程序让戴尔销售的效率是对手的 4 倍

戴尔拥有全球最好、最先进的呼叫中心，也拥有全球最忙碌的非生产性劳动力。电话销售是戴尔众多业务中压力最大的一项：平均每天至少接待 15 个电话，承受各种职务管理者的督管，接受各种同步数据的衡量，承担严格的业绩考核，并且随时担心自己稍微延缓的动作会被监听部门误会。销售人员就这样被电话线和鼠标牢牢地固定在办公桌上，持续工作长达 10 小时（有数字表明 48%的销售人员抱怨劳动时间过长）。为了让员工尽量减少移动，提高劳动效率，戴尔甚至安排专门人员在办公室内四处走动，负责帮助收发传真。戴尔将电话销售流程分解成 8 个步骤：不是专门用于训练，而是用于对员工完成流程程度的衡量。可以想象，作为沟通艺术的职业，销售人员像螺母一样一环扣一环地被强行“拧扣”在公司规定的螺钉上，会达到什么样的效果。不可思议的是，几乎从不进行产品研发的戴尔在业务流程上竟有 550 多项企业经营流程方面的专利，其范围涵盖了企业经营的各个方面，从工厂中使用无线网络到生产岗位设置（相同岗位戴尔的生产效率是标准组装线的 4 倍）。这正如麻省理工学院电子商务中心教授埃瑞克·布林约尔松所说：“戴尔在发明企业运营流程。这是一项他们独有的资产。”

获得诺贝尔经济学奖及计算机领域最高奖——图灵奖的西蒙认为，管理理论关注的是效率，有效率的行为才是理性的行为。人们的行动只有符合特定的设计才能达到最高的效率。组织的作用就是提高人的理性，规范人的行为。因为作为个体来说，人们对复杂的问题做出反应的能力是有限的。个体的理性程度非常有限，所以他们需要加入群体和组织来共同应对周围的世界。组织可以改造人的行为，所以，“理性的人是而且必须是组织起来和体制化的人”。为了消除人类非理性行为的副作用，组织将强迫个体接受组织的理性标准。为此，可以用组织的决定来取代个体的决定，或者以程式化的决定或标准化的程序来改造个体的行为。

9.2 标准作业

9.2.1 标准作业介绍

标准化对提高效率、实现准时化生产具有十分重要的支撑作用。标准化包括产品标准化、零部件标准化、质量标准化、作业标准化及在库量标准化等。本部分主要讨论作业标准化。

标准作业的定义：将作业人员、作业顺序、工序设备的布置、物流过程等问题作为最适当的组合，以达到生产目标而设立的作业方法。

标准作业的目的：①明确以低成本生产品质优良产品的有效率的制造方法；②用作目视化管理的工具；③用作改善的工具。

标准作业是以人的动作为中心制定的，强调的是人的动作。它由三个基本要素组成：节拍时间（TT）、作业顺序、标准中间在库。作业标准是每个作业者进行作业的基本行动准则，强调的是作业的过程和结果。它是根据工艺图纸、安全规则、环境要求等制定的必要作业内容、使用工具标准和要达到的目标。

TT：应该用多长时间，即几分几秒生产一个或一件产品的时间值。决定因素：

必要生产量、运转时间。

$$TT=\frac{1\text{日的运转时间（定时）}}{1\text{日的必要生产量}}$$

TT 与 CT：循环时间（CT）是指作业者一个人进行标准作业时，简单的、最快的一个循环的实际作业时间（包括步行时间，但不包括空手等待时间）。由于 CT 是一个循环的实际作业时间，在考察 CT 与 TT 关系时，也应该用一个必要的循环时间与 CT 进行比较。当 CT 小于 TT 时，作业者需要空手等待；当 CT 大于 TT 时，会发生作业延迟。

作业顺序：作业者能够以最高效率生产合格产品的生产操作顺序。它是实现高效率的重要保证。作业顺序有合理和不合理之分，合理的作业顺序是指作业者没有无用工作，且空手步行最短的循环作业。采用不同的作业顺序，其标准中间在库是不一样的。

标准中间在库：在按照作业顺序进行操作时，为了能够反复以相同的顺序操作生产，在工序内持有最低限度的待加工品。没有这些标准中间在库，作业者就不能进行循环作业。

9.2.2　标准作业的制定

制定标准作业的步骤包括观测时间、制定工序能力表、制作标准作业组合票、制作标准作业票。

作业者的作业必须是反复且顺序相同的。选取的对象最好是效率在平均水平以上的员工。仔细观察作业内容，掌握作业顺序、作业方法，确定作业项目，并填写时间观测值，得到各作业项目时间。

工序能力表是指在生产线内各工序加工零部件时，各工序及整条生产线的生产能力。加工能力计算公式如下：

$$\text{加工能力}=\frac{\text{每班的运转时间}}{\text{完成时间}+\text{切换时间}}$$

标准作业组合用于明确各工序的手工作业时间及步行时间，用于考察 TT 内一个作业者能够承担的工序最大范围。如果所分配作业量的组合时间刚好等于 TT，即为理想；如果所分配作业量的组合时间大于 TT，则表示无法生产出必要的数量，必须以加班的方式完成；如果所分配作业量的组合时间小于 TT，则表示会生产过剩或者有等待现象。

标准作业票以图的形式表示每个作业者的作业范围，填入整条生产线设备配置、CT、TT、作业顺序、标准中间在库、物流方向、检查品质频度及安全事项等内容。原则上一人一张，并挂在生产现场明显之处。

标准作业是以人的动作为中心制定的，各项作业时间如果有出入，则表明还有改善的余地。改善标准作业后，将以新的标准作业生产，并且再次明确待改善的地方。标准作业的改善主要进行以下几项：质量的稳定与提高；为降低成本而减少工时；提高作业的安全性、稳定性；减少在制品库存；全面贯彻目视化管理。

9.2.3 标准作业的建立及改善

浪费是指那些只会增加成本而不增加附加价值的各生产要素的总和，包括不必要的动作、空手等待的空耗时间、成品的倒装、多余的搬运、残次品的翻修等。作业中不必要的动作应该被立即消除，包括等待、重新摆放材料、处理现在不需要的零部件及寻找工具等。在现有条件下，不增加附加价值又不得不做的作业，包括领取零件、打开包装、检测、处理空箱、换产等。真正需要创造附加价值的动作，包括改变工件形状、质量的加工作业或装配作业等。

生产效率是评价生产工序效果的尺度。其计算公式如下：

$$\text{生产效率}=\frac{\text{实际产量(合格品)}}{\text{人数}\times\text{运转时间}}$$

运转率是指按可销售量生产时，在设备能力100%运转情况下产量与定时生产能力的比例，其计算公式如下：

$$\text{运转率}=\frac{\text{每班产量(合格品)}}{\text{每班定时生产能力}}\times 100\%$$

$$\text{运转率}=\frac{\text{每班产量（合格品）}}{\text{每班定时作业时间/生产线中拖后腿的工序时间}}\times 100\%$$

$$\text{运转率}=\frac{\text{设备循环时间(MCT)}}{\text{节拍时间(TT)}}\times 100\%$$

可动率是指作业者使用设备生产时，人与设备可以处于良好运转状态的比率。可动率保持在100%是最理想的，其计算公式如下：

$$\text{可动率}=\frac{\text{生产线的纯需要运转时间}}{\text{生产线的实际运转时间}}\times 100\%$$

$$\text{可动率}=\frac{\text{每小时的实际产量(合格品)}}{\text{每小时的可能生产量}}\times 100\%$$

$$\text{可动率}=\frac{\text{循环时间（CT）}}{\text{工数(定时内作业者的平均循环时间)}}\times 100\%$$

实际生产时，每个循环作业之间在时间上和动作上都存在不均衡和差异。消除不均衡和差异有利于提高效率。空手等待是指作业人员使用机械设备生产时，由于人的作业时间与机械自动加工时间的组合不协调，作业人员返回机械旁时不能进行下一项操作，不得不暂时等待。减少或消除空手等待可以提高生产效率。

9.3　认识工作的逻辑

人们常问，怎样才能把工作做得又快又好？事实上，大家都有答案，就是所有工作都由机器自动完成，不需要人参与其中。我们设想一个场面，把一瓶水从一个地点移动到另一个地点。如图 9.1 所示，从第 1 点移动到第 2 点。我们来观察用手和用机器自动完成这两种方式有什么不同。

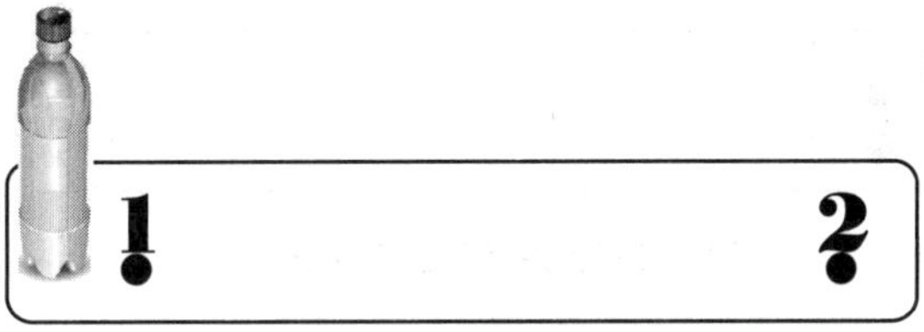

图 9.1　一瓶水的移动

如果我们用手来完成这项工作，就可以非常随意地把一瓶水从第 1 点移动到第 2 点。而水瓶在移动过程中所经过的路线可以有很多条，如图 9.2 所示。图中只画了有限的几条，实际上可以有无数条路线。

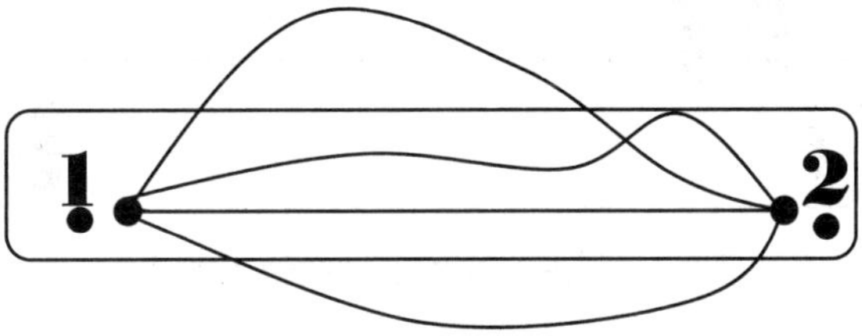

图 9.2　手动完成水瓶移动经过的路线

但是，如果我们用机器完成这项工作，那么水瓶移动的路线一般只有一种可能，那就是从第 1 点到第 2 点的直线（见图 9.3）。机器不可能走出人们用手移动水瓶那么多条路线，这是因为由机器完成这项工作，需要人们事先设定好程序，一旦设定好程序，机器就会按照这个程序来做，并周而复始。

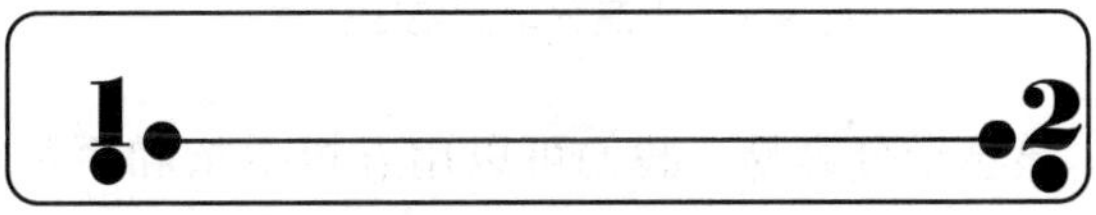

图 9.3　机器完成水瓶移动经过的路线

因此，如果所有操作都由机器自动完成，不需要人参与其中，机器将严格按照设定的程序操作，每步操作都会准确无误，工作自然就会做得又快又好。

但是在现实工作中，并不是所有工作都能由机器来完成，有些工作人必须参与其中。那么在不能完全实现机器自动操作的条件下，如何保证人的操作快速、准确就很关键。应该如何保证呢？我们试想一下，假如设计一台移动水瓶的机器，机器操作的步骤有哪些？

第一步，机器的抓夹必须移动到水瓶正上方，如图 9.4 所示。

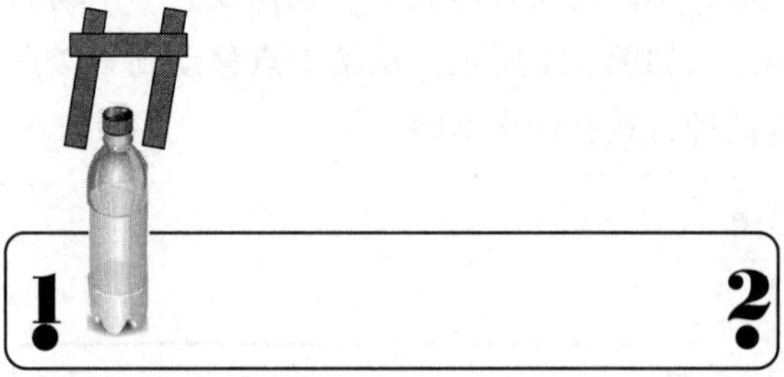

图 9.4　抓夹移动到水瓶正上方

第二步，将机器的抓夹垂直向下移动到指定高度，并收紧抓夹直到设定的宽度夹紧瓶身，如图 9.5 所示。

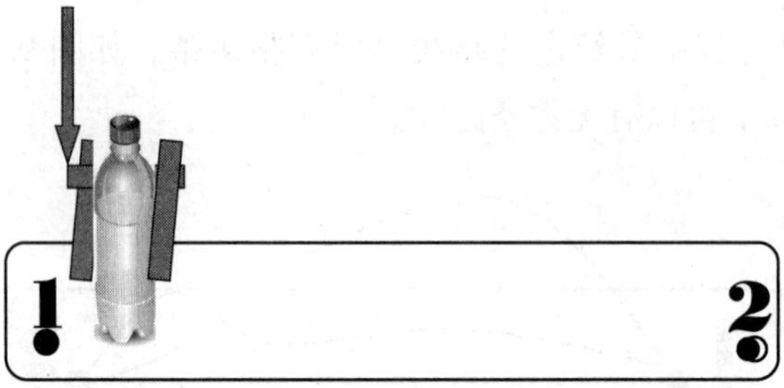

图 9.5　抓夹下移到指定位置夹住瓶身

第三步，把水瓶水平移动到第 2 点指定位置，如图 9.6 所示。

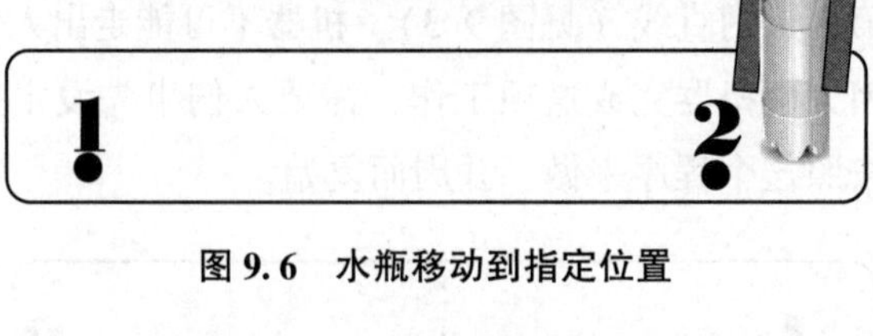

图 9.6　水瓶移动到指定位置

假如用手操作，显然十分容易。我们可以用五根手指和手掌以任意方式抓住瓶身，如图 9.7 所示。第 1 种紧握方式，第 2 种用大拇指与食指，甚至可以是第 3 种用食指和中指夹紧水瓶的任何位置，可以是瓶身，也可以是瓶颈。

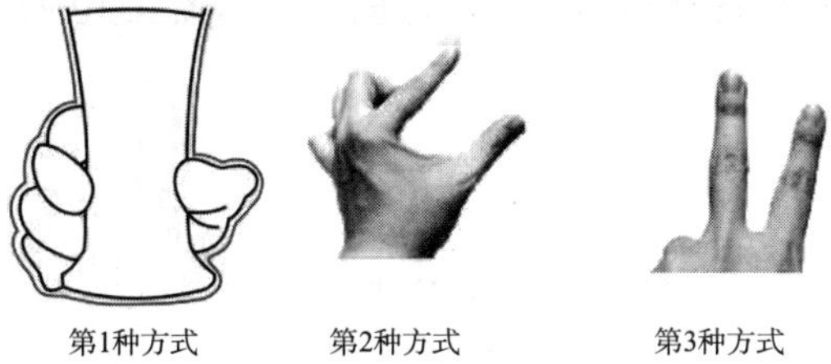

图 9.7　手握水瓶的方式

为什么人们用手会有这么多种不同的方式呢？这是因为手具有灵活性。

由于手的灵活性使每次水瓶移动的方式都可能不同，那么能不能保证最高的效率并且水瓶不会在中途掉下来呢？很显然，当我们采用图 9.7 中后两种方式时，中途水瓶掉下来的可能性要比第 1 种方式大得多。

所以，灵活性会产生随意性，进而发生错误。那么能不能提高用手工作的准确性和效率呢？

我们知道机器自动完成能达到高效、准确的效果，那么人的手如果能够像机器一样操作，不就可以同样高效、准确吗？所以，我们应该把用手移动水瓶的过程变成和机器移动水瓶一样的过程，即为用手移动水瓶的动作和路线编制一个程序，使手在操作过程中严格按照程序来做。我们仿照前面的机器程序来编制人手的操作程序（括号中是原机器程序）。

第一步，人位于水瓶正前方，如图 9.8 所示（机器的抓夹必须移动到水瓶正上方）。

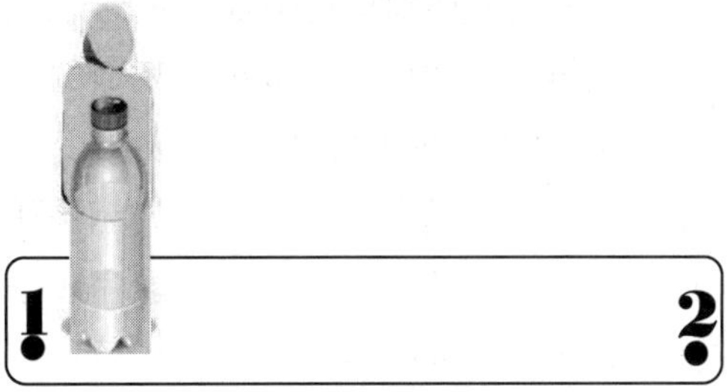

图 9.8　人位于水瓶正前方

第二步，大拇指与其余四指从水瓶两侧握住瓶身指定位置，如图 9.9 所示（把抓夹垂直向下移动到指定高度，并收紧抓夹直到设定的宽度夹紧瓶身）。

图 9.9　手握住水瓶

第三步，把水瓶水平移动到第2点指定位置，如图9.10所示。

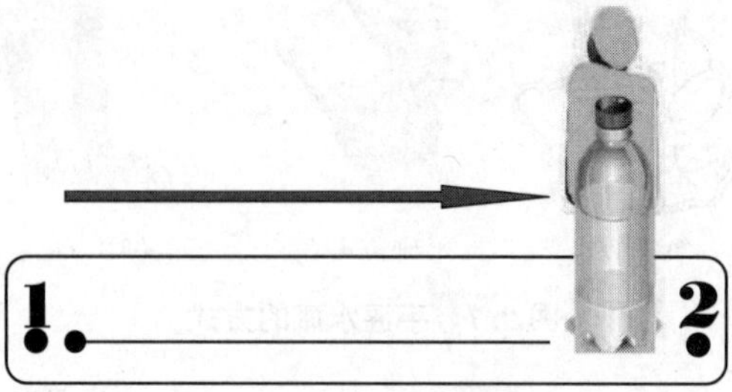

图9.10 水瓶移动到指定位置

把人手的操作变成像机器一样的操作，关键是要为操作过程编制如同机器操作一样的程序，也就是说，机器怎么做，就应该让人手怎么做。所以，首先应该对整项工作进行分析，找到操作过程所需要的每一个步骤、每一个动作，去掉任何一个无法完成的操作，当然也不允许增加步骤和动作，因为那样会影响效率。

1. 把工作分解细化到必要的步骤和动作

既然要找到整个操作所必需的所有步骤和动作，首先就要对操作进行分解细化，直到每一个步骤和动作都准确无误。

当然，我们并不是为了移动水瓶而造出一个和人差不多的机器人，而是希望使用能够完成任务的简单机器。机器的特点就是机械性，因为这一特性，我们无法赋予其灵活的动作，如随意拐弯、随意抓取，如果拐弯太多，抓取水瓶的动作太多，我们的设计将会更加复杂。比如，前面我们把移动水瓶的过程分解为3个步骤：①抓夹移动到水瓶正上方；②抓夹下移到指定位置夹住瓶身；③水瓶移动到第2点。这三个动作都是必需的（当然第一个动作也可以换成相似的动作，比如抓夹移动到水瓶的正前方向，然后从正前方移动夹住瓶身）。如果减少其中任何一个动作，这项任务都无法完成。比如第一个动作减少了，那么抓夹无法凭空夹住水瓶；第二个动作也不能少，必须把水瓶夹住；有了第三个动作才能完成任务目标。当然也可能增加动作，比如可以先把抓夹移动到水瓶的左上方，然后从左上方向右移动到正上方，但是这样会影响效率，如图9.11所示。

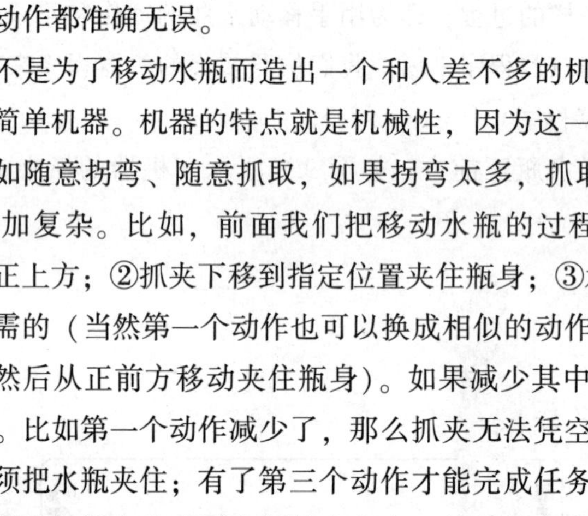

图9.11 增加抓夹移动的动作

2. 为每一步制定标准，形成程序

把操作过程分解出必要的步骤和动作后，接下来要为每一个步骤和每一个动作制定标准。

同样以移动水瓶的工作为例。

第一步，机器的抓夹必须移动到水瓶正上方。

正上方确定了方位标准，同时抓夹处于水瓶正上方的距离也必须规定好，因为机器在操作中每次停留的高度都一样，这样会让我们的程序设计变得简单。所以，按照标准要求应该是：

第一步，机器的抓夹必须移动到水瓶正上方距离瓶底 30 厘米处（假设水瓶的高度均小于 25 厘米），如图 9. 12 所示。

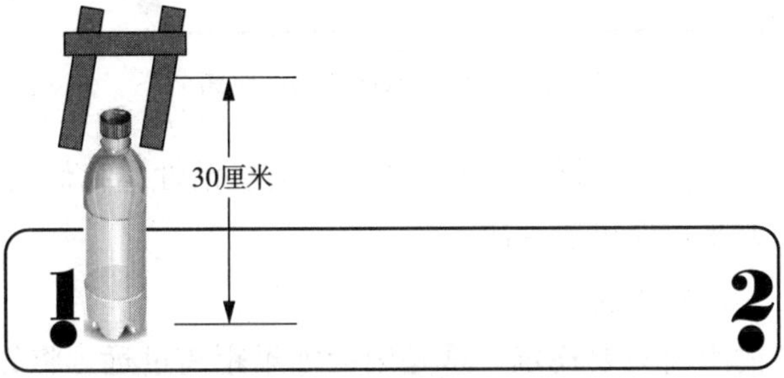

图 9. 12　确定抓夹的精确位置

第二步，把抓夹垂直向下移动到指定高度，并收紧抓夹直到设定的宽度夹紧瓶身。

指定高度要有标准，比如在水瓶中间位置，距离瓶底 13 厘米；收紧水瓶，抓夹无法自行判断在什么情况下算是夹紧了，所以要给夹紧制定标准，比如抓夹张口的距离为 5. 5 厘米刚好把水瓶夹紧，不会让水瓶在移动过程中掉落，也不会夹坏水瓶。所以，应该将标准改为：

第二步，把抓夹垂直向下移动到距离瓶底 13 厘米处，并收紧抓夹直到开口宽度为 5. 5 厘米，如图 9. 13 所示。

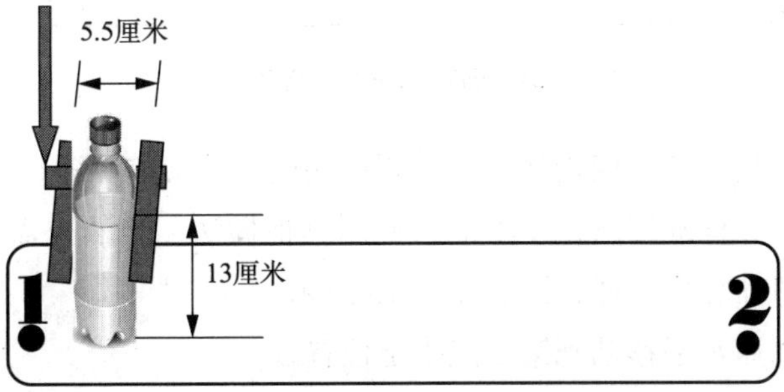

图 9. 13　确定抓夹夹住瓶身的位置

第三步，把水瓶水平移动到第 2 点指定位置。

水瓶水平移动的标准是在高度上始终保持一致，不能走曲线或折线，否则既会为程序设计带来麻烦，也会降低效率，因为两点之间直线最短。到第 2 点指定位置，应指明第 1 点到第 2 点的距离，如为 50 厘米，则标准应改为：

第三步，将水瓶向水平方向移动 50 厘米到第 2 点指定位置，如图 9. 14 所示。

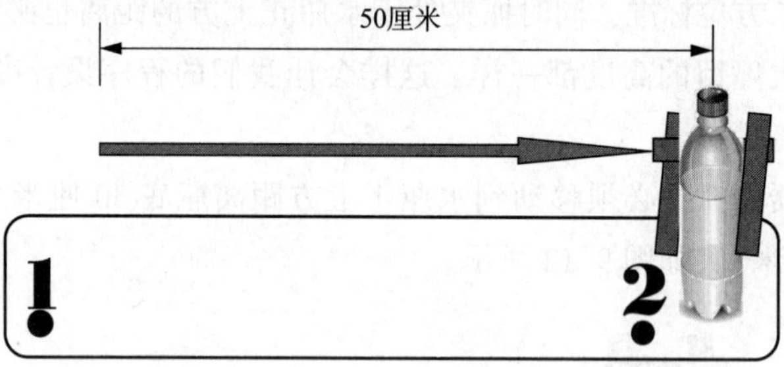

图 9. 14　确定水瓶移动的距离

接下来要给人手操作制定标准，由于人手具有灵活性，我们要通过标准加以限制，使得人手操作起来也像机器一样。

第一步，人位于水瓶正前方。

人位于正前方的距离需要规定，这是因为如果距离过远，将无法把水瓶抓稳，所以要通过规定来消除这种可能性。我们可以经过几次实验来确定，比如确定人和水瓶的水平距离是 20 厘米，如图 9. 15 所示。

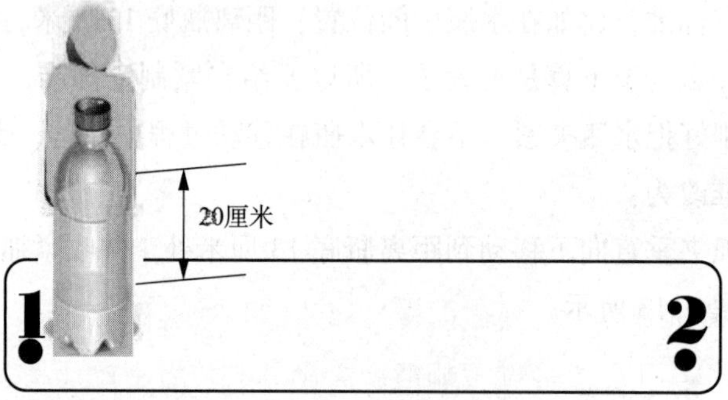

图 9. 15　确定人手与水瓶的距离

第二步，大拇指与其余四指从水瓶两侧握住瓶身的指定位置。

已经确定了手的标准握法，便不能再使用其他握法，当然也需要规定手握水瓶的位置，可以和机器操作一样，距离瓶底 13 厘米。

第三步，把水瓶水平移动到第 2 点指定位置。

这一步和机器操作一样。

事实上，移动水瓶步骤和标准的合理性及准确性还需要在实践中不断改进。

我们来回顾一下部分的主要内容，如果让机器自动操作，能够保证高效率和高质量；如果让人手完成相应的操作，人手的操作也应该和机器一样。为了让人手做得像机器一样，必须像给机器编制程序一样给人手的操作也编制程序，把操作分解细化到必要的步骤和动作，并制定标准。如果人手不按照程序执行就相当于机器坏了，机器坏了就会停止运转，但是人的错误却可能继续下去。

程序律：给人手操作过程编制像机器一样的操作程序，通过把操作分解为必要的步骤和动作并制定标准，包括规定的步骤、动作和路线，并严格按程序执行。

9.4　标准化运作规则

两位哈佛教授在历时 4 年的广泛研究中，对丰田 40 余家工厂的内部运作方式进行了考察。他们发现了丰田生产体系隐藏的内部运行机制，并归结为四条规则。

规则一：所有工作的内容、顺序、时间和结果都必须明确规定。规则二：每一种客户—供应商关系都必须是直接的，发送要求和得到回应的方式必须明确无误，非“是”即“否”。规则三：每一条产品和服务的流转路线都必须简单而直接。规则四：所有的改进都必须在指导下按照科学的方法，在尽可能低的组织层面上进行。

第 8 章我们详细分析了规则二和规则三，这里我们详细说说规则一。

1. 消除变异性

如果不按照规则一操作，比如每个动作都不标准化，那么一个人在重复这个动作的过程中所花费的时间就可能不相同，如果是不同的人操作，差异可能会更大。如果在操作这项作业的过程中内容不固定，也就是说，动作可增可减，那么无论是增加动作还是减少动作，都会使得完成作业的时间发生变化，不但如此，减少动作还可能导致作业结果出现问题。如果不按照既定的顺序作业，则有可能在某些顺序中需要增加动作才能完成作业，所以同样会导致作业时间发生变化。让我们来看看，在一家典型的美国汽车工厂，装配工如何安装副驾驶位置上的座椅：他们先从纸板箱里取出 4 个螺栓，再拿上一把扳手走到汽车面前把螺栓拧紧，接着在计算机里输入一个代码，表示这项工作已经完成，然后等下一辆汽车过来。这道工序听起来很简单，那么问题出在哪里呢？没有人意识到，新手的作业方式与富有经验的老员工相去甚远——有些人习惯先拧上后面的两个螺栓，然后把前面的两个螺栓拧上，另一些人则正相反；有些人喜欢先把 4 个螺栓摆放好，再一一拧紧；还有些人习惯放一个拧紧一个。所有这些差异都会导致变异性，进而导致质量和生产率下降、成本升高。因此，规则一的主要目的是减少作业的变异性，其中任何一项都必须严格遵守才能消除作业中的变异性。

2. 频繁检查，及时发现问题

在规则一中，为了保证整项作业达到预期的结果，就必须让每一个动作都达到预期结果。为了保证这一点，最好的办法是在每一个动作完成时检查该动作是否达到预期结果，这样可以及时发现问题并予以修正，不至于到最后偏离正常的结果太多。当然也可以在所有动作完成后再检查，发现问题后重新处理问题。这两种方法有什么不同呢？想一想我们前面学习的乌龟与兔子法则，多次检查，每次发现问题马上解决问题，每次解决问题所花费的时间短；所有动作完成后再检查，一次性解决问题所花费的时间长。如果两种方法所花费的总时间相同，那么多次检查的方法所产生的变异性更小。在丰田的工厂里，对于每一项工作，操作工都遵循着严格的规定步骤，如果稍微偏离操作规程，问题就会被立即显露出来。

3. 严格的标准让问题容易被发现

我们来看位于美国肯塔基州乔治敦市的丰田工厂的工人是如何安装凯美瑞汽车的副驾驶座椅的。这道工序被分解为 7 项有序的任务，当车辆以固定的速度通过工作区时，工人必须在 55 秒内依次完成 7 项任务。如果工人发现自己先于第 4 项任务（安装座椅前部的两个螺栓）完成了第 6 项任务（安装座椅后部的两个螺栓），那么这道工序的完成就与最初的设计存在差异，这意味着出现了差错。同样，第 4 项任务应该在第 31 秒前完成，如果工人在第 40 秒时仍在执行这项任务，那么也表明出现了差错。为了使问题更加容易被察觉，工厂把工作区的地板按长度划成了 10 等份。如果工人在跨过第 6 个标记时（也就是进入该工序时已经有 33 秒），却尚未完成第 4 项任务，那么这名工人和主管就知道他已经落后了。由于能够立即发现偏差，所以工人及主管能够马上采取行动，纠正错误，再决定如何修改流程规定，或者对该工人进行再培训，以防止差错再次出现。为了让工人更好地判断自己工作的进展，也可以通过听音乐来判断，比如把作业划分成 4 个步骤，按照作业转换的 4 个时区变换着播送 4 首歌曲。例如，第一段作业播送《为了爱丽舍》，第二段作业播送《樱花，樱花》，第三段作业播送《村里的铁匠铺》，第四段作业播送《罗勒莱》。

9.5 标准化在各行业的应用

9.5.1 服务业：笑的标准、语言标准与动作标准[①]

为了成为奥运礼仪小姐，要做到站能头顶书、腿能夹纸、笑要露出八颗牙齿，

① 中国新闻网，奥运礼仪小姐这样练成，2008 年 3 月 20 日。

如图 9.16 所示。这是美国最大的零售商沃尔玛首先制定的标准。为了在颁奖时身姿挺拔、步速到位、转身整齐、笑容自然，每个动作都要被分解，每天都要练习成百上千次。拿站姿来说，并不像人们想象的那么简单，每名礼仪志愿者必须穿着 5 厘米高的高跟鞋，头上顶一本书，两腿膝盖间夹着一张普通的白纸。至少要站 1 小时，不论书还是纸都不可以掉下来，否则就得重做。等到休息时，两条腿连打弯都疼。行走、步速、转身等的分解练习也是一样。每个人的脚都被磨出水泡，水泡被磨破，之后又被磨出新的水泡，如此周而复始，直到动作整齐划一。礼仪小姐的笑容也很重要。在中国传统文化中，美女是“笑不露齿”的，但现代社会的标准变了。最标准、最专业的微笑是只能露出八颗牙齿，嘴张大了不行，张小了也不可以。于是，姑娘们每天对着镜子练习微笑。教师要求每个人在练习笑容时，嘴里要咬着一根筷子找感觉。这样一笑就是几十分钟，笑得连脸部肌肉都麻了。

图 9.16 笑的标准

所谓“台上一分钟，台下十年功”，举手投足，一微笑、一弯腰，一个标准动作的练就意味着成千上万次的反复练习，最终修得正果。站有站姿，坐有坐姿，待人接物始终是一种职业标准。

职业标准就是程序标准。虽然不是讲效率，但效率定律却同样适用。伊藤洋华堂是日本最大的零售商，虽然笑的标准是沃尔玛定义的，但是伊藤洋华堂零售店的店长每天进店前都要在镜子前练习几遍标准的笑。沃尔玛在世界很多国家摧城拔寨，但是在日本却遭到了失败。虽然原因很多，但是我们从伊藤洋华堂零售店的店长身上看到了什么呢？

9.5.2 物流业：托盘标准化[①]

托盘看似一块简单的木板，但是配合上叉车，就摇身成为一块移动地面，不管上面放了什么都可以被全部挪走。央视记者通过跟踪整个物流流程，体会了托盘标准化之后物流的便利，以及在标准化实施过程中遇到的各种困难。托盘的重要性不在于它的简单与复杂，而是体现在托盘是物流中的一个重要作业单元，对于零散的货物运输，必须通过标准性的、规格性的单元化处理之后，才便于机械化和自动化的操作。

在没有实现物流标准化的体系里，把一车带有托盘的货物从 A 处运至 B 处，如果 A、B 两处的标准不统一，那么当 A 处货物运至 B 处时就需要把 A 处托盘的货物

① 选自中央电视台“走进科学”频道。

一个一个地搬到B处的托盘上，才能在B处的货架上储存，这个过程就是物流工作人员常说的“倒托”。

如果双方系统都实现了标准化，货物就可以在卸下之后直接进货架，也可以采取托盘循环共用的模式，货物带托盘被从A处运到B处之后，直接被留至B处，托盘和货物不分离，这样B只归还A同等规格的托盘即可。这两种方法都可以减少倒托的过程及货物的装卸时间，可大大提高货物运输周转的效率。

在社会物流成本居高不下的现实环境中，物流标准化被看作降低物流成本的利器，率先实现托盘的标准化将使得我国在物流领域取得突破性进展。

9.5.3 航空业：飞行检查标准①

一张纸的力量就能提高民航的安全系数。盖·赫斯特是位高级飞行员，在过去30年，他把经验传给1000多名新飞行员。他有着独特的见解，知道一张纸——一张对照表，可以使飞行更安全。一切都从驾驶舱开始，甚至飞机还没有升空，从上至下开始飞行控制检查，确保升机前一切无误。主副驾驶相互确认：应答器？负重表？收到；襟翼？襟翼一套；平衡仪？就位；数据记录仪？收到；……这些按钮可能被按错，起飞前是纠错的最后机会。人的记忆是脆弱的，飞行员需要提醒，需要对照表以保证至关重要的设备能够保证平安飞行。

9.5.4 医疗业：手术流程标准②

阿图·贾万德是美国最有名的外科医生之一，他刚从医学院毕业就成为比尔·克林顿的保健医生。他现在是哈佛大学的外科医生和教授，正领导一场医学革命，这场医学革命开始于一次简单却令人震惊的研究。阿图·贾万德及其同事在美国28家医院做了一项研究，受到世界卫生组织的鼓励，他起草了一系列手术对照表并运用在选定的医院里。他们测试了8座城市，从伦敦的圣玛丽医院到多伦多，再到新西兰、坦桑尼亚、印度的贫穷医院，结果让人十分震惊，手术对照表使并发症和死亡率减少了超过35%。人们开始复制手术对照表。荷兰使用手术对照表减少了47%的死亡率；采用手术对照表的军人医院并发症减少18%。手术对照表涵盖了基本要素，可以核对患者信息及正确的程序。世界卫生组织采用的患者安全对照表就是一张纸，是免费的，而且能够减少超过1/3的死亡率和并发症。如果这是药物或设备，将使阿图·贾万德成为亿万富翁。他发现对照表不仅可以找到小的人为错误，还具

① 选自BBC纪录片《如何避免手术错误》。

② 选自BBC纪录片《如何避免手术错误》。

有其他如挽救生命的重要功能。

9.5.5　农业：养殖流程标准[1]

如何确保牛排的味道都一样鲜美？答案就在理查德·菲尔普斯的农场。他每年生产48万块牛排，供应英国一家大型超市。理查德认为完美的牛排必须鲜嫩、多汁、大小一致。如果你在一家餐馆吃过这种牛排并且觉得味道鲜美，那么下周你去吃还是一样。但是，问题在于不同的农民养牛的系统各不相同，牛的年龄不同、品种不同，使得牛排的口感不一致。理查德有1.6万头牛被分布在许多农场。为了确保每一块牛排的味道都一样，他的所有牛都会以同样的方式饲养。秘诀就是让农民在不同的农场做同样的事情：使用相同的饲料、相同的健康系统，让每头牛都经过相同的饲养过程。只有好的基因才能繁育好的后代，为了确保每次都能找到完美的牛排，种牛经过了特别挑选和培育，肩膀和钩骨很棒的牛才能成为种牛。种牛把基因传递给下一代。良好的繁殖只是开始，一周左右后，小牛被送到专门的托儿所。为了确保所有小牛以相同的速度成长并获得相同的食量，每头小牛的耳中都放置有一个小标签。标签可以用来辨别小牛，如果其中一头小牛贪吃，那么机械妈妈就不会继续喂食。当小牛长到一定程度时，会被再次移动到相应的农场，在这里同样需要确保每头牛每天都以相同的速度生长。农场每天通过称重来检查它们的成长速度，使得小牛的高度和大小都一样。理查德认为，良好的繁殖和严格的饲养是持续美味牛排的关键。

9.5.6　地震中桑枣中学的奇迹是程序的奇迹[2]

桑枣中学是一所初级中学，学校里有一栋危楼，虽然经过多年的加固，但是校长仍然不放心。于是，从2005年开始，每学期都会在全校组织一次紧急疏散的演习。学校会事先告知学生本周有演习，但学生们不知道是具体哪一天。在特定的那一天，课间操或者学生休息时，学校会突然用高音喇叭喊：“全校紧急疏散！”

在学校的规划下，每个班级的疏散路线都是固定的。两个班级疏散时合用一个楼梯，每个班级必须排成单行。每个班级疏散到操场上的位置也是固定的，每次疏散每个班级都站在固定的地方。教室里面一般是9列8行，前4行从前门撤离，后4行从后门撤离，每列走哪条通道，学生们早已被事先通知。此外，学校还事先告知在2楼、3楼教室里的学生要跑得快些，以免堵塞逃生通道；在4楼、5楼的学生要

---

[1] 选自BBC纪录片《吉米的食品工厂》。

[2] 选自新华社报道《一位校长创造抗震奇迹：安县桑枣中学师生无一伤亡》。

跑得慢些，否则会在楼道中造成人流积压。

2008 年“5 · 12 地震”，校长不在学校。学生们正是按照学校平时要求的，他们熟练地演练了多次的方式疏散的。由于平时的多次演习，地震发生后全校 2200 多名学生、上百名教师，从不同的教学楼和不同的教室中全部撤离到操场上，以班级为单位站好，仅用时 1 分 36 秒。

9.5.7 精密的程序就是绝招①

1974 年，许振超初中毕业后到青岛港当了一名码头工人。他操作的是当时最先进的起重机械——门机。许振超勤学苦练，7 天就学会了，成为当时一起学习的工人中第一个能够独立操作门机的人。

“一钩准”程序

然而，会开容易开好难。老师傅开门机，钩头起吊平稳，钢丝绳走的是一条线。到了许振超手里，钩头稳不住，钢丝绳直打晃。特别是矿石装火车作业，一钩货放下，洒在车外的比装进车内的还多。看到工人们忙着拿铁锹清理，许振超十分内疚。还有，矿石装进车内的多了，工人要扒去多的；装少了，亏吨，货主不干。为了早日掌握这项技术，每次作业完毕，别人去歇息了，许振超还留在车上练习停钩、稳钩。几个月后，他开的门机钢丝绳走起来也是一条线了，一钩矿石吊起稳稳落下，不多不少，正好装满一车。这手“一钩准”的绝活，很快就被大家传开了。

“一钩清”程序

许振超干散粮装火车作业时，发现粮食颗粒小，容易洒漏。他便在工作之余吊起满满一桶水练习走钩头，直至练到钩头行进过程中桶里的水滴水不漏，再去装散粮。一抓斗下去，从舱内到车内平平稳稳，又一年绝活——“一钩清”。许振超的活干净利索，装卸工人们的二次劳动大大减少，谁都愿意跟他搭班。

最佳位置——通过程序实现

1984 年，青岛港组建集装箱公司，许振超当上了第一批桥吊司机。他又钻研上了：桥吊作业有一个高、低速减速区，减速早了装卸效率下降，减速太迟又影响货物安全。于是，他带上测试表反复测试，终于成功地将减速区调到最佳位置。以前一台桥吊一小时吊 14~15 只箱子，改革后能吊近 20 只箱子，作业效率提高了 1/4。

艺高人胆大，程序来保证

一次，一场大雾使整个码头的装卸作业被迫中止，直到中午大雾仍未散去。货

① 选自人民网报道《新时代的中国工人许振超》。

轮的船长火急火燎地找到许振超，请求他马上把集装箱卸下来。原来，该货轮装载的全是冷藏箱，不料供电电源发生故障，如不抢卸，一旦箱里温度升高货物变质，就会损失几百万元。一台桥吊有十几层楼那么高，而集装箱上起吊用的 4 个锁孔，每个不过一块香皂大小。司机在 40 多米高的桥吊上，要让重达十几吨吊具的 4 个爪准确插入集装箱的锁孔中，正常天气操作起来都不容易，更何况大雾弥漫。艺高人胆大，许振超一咬牙答应了。他在船上、岸边各安排两个经验丰富的老司机，通过对讲机随时报告集装箱位置，自己登上桥吊操作。随着船上、岸边清晰的报告声，一个个箱子被一钩到位，顺顺利利卸了下来。许振超凭着过硬的功夫、娴熟的技艺，闯过了雾天作业禁区，为客户挽回了巨额损失。

无声响操作——程序奇迹

1991 年，许振超当上了桥吊队队长。他在工作中发现，桥吊故障中有 60%是吊具故障，而故障主要是由起吊和落下时速度太快，吊具与集装箱碰撞造成的。他提出，这么操作不仅桥吊容易出现故障，货物也不安全，必须做到无声响操作。

司机们一听炸开了锅。“集装箱是铁的，船是铁的，拖车也是铁的，集装箱装卸就是铁碰铁，怎么能不响呢?”说出口的道理很硬，没有说出口的道理更硬：桥吊队实行的是计件工资，多吊一箱就多挣一份钱。搞无声响操作，轻拿轻放，这不明摆着要降低速度，减少收入吗?

许振超没有过多解释，自己动手练起来。他控制小车的水平运行速度和吊具垂直升降之间的角度，操作时眼睛上扫集装箱边角，下瞄船上装箱位置一点，手握操纵杆变速跟进找垂线。打眼一瞄就能准确定位，又轻又稳。后来，他专门编写了操作要领，亲自培训骨干并在全队推广，用事实说服大家。就这样，“无声响操作”成了许振超的杰作、青岛港的独创。

1997 年 11 月，老港区承运一批化工剧毒危险品。这个货种一旦出现碰撞，就可能引发恶性事故。为了确保安全，码头、铁路专线都派出了武警和消防员，身着防化服全员戒备。船靠岸后，在许振超的指挥下，练就一手“无声响操作”的桥吊司机们个个精心操作，仅用一个半小时，40 个集装箱便被悄然无声地卸下，又悄然无声地装上火车。船东代表感慨地说：“你们的作业简直是‘行云流水’，太神奇了!”

振超效率——世界纪录

2003 年 4 月 27 日，青岛港新码头灯火通明，许振超和他的工友们在“地中海阿莱西亚”号轮船上开始了向世界装卸纪录的冲刺。20 点 20 分，320 米长的巨轮边，8 台桥吊一字排开，船上 8 个集装箱几乎同时被桥吊轻轻抓起放上拖车，大型拖车载着集装箱在码头上穿梭奔跑。安装在桥吊上的大钟记录了这个激动人心的时刻。4 月 28 日凌晨 2：47，经过 6 小时 27 分钟的艰苦奋战，全船 3400 个集装箱全部装卸完毕。许振超和他的工友们创下了每小时单机效率70.3个自然箱和单船效率339个自然箱的世界纪录。5个月后，他带领团队又把这个纪录提高到每小时381个自然箱。

青岛港集装箱“10小时完船保班”的品牌，将这项纪录擦得更加金光闪闪，“振超效率”扬名国际航运界。

许振超“程序”

许振超无疑是杰出的工人代表，虽然他的工作很简单，但是把简单的工作做到如此境地并创造世界纪录却是相当的不简单。许振超的故事一方面体现了他的钻研和奉献精神，另一方面他所有的钻研和琢磨的核心都是效率三定律。许振超就像一个按标准程序准确无误执行的“机器人”，相信人类社会总有一天会发明这样的机器人。当然，这需要人们给它安装由许振超编制的程序，这也正体现了人类的主动性和高智慧。

9.6 标准化未来：信息时代①

现在日本企业的人事和会计等白领工作被纷纷转移到中国。中国的年轻人专心致志地敲着键盘，而工资却不到日本上班族的1/5。同属于汉字文化圈，中国白领无须特别擅长日语，很快就能熟练操作信用卡申请信息、邮购意见等数据的录入工作。社会已经从人跟着工作走的时代进入工作跟人走的时代。日本的制造业由于不断改善，效率很高。与之相比，日本白领的人均劳动生产率在发达国家中是最低的。在语言障碍庇护下的日本白领，正面临来自中国的严峻竞争，日本职场正遭受着全球化浪潮的冲击。

总部位于京都桂川旁的邮购公司Nissen，是一家有着4000名员工的上市公司，它的销售量居业界第一位。它以女士服装为中心，大约有3万种商品，每天都有来自电话和网络渠道4万件以上的订单。随着网络的普及，邮购界的竞争也日趋激烈，商品几乎都是中国制造。这里每天都会收到来自全国的2万多张订单，为处理订单，公司曾雇用大批临时工。为了在竞争中取胜，这家公司不但把生产业务放在中国，在服务业务上也利用中国的成本优势。应用新的读卡机技术，一分钟快速读取400张订单的画面数据，然后传送到中国大连，中国员工从画面数据中读取住址等信息，输入数据库。其他如退货信息、意见和要求等，也被传送到大连，就算字迹潦草，中国员工也能仔细辨认，然后传回日本用于产品的改良。直到上一年，Nissen移交给中国的业务终于波及人事和会计等公司的核心部门。公司决定把会计业务的

① 选自NHK纪录片《会计、人事都到中国去》，感谢道兰字幕组。

40%、人事业务的50%外包给中国。承担Nissen人事业务的中国大连公司InfoDeliverGroup，有60名精通日语的中国员工管理着1300千米之外素不相识的京都公司职员的人事信息。移交给中国的人事业务有两项：4000名职员的工资计算和职位升迁记录等人事信息的登记。而职员的录用和职位升迁决定等关系到公司重要决策的业务则都留在京都。

没有经验的中国员工能否胜任这项工作？最初很多人都担心，但实行的结果却是中方屡屡指出日方的工作失误。一名职员在管理表上写的是“裁量专门型”，大连的员工指出：正确的写法应该为“裁量企划”。中国员工做业务靠的是手册，把日方负责人装在头脑里的要领予以文字化，乍一看很复杂的业务如同工厂的流水线一般被分工细化。进行手册化后，没有经验的中国员工也能很好地完成工作。通过将150人的工作量转移到大连，公司成本降低了30%。

4月上旬，Nissen决定增加移交给中国的工作种类，就是到最后都没有外包的总务工作。总务是公司里的杂货铺，工作内容五花八门，需要随机应变，承担着许多很难被手册化的工作。田中幸三先生接到社长的命令，负责指挥中国外包工作，他计划在6月启动，两个月内将部分工作移交到大连，根据进展情况逐渐增加大连的工作量。

总务的职员们几乎都对计划抱有疑问，总务就是处理所有不属于其他部门的工作，所以很难界定清楚。做总务的职员有7人，承担着多达130种的业务。田中先生让大家仔细筛选每一项业务，是否真的没有可以移交到中国的工作，在一周后给出答复。能在中国做的业务标上“○”，不能做的标上“×”，说不清楚的标上“△”。一周后，田中先生收到了答复邮件。结果是，在127个项目中，有93个“×”，22个“△”，只有12个“○”。但是，田中先生仍然坚持外包。5月上旬，这天总务陷入了被迫服从外包的境地，惊人的数字摆在眼前，算上人员开支、电费等费用，每小时要耗费5550日元的总务工作在中国预计仅需750日元，86%的成本削减！

3周后，大连的外包公司员工要来研修，总务的职员们默默地准备交接。大连的工业园区云集了约200家外包公司，一家是承接日本广告策划外包的公司，正在做滋贺县酒吧员工招聘广告单；一家是电脑软件客服咨询中心，200名员工的中国口音被彻底纠正，敬语也运用自如，几乎没有顾客注意到话筒的那头是中国。为了尽量降低成本、增强竞争力，决定外包中国的日本企业超过了2500家。

日本企业中的外包先驱者是IBM，为了适应全球化的企业目标，他们3年前开始外包会计业务给马来西亚，人事则外包给菲律宾，采购外包给中国。采购部门66人的工作量交给了中国，失去工作的职员被调到需要强化的其他部门，派遣员工大量减少。承担日本采购部门工作的上海IBM子公司，从圆珠笔等耗材的购入到工程师等人才招募全都在上海进行，成本从397000日元降到367000日元，实现了3万日元的降幅，即使电话那头是日本的业者，中国员工讨价还价的技术也很熟练。

日本IBM将外包经验用于大宗业务，并接受其他企业的白领工作，由大连等IBM全球子公司承担，主要的外包业务是会计和人事，希望给公司提出削减成本的最佳方案。开展这项业务3年以来，他们承接了20余家大企业的外包业务。IBM海外外包业务最初的雇主是手机通信公司软银，软银在全国9家分公司分别配置会计专员处理销量反馈、员工出差费用报销等业务，各分公司的会计标准不同，需要花费大量的人力和时间。两年前，软银把会计业务外包给IBM大连子公司，每年4万件会计业务中的90%在那里进行。在把工作交给中国员工的同时，他们统一了模糊的会计标准，实施业务改革，以杜绝例外处理。由于员工不需要依赖与会计人员的人际关系，公司的整体意识也发生了变化，以前由于发票不全而导致的处理失误骤减至千分之一，会计处理成本也降低了37%。软银会计野原和夫以前要靠自己判断的工作，现在全部模式化了，成了谁都能上手的工作。以前的工作效率过低，而现在手册化的工作谁都可以做，意识到这一点他自己也很吃惊。日本IBM的会计、人事、采购这样的间接部门，现在业务量的30%~40%都可外包给中国等海外公司，最终达到业务量的50%~60%。

6月上旬，中国员工付小姐从大连赶来，在京都Nissen进行工作交接研修。研修第一天，濑口先生给付小姐讲的是全国170家分店使用的700台营业用车的管理业务，车辆合同快要到期时，租车公司会将通知单发给总务，总务询问分店是否续约还是希望使用新车型。在车型确定后，向租车公司发送订单，之后将车号等信息录入数据库就大功告成。这一系列业务都要移交给大连总务，令人担心的是中国员工在对对方一无所知的情况下能否与租车公司及分店进行有效沟通。为了防止失误、避免纠纷，规定不能用电话，只能用电子邮件沟通。总务设想了各种可能发生的情况，准备了不同格式的邮件模板用以发给各分店询问车型要求，问候语和提问方式都被固定化，只需更改对方的地址、日期、车型等事项即可。让濑口先生头疼的是付小姐的汽车知识为零，移交工作要先从记住轿式、厢式等车型开始。

就在公司推进中国外包工作之时，员工相继离职。

研修第八天，轮到付小姐从武岛先生那里取经，内容是营业用车的油费报销。武岛先生事先检查了她制作的手册。在日方总务准备的手册基础上，付小姐对中国员工进行了改良。虽然日语有些小错，但加入了图表，初学者也能一眼看懂作业程序。付小姐短时间内就能对业务有如此理解，令武岛先生有点吃惊。

6月末，结束研修的付小姐回到了大连。她将接受最终的实地测验，来监考的是武岛先生。10点开始测验，内容涉及30项营业用车管理业务，重点是与分店和租车公司的沟通，测验能否正确使用邮件模板。从京都传来数据，开始测验。先是输入作业，付小姐进展顺利。测验的难点是和分店的沟通，从分店发来了一封营业用车的咨询邮件，里面出现了从未见过的单词。付小姐不懂动力转向是什么意思，通过查电子词典，她得知这不是车种，而是性能的一种，并在网上查到很多车都配备这一装置。测验邮件中还藏着另一个陷阱——对方要求的车型已经停产。付小姐已掌握这些知识，于是向分店建议更换另一种车型，在准备好的模板邮件中填入了这个内容，并发出回信。她使用邮件模板的顺序和内容应对自如，无懈可击。

思考题

1. 说明标准化的作用。

2. 说明标准化作业包含的要素。

3. 请举一个你学习、生活或工作中需要标准化的例子。

4. 阐述科学精神。

5. 医院预约挂号是标准化到达过程，服务过程是否可以标准化?

6. 服务行业在顾客到达时进行问候，有人认为标准化问候缺乏人情味，你怎么看?

7. 呷哺呷哺采用了哪些标准化方法?

8. 通常自然过程时间由几个不同的阶段组成。例如，一项任务可以被认为是由单个动作组成的。假设一个手动任务平均需要一个操作员花费 1 小时来执行；或者任务可以被分为 10 个不同的 6 分钟子任务，由不同的操作员执行。假设子任务时间是独立的（即不相关的），并且单个大任务和小任务的变异系数都是 0.75。那么 10 个子任务的变异系数是多少？在将一个任务划分成更小的子任务之前，需要考虑哪些问题？为什么不把它分成尽可能多的部分呢？请你给出几点利弊。

9. 一个秘书专门负责回复客户电子邮件，电子邮件从上午 8 点到晚上 6 点以每小时 10 封的速度到达（到达的变异系数是 1）。在此期间，平均需要用 5 分钟回复一封邮件，回复时间的标准差是 4 分钟。

a）如果忽略传送时间，顾客等待回复的平均时间是多长？（包括开始书写和实际书写电子邮件的时间）

b）在每天工作的 10 小时内，这个秘书会收到多少封电子邮件?

c）在不回复电子邮件的间隙，公司鼓励员工主动寻找有较大价值的客户，在每天 10 小时的工作中，可以用多少时间从事这项活动?

为提高回复效率，公司的决策层提出了一个新方案。在这个新方案下，电子邮件的回复必须高度标准化，公司将书写时间的标准差缩减到 0.5 分钟，平均书写时间仍然不变。

d）在新的方案下，可以花多少时间寻找收入较高的客户?

e）顾客等待回复的平均时间会如何变化？（包括律师开始书写电子邮件之前的时间）

10. 一个急救中心拥有 8 辆救护车。平均而言，每 15 分钟就会向急救中心报告一次紧急情况（变异系数为 1）。如果急救中心有可用的救护车，它就立即派出一辆；如果没有可用的救护车，则由邻近的急救中心提供服务。假设在邻近急救中心总是有一辆救护车。平均而言，每次呼叫时，一辆救护车及其乘员需要工作 1.5 小时（变异系数为 1.5）。急救中心每天 24 小时营业。

a）向急救中心报告的紧急情况中，有多少由邻近社区的紧急服务处理？

b）急救中心平均每天为多少次紧急情况服务？

c）急救中心更新了员工的操作程序，使其更标准化。这导致工作人员每次旅行所花费时间的变异系数从 1.5 减少到 1.25。该培训计划将如何影响急救中心应对的紧急事件数量？

d）新法规要求每个紧急服务部门至少应对其服务区域内报告的所有事件的 95%。急救中心是否需要购买更多的救护车以满足这一要求？如果是，将需要多少辆救护车？（假设每次出行花费的平均时间不能更改）

扫码获取参考答案

第 10 章 5S与可视化

学习目标

本章是精益生产的基础。精益生产也被称为丰田生产方式，目前被很多行业、企业推行。精益生产是一种先进的生产方式和管理思想，可以帮助企业取得更高经济效益。通过本章学习，学生可以理解5S与可视化背后的科学道理，能够更好地在企业中应用，提高企业竞争力。

5S：整理（分类丢弃）、整顿（摆放整齐）、清扫（清洗）、清洁（展开）、素养（标准化）。它是精益生产的基础，几乎所有企业导入精益生产时都要从5S入手。

10.1 整理

10.1.1 将需要的物品与不需要的物品分开

判断物品是否需要，不仅要以该物品是否会被使用来判定，还必须弄清楚该物品的使用时间，否则这种方法毫无意义。例如，以一个月为时间段进行判断，即将一个月内会被使用的物品定义为需要的物品，否则视为不需要的物品。注意，将需要的物品和不需要的物品以月为时间单位进行分类之后，并不代表属于不需要类别的物品就要马上扔掉。

10.1.2 在现场全员参与贴红色标签

将物品按照是否需要分类之后，还需要全体员工一起去现场，把一个月内不会用到的物品全部贴上红色标签。

10.1.3 亲眼看得到的整理活动

绝不能仅仅依赖电脑信息，相关工作人员需要亲自去生产现场体会。贴标签的工作，可以被看作每个人通过这一活动进行的一种身体力行的头脑风暴。头脑风暴是通过集合大家，运用联想的作用，产生独创性想法的手段。进行头脑风暴的规则如下：

（1）严禁批评：对提出的意见不进行任何批评。

（2）自由奔放：即使是笑话或者是偶然的想法、开玩笑式的意见也可以提出。

（3）数量是目的：数量上的扩大直接关系到质量的提高，所以先提出更多的想法。

（4）抛砖引玉：受到他人发言（想法）的启发，顺势进一步发展，提出自己的想法。

10.1.4 整理活动的完成

把贴了标签的物品分为三个层次：第一个层次是不需要的物品，比如早已作废的老旧零件、布满红色锈迹的残次品等；第二个层次是不急用的物品，也就是不能扔的物品，虽然现在不会马上用到但迟早会用到的物品；第三个层次是需要的物品，也就是马上就会用到但是放置的位置不好或者没有标记的物品。

10.1.5 物品的处理方法

不需要的物品：应立即报废。不急用的物品：要让它们暂时离开作业场所。因为现在不会马上使用，而且它们的存在会妨碍工作。等到下次需要用到的时候，再把它们搬过来。另外，需要找一个地方作为专门的储存处，把不急用的物品收集存放在该处。需要的物品：通过整顿，将这些需要物品的摆放方式变为易于使用的摆放方式。

10.1.6 整理：要/不要——消除废物产生的变异性

所谓整理，就是把需要的东西和不需要的东西明确地分开，把不需要的东西扔掉。

为了让人们一目了然地了解现在工厂中有什么浪费，有必要把不需要的东西变得显眼起来。将作为目视整理手段的红色标签贴在不需要的物品上，工厂中的浪费就变得显眼了。通过使用红色标签，排除了自己身边不需要的物品，只留下了需要的物品。

整理后把不需要的东西清理出工作场所，工作场所的东西变少了，减少了寻找东西的变异性，因此提高了效率。比如，从 20 件物品中寻找需要的物品自然比从 40 件物品中寻找所花费的时间少，因为 20 件物品意味着有 20 种可能性，40 件物品则意味着有 40 种可能性。假设查看一件物品的时间是 1 秒钟，如果第一件就是所要寻找的物品，所花时间就是 1 秒；假设查看到 20 件物品中的最后一件才是所要寻找的物品，所花时间就是 20 秒，那么从 20 件物品中寻找一件物品的时间从 1 秒到 20 秒不等，平均来看是 10.5 秒。同样的道理，从 40 件物品中找到所需物品的时间在 1 秒到 40 秒之间，平均所花时间为 20.5 秒。因此，如果从 X 件物品中寻找所需物品，寻找一件产品所花时间为 t，则所花时间的变化范围为 $[1,\ \cdots,\ X]t$，平均所花时间为$\frac{1+X}{2}t$。

$$\text{找寻时间变化范围}=[1,\ \cdots,\ X]t$$

$$\text{找寻平均时间}=\frac{1+X}{2}t$$

10.2 整顿

整顿就是将需要的物品放在对自己或后续工序来说易于使用的位置，使得管理变得一目了然，从而能够在现场全部运用目视化管理方式。放置场所的标示包括名称标示、位置编号标示、后续工序标示、数量标示、管理责任人标示。注意要用较大的、容易看懂的数字标示数量，防止生产过剩或断货。整顿不单单是决定一个放置场所那么简单，而是通过这样的手段使潜在的问题显现出来。

物品的放置遵循先入先出原则：先放进去的物品要按照顺序先取出。需要注意的是，执行这个规定的判断标准并不是材料是否容易腐烂。

在生产现场，每天都在发生变化。有时按照客户的要求，需要变更生产计划；有时因为后续工序的机械故障，产品无法进入下一道工序；有时前一道工序出现了问题，无法得到需要的零部件。所以，只用一种摆放方法来达到一直保持整齐状态的目的，是相当困难的。

10.2.1 物品摆放遵循的动作经济四原则

方便作业的物品摆放方法。所谓方便作业，就是使用的物品按照使用的顺序，且处于距离使用者较近的位置，按照便于取放的形式摆放。也就是说，在物品摆放便于使用的工厂中，作业的进行是很顺利的，使用起来有节奏、很顺畅。

第一条原则：**“缩短距离”**，要把物品摆得近一些。

第二条原则：**“同时使用双手”**，两只手同时进行产生附加价值的工作方法。

第三条原则：**“减少动作次数”**。

第四条原则：**“轻松愉快”**，要站在实际作业的工人角度来考虑，看看有没有更轻松的作业方式。

10.2.2 整顿：定位——消除混乱秩序产生的变异性

所谓整顿，就是把需要的物品按需要时便于使用的原则整齐地放置，并明确标示。通过整顿使所需要的物品在需要的时候，无论是谁都能马上确认、使用。通过标识牌来明确标示物品的存放地点和物品名称。整顿应确定需要的东西在哪里（表示场所）、是什么（表示品目）、有多少（表示数量），必须做到无论是谁都能在“需要的时候按需要的数量使用所需的物品”。

经过整顿，通过标识牌把物品的放置方法标准化之后，偏离了这个标准就被认为“发生了异常”。这样一旦出现了浪费、异常或其他问题，到达现场的任何人都能一目了然地判断目前的状态，改善就容易进行了。

经过整顿，把物品定位好，熟悉了各个物品所在的位置，就不需要花时间寻找所需物品。假设工作场所有 20 件物品，如果摆放混乱，要找某件物品的时间是多少呢？假设查看一件物品的时间是 1 秒，那么找到某件物品所花的时间就在 1 秒到 20 秒之间变化。若从混乱放置的 X 件物品中找到所需物品，找到所需物品所花费的时间为 t，则

$$\text{物品混乱放置找寻时间变化范围} = [1,\ \cdots,\ X]t$$

$$\text{物品混乱放置找寻平均时间} = \frac{1+X}{2}t$$

如果物品有清楚的定位，寻找所需物品就不需要一件一件地查看，理想状况下所花费的时间就是 1 秒。当然，在很多情况下由于物品太多，我们仍然需要寻找。即使做不到 1 秒就能找到物品，物品的清楚定位也可以大大缩短找到它的时间变化

范围和平均时间。物品多了，我们可以分区，先找分区从而减少查找次数，再在某个特定分区中查找从而缩小查找范围。就像我们的姓名一样，可以按照拼音顺序排序，先找每个人的姓拼音的首字母，从而减少查找的次数，再在该字母的范围内找姓名，就进一步缩小了查找的范围。而且，由于排列了顺序，不是混乱摆放，寻找不同位置的物品所花费的时间亦会不同。比如，排在第一位的物品只需要花1秒，如果随机摆放就是1~20秒都有可能。排在最后一位的物品也不需要从头开始找，所以也只需要1秒。如果物品放在中间某个位置，并不能一步定位，也不需要从头按顺序寻找，而是运用二分搜索法，最大的搜索次数为 $[\log_2 X]+1$，而当 $X>5$ 时，有 $[\log_2 X]+1<(X+1)/2$。也就是说，有顺序的最大寻找次数比没有顺序的平均寻找次数要少。当然，实际寻找中不一定能够严格定位，但是 X 越大，$[\log_2 X]+1$ 和 $(X+1)/2$ 的差距越大，所以即使定位不严格，也能够大大减少寻找次数。

10.3 清扫

10.3.1 什么是清扫

清扫是保持整洁的机制。首先，切断污垢的源头。如果垃圾是污垢的源头，就应该停止产生垃圾，但是垃圾的产生并不一定能完全消除。虽然无法阻止垃圾的产生，但是能否减少产生垃圾的量呢？比如，只要在产生废料的地方加一块小板子，就能防止废料飞溅，并把它们收集到一起。只要能够收集到一起，扫除就会非常简单，也不会留下脏乱的印象。基于这种想法产生的挡板，叫作局部挡板。另外，努力提高质量也可以减少残次品的废弃。

扫除应该怎样进行比较好呢？如果用5W1H思考的话，就必须决定什么时候（When），在哪里（Where），谁（Who），以及如何进行（How）扫除的问题。同时，必须让参加清扫的全体成员理解清扫的意义，就是清扫究竟是什么（What），以及为什么要认真地清扫（Why）。

10.3.2 全员参与清扫

扫除还是大家分工合作比较好，因此规定扫除的责任分工，做成表格并张贴出来，是一种便利的方法。另外，厂长在巡视时需要认真检查扫除是否到位，大家是否遵守了规定。可以说，这也是清扫的机制。

10.3.3 清扫：没有垃圾和脏乱——消除环境带来的变异性

所谓清扫，就是经常打扫以保持清洁。在企业内，各个现场必须进行日常清扫。例如，虽然有的作业人员抱怨某台设备经常出现不合格品、经常出故障等，但不清扫，依旧让设备保持油污、蒙尘、沾满垃圾等情况。这样将无法了解设备真正的状况，有问题的地方也不好下手。因而，提高质量和杜绝设备故障的基础在于清扫。

垃圾会带来环境的混乱，脏乱的地方容易被人忽视，在脏乱的环境中整顿物品也是一件困难的事情。通过清扫地面可以找到脏乱的原因，从根本上加以治理，设法创造清洁的机制。

脏乱的环境会让人们麻痹大意，可能因为脏乱掩盖了问题，从而增加了工作中的变异性。假设工作中每小时都会产生一个问题，如果没有脏乱，问题就会立即被发现并得到改正，改正的时间是 1 分钟。现在由于脏乱而没有及时发现问题，问题被传递到下游的某个工作岗位时才被发现，由于这个问题也可能在下游的工作中造成其他问题，所以在发现这个问题之前会产生更多的问题。假设多产生一个问题，解决问题所花的时间也是 1 分钟，这个问题经历了几个工作岗位就产生了几个问题，那么发现后解决问题所花的时间也就是这个问题经历的岗位数量 X（以分钟为单位）。这既增加了解决问题的时间，也增加了流程的变异性风险，而且不符合乌龟法则。总之，脏乱会掩盖问题，现场越脏乱被掩盖的问题越多，造成的流程变异性风险越大。

10.4 清洁

10.4.1 什么是清洁

清洁是对整理、整顿和清扫（3S）的维持，有必要明确想要维持的水平。在做完整理、整顿、清扫之后，有必要检查一下目前是否继续维持着原有的水平。如果能一直维持当然很好；如果水平回落，必须当场找到原因，采取一些对策。这相当于 P—D—C—A（Plan—Do-Check—Action）的部分。

10.4.2 检查的方法

（1）由专人进行检查。比如，制作一张检查表，按照表格评分。

（2）定期进行定点摄影，所有人都能对 5S 水平的变化进行客观的评价。所谓定点摄影，就是选定一定的场所，对这一场所连续拍照。

10.4.3　清洁：保持光亮和卫生——消除精神带来的变异性

所谓清洁，就是不断地保持整理、整顿、清扫的成果，始终保持没有垃圾、没有漏油等被污染的现场。

保持清洁的环境会提高人的精神，就如同我们穿上正装就会正襟危坐，保持标准的姿势。干净的环境自然也会提醒人们不要随意做事，要讲条理、守秩序，做事要遵守规矩。

保持清洁的环境会减少 3 种变异性：多余的废物、乱摆乱放，以及脏乱掩盖的问题。环境会通过影响人们的精神，进而影响人们的行为，比如你在一个脏乱的环境中吐痰或扔垃圾，但是你在 5 星级宾馆绝不会这么做。干净的环境会让人们的行为更加规范，这样就减少了人们行为的变异性，从而减少工作中的变异性，提高工作效率。比如，工作场所的环境很干净，工人就不会穿着邋遢地上班，且平时也会注意卫生，不会把手不停地放到头上或伸进衣服里抓痒，这样就不会被分散注意力，减少了工作中错误的发生。假设抓一次痒需要 5 秒钟，那么抓痒的次数越多，花费的时间也就越多，这就增加了工作中的变异性。也就是说，一个人的精神状态越差，他在工作中产生变异性的风险越大。

10.5　素养

10.5.1　什么是素养

素养就是对素质的维持。5S 是指整理、整顿、清扫、清洁、素养，其日文的罗马拼音均为 S 打头，因此简称“5S”。日本劳动安全协会在 1950 年推行的口号是：安全始于整理、整顿，终于整理、整顿。目的在于确保安全的作业空间。后来增加了清扫、清洁、素养，成为现在的 5S，其着眼点不仅限于安全，而且扩大到环境卫生、效率、质量、成本等方面。日本企业成功的秘诀之一，在于持续不断地、系统全面地推行 5S 运动。

工厂中存在各种各样“没被发现的良机”。例如，生产不合格产品、富余的作业效率、过剩的库存、未按期交货等不胜枚举。改善这些状况可以被视为增加公司效益的良机。把这些没被发现的、有效益的机会放置不管就是组织松懈。组织松懈在企业经营状况良好的时期可能被忽视，但是如果企业陷入不景气、濒临破产的境地，就不仅仅是整改组织松懈那么简单了，此时的企业就需要动大手术。在景气时期经常不断地整治组织松懈，就是日本企业重视的改善。所谓5S，就是为了消除这些潜藏在工厂中的松懈，换言之，5S就是工作场所的净化活动。通过实施5S活动，可以实现生产管理的三大目标——质、量、成本（质量、交货期、成本）水平的提高。通过彻底贯彻5S活动，可以高质量、低价格、迅速而安全地供应顾客所需的物品。在激烈的市场竞争中，我们有必要以更好的质量，更便宜、更迅速、更安全地供应顾客所需的产品，努力做到比现状更好，更接近完美。开展5S活动还可以缓和工作场所中的人际关系，提高劳动欲望。同时，整洁、干净的工厂可以给用户、合作单位、参观者和求职者树立企业良好的形象。

10.5.2 素养：养成守纪律的习惯——消除文化带来的变异性

所谓素养，就是养成了正确遵守已定规范的习惯，这在5S中是最重要的。因此，负责此项工作的管理人员必须以身作则。把5S这种浅显易懂的事情、谁都可以做到的事情形成习惯是很重要的。所以，不应该单纯地把5S作为知识了解，实行5S才是重要的；而且不是强制实行，执行它的愿望应该是自然而然产生的。

习惯是文化的一部分，影响人的思维和做事方式。养成遵守纪律的习惯，而不是随随便便地工作，这样更便于管理；否则总出乱子，发生一些意想不到的事情，使得工作中断，增加了工作的变异性。为了发挥员工的积极性，提高其素养，要激发员工的羞耻心和自尊心，养成凭自己的良心对待工作的态度，促使每一名员工都进行“自主管理”。

10.5.3 5S的结果

有了良好的习惯，我们的工作场所就不会有多余的东西，物品就不会乱摆乱放，就不会有脏乱，员工也不会不讲个人卫生，一切都会井然有序。这样的好处有多大呢？根据本书前面的分析，现在来总结一下，见表10.1。

表10.1 不做5S与做5S的对比

	不做5S	做5S
整理	40种物品，寻找某件物品的时间在1秒到40秒之间变化	20种物品，寻找某件物品的时间在1秒到20秒之间变化
整顿	20种物品，寻找某件物品的时间在1秒到20秒之间变化	20种物品，寻找某件物品所需时间的变化范围缩小

续表

	不做 5S	做 5S
清扫	因为脏乱没有立即发现问题，解决问题的时间从 1 分钟到 2 分钟、3 分钟、4 分钟不等	发现问题并立即解决只需要 1 分钟
清洁	不注意个人卫生，一天抓痒 1~10 次，花费时间在 5~50 秒变化	注意个人卫生，不会分散注意力

10.6　可视化

为了方便及时发现生产中的任何问题而在长期的生产实践中形成一套系统的可视化方法，即应用各种各样的目视管理手段监控生产线的状态和生产的流动。

10.6.1　可视化内容

1. 工作内容可视化

为了达成体系的目标、目的，要在行进的过程中看清当下是否在朝着既定目标正常地前进，要实时掌握异常情况。可视化最重要的是以看到的结果为基础采取行动，为进一步发展采取措施。在进行可视化时，一定要注意可视化的前提是为了确立实时掌握异常情况并进行预防管理。

可视化的第一步是将“工作本身可视化”。这样可以使得组织内共享正在进行的工作信息，避免个人相互隔离，为形成一个整体组织的行动奠定基础。比如，有 N 个人工作，每个人正在进行的工作为工作$_1$……工作$_N$。每个人都知道其他 $N-1$ 个人的工作。

第二步是将工作目标可视化。管理者在提出目标的同时要说明作业目标，这有助于工作人员思考如何达成目标，是否有比现在更好的方法。方法→目标$_1$……方法→目标$_N$。

第三步是从组织体系的角度考虑优先级和重要性。在组织体系中常常有若干项工作，各种工作的优先级和重要性都不一样。在现场管理中，组织必须明确什么是紧急的工作，什么是真正重要的工作。把所有作业都依照组织的判断精准划分优先级，从优先级高的作业开始按顺序排列：工作$_{优先级1}$……工作$_{优先级N}$。对于重要性高的作业，要安排具有相应能力的工作人员：具有能力的员工→工作$_{重要性高}$。

第四步是将产出可视化。产出的可视化要明确产品质量和服务水平，避免投入过多的资源，同时保证产品的质量和服务水平。

2. 工作能力和负荷可视化

因为工作人员的能力与负荷不同，可能发生质量或者作业进展情况不一致的情况，所以我们需要通过管理这些能力与负荷来消除不一致，并在异常发生之前防患于未然。因此，在产出可视化之后应该继续进行能力和负荷的可视化。

能力与负荷可视化的要点是把各项工作按负责人员展示出来。目前，各工作人员正在做什么工作、完成后预计做哪项工作，这些都要被清楚地看到，各工作人员的负荷也就一目了然：工作负荷$_1$……工作负荷$_N$。

能力可视化是刻画出工作人员对不同工作的熟练程度，从而把各项作业所需要的专业性编辑成“员工技能地图”：工作能力$_1$……工作能力$_N$。这张地图有助于组织的人才培育。

3. 工作进度可视化

将工作进度可视化以便检测异常。管理工作进度并不只是管理工作的开始点和结束点，而是应该管理从开始到结束整个过程中的异常。如果只关注交货期和完工所需要的时间，流程中发生的异常就会被忽略。为了认清每个时刻的流程处于什么样的状态，需要将流程的进度可视化。假设一项工作确定了 n 个观测点：工作进度$_1$……工作进度$_n$。如果不进行可视化，而只是在一天工作结束的时候进行管理，那么即使作业发生了延迟，在工作结束之前也是不知道的，这样的话对异常的应对就太迟钝了。工作进度可视化可以实时监控工作的进度，尽快探知流程内的异常情况。

4. 工作效率可视化

单纯的改善难以带来成果，一个人如果感受不到改善结果所带来的积极反馈，就会丧失继续改善的决心，因此要将生产效率可视化，这样可以清楚地知道生产效率是不是在提高：工作效率$_1$……工作效率$_N$。由此能够确认改善的方向性，以及维护员工对改善的积极性。要想实现生产效率的可视化，就要在现场管理中把作业的投入和产出可视化。

10.6.2 可视化方法

可视化方法是为了实现生产系统的自働化。几乎所有防止错误的操作系统都使用光和其他信号侧面通知人们生产流程中发生的异常情况。此外，在目视管理手段中，还有指示灯牌、呼叫灯、标准作业票、看板、数字表示板、仓库表示板和库存物品表示板等各种各样的东西。

1. 指示灯牌和呼叫灯

在各组装、加工生产线上都安装着呼叫灯和指示灯牌。呼叫灯在呼叫监督人员、机修工人或一般作业人员时使用。不同颜色的呼叫灯用于呼叫不同的人员。呼叫灯几乎分布在所有生产线上，或是在天棚上吊挂着，或是安装在监督人员、机修工立刻能看到的地方。

指示灯牌是表示板的一般叫法，用于显示作业人员停止生产线的情况。如前文所述，在丰田汽车公司，如果在自己的作业岗位出现生产停止和迟延的话，每个作业人员都可以按下按钮停止生产线。一旦按下按钮，指示灯牌上部的红灯也会亮起。另外，停止生产线的是哪道工序也会一目了然。于是，监督人员可以马上赶到那个作业岗位，调查问题、采取必要的修正措施。

在多数情况下，为了表示生产线的状态，指示灯牌上装有各种颜色的灯。例如，绿灯表示材料不足，正处于停止运转的状态；黄灯表示作业人员请求帮助；如果问题不能解决的话，就点亮红灯，表示生产线停止了。根据工作场所的不同，指示灯牌还可以点亮更多颜色的灯。一般而言，有 5 种颜色的指示灯牌，表示的意思如下：红色——设备发生故障。白色——制造活动结束，完成了必须生产的数量。绿色——材料不足，正处于停止运转的状态。蓝色——出现了不合格产品。黄色——需要进行作业转换（包括更换工具等）。

监督人员和机修工人到达发生延迟的作业现场之后，各种类型的指示灯会一同熄灭。

2. 标准作业票和看板

丰田汽车公司的标准作业由循环时间、质量和安全性检查的顺序，以及在制品的标准持有量三部分组成。包含了这三个要素的标准作业票，为了让每个作业人员都能实时看到，就分布在该生产线上。假如某个作业人员在循环时间之内不能完成分配给自己的标准作业，他就必须停止生产线，为解决问题而请求帮助。标准作业票就这样和其他目视管理手段一起发挥实现标准作业、消除浪费、防止发生不正常情况的作用。

同标准作业票一样，看板也对生产中的异常现象起着目视管理的作用。例如，如果没挂着看板的产品被送到生产线的产品存放场，这并不是生产过剩的表现，必须马上调查。发生这种情况的原因无非是循环时间过长，或是作业人员的等待时间过长，或是后面的工序频繁停止，等等。不管是哪种情况，产品没有看板是必须立即进行调查以解决问题的信号。

看板除了防止生产过剩以外，还有一种目视管理的功能。例如，通过清点生产指示看板的枚数，监督人员可以判断哪种产品还处在加工之中，从而判断有没有必要加班。

3. 数字表示板

生产的状态也可以在数字表示板上表示。在这种表示板上，有着每天的生产目标和到现时点为止的生产数量。所以，一看到这块表示板，生产线上的作业人员就可以立刻判断出为了完成当天的任务，生产进度是否过慢。与呼叫灯及指示灯牌一样，对于生产线上各部位发生的问题和延迟，数字表示板也起着向监督人员发出警示的作用。

4. 仓库表示板和库存物品表示板

每个产品存放场都被分别安排了一个地址。这些地址被标在存放场上面的表示板和看板上。因此，搬运工通过将表示板上的地址和看板上的地址进行对照，就可以向正确的场所搬运零部件了。产品存放场的库存物品表示板不仅表示存放场的地址，还表示标准库存量，对库存管理有所帮助。

目视管理方式虽然对实现自働化有效果，但是和其他质量管理方式一样，只是单纯地起到查明异常情况的作用，对不合适及异常情况的修正仍需要靠监督人员及其部下的一般作业人员。监督人员和作业人员必须经常按照既定顺序办事，这就是作业的标准化、异常情况的检出、原因的查明，通过 QC 小组进行的改善活动，修订作业标准化的顺序。自働化的最终目标是即使是纠正不正常情况的修正活动也要自动进行，从而实现无人化生产。

思考题

1. 5S 的本质是什么？

2. 宿舍是大家共同生活的地方，保持干净整洁很有必要，请在宿舍试一试 5S 并记录你每次整理的时间。

3. 可视化的目的是什么？

4. 5S 和可视化有什么关系？

5. 请在教学楼和教室中找到可视化的做法。

6. 一家工厂把生产安全标语挂在车间的天花板上，工人需要仰起头才能看到标语，请问这种可视化的做法正确吗？

7. 小明有 100 本书，书名首字母刚好是 20 个不同的字母，即每个首字母下对应 5 本书。假设小明每天看 5 本书，看完后随机或者按规定的顺序放置，随机放置的时间是 0，按顺序放置每本书需要 2 秒，共 10 秒，找一本书的时间是 1 秒。如果随机放置，第二天找前一天看的一本书，平均需要多长时间？如果按顺序放置，加上前一天的 10 秒，找到前一天看的一本书总共需要多长时间？

8. 假设一个车间每周（以 5 天为一周）做一次 5S，平均需要 50 分钟完成，也可以每天花 10 分钟完成。假设每天做 5S 的时间是独立的（即不相关的），并且每周做一次和每天做一次的时间变异系数都是 0.75。每周做 5 次 5S 的时间变异系数是多少？

扫码获取参考答案

第 11 章
乌龟法则应用：快速转换工作法

学习目标

本章的目的在于掌握灵活地生产多种产品的关键是缩短生产不同产品之间的转换时间，这是企业在现代社会的一种重要能力。

11.1 生产的灵活性

在第 3 章我们学习了企业可以根据产品的属性选择合适的流程结构。标准化产品选择低成本的连续型、大批量生产流程。定制化产品选择小批量、多品种的非连续型流程。即使企业生产标准化产品，也应该朝小批量、多品种的生产模式发展，因为小批量生产不仅是一种生产方式，更是一种生产能力。

在福特时代，他只需要生产一种车——T 型车。只需要一种颜色——黑色。标准化时代，企业既不需要担心顾客的个性化需求，也不需要担心生产的数量是否和顾客需求相匹配，因为只有一种产品，顾客没有选择，这就意味着无论多少存货都能够卖出去。

而如今，两位几乎同时走进商店的顾客，他们的需求可能截然不同：一位顾客需要产品 A，另一位顾客需要产品 B。由于我们事先并不知道需要这两种类型产品的顾客有多少，所以两种产品的库存可能都出现要么缺货，要么存货过多的情况。那么这两位顾客会面对几种情况呢？第一种情况是他们需要的 A、B 两种产品都有，第二种情况是 A、B 两种产品都缺货，第三和第四种情况是 A、B 其中一种产品缺货，而另一种产品存货很多。无论缺货还是存货过多都会给企业带来损失。也就是说，店里不能只有一种产品，否则一些顾客的需求将得不到满足，你不仅将失去获得利润的机会，也可能永远失去这位顾客。为了满足不同顾客的需求，企业可以通过制造通用产品来满足顾客的需求，但是产品的通用性是有限的，当顾客需求的类型太多时，通用产品设计将变得异常困难。这就要求现代生产企业具有在同一条生产线上生产出多种产品的能力，即企业随市场而动的能力——柔性。也就是能够快速地小批量提供这两种产品，既让顾客有货可取，又不至于存货太多。如果哪种产品需求量增加，就可以及时增加该种产品的供给，这就要求生产线能够根据市场需求快速地生产任意一种产品。

假设有 3 种产品共线生产，排产有 4 种方案：每月换型 1 次，每月换型 2 次（2 周换型 1 次），每月换型 4 次（每周换型 1 次），每天换型 1 次，最终到每生产 1 种产品换型一次。如表 11.1 至表 11.4 所示，假设每天生产每种产品各 10 件。

表 11.1　每月换型 1 次的方案

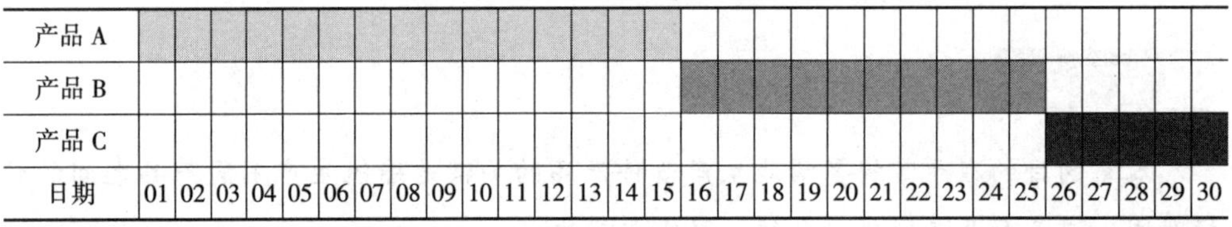

表 11.2　每月换型 2 次的方案

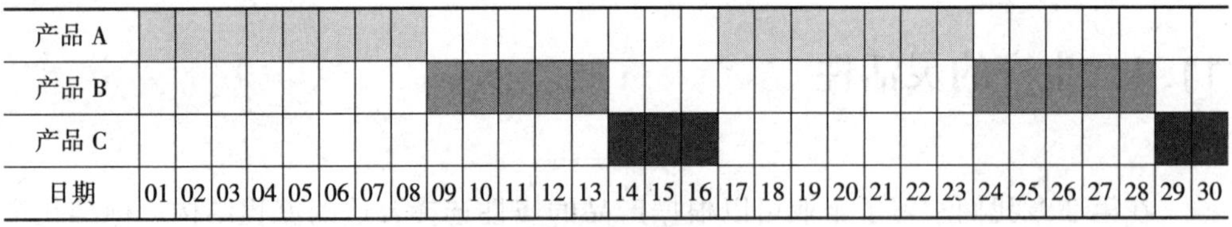

表 11.3　每月换型 4 次的方案

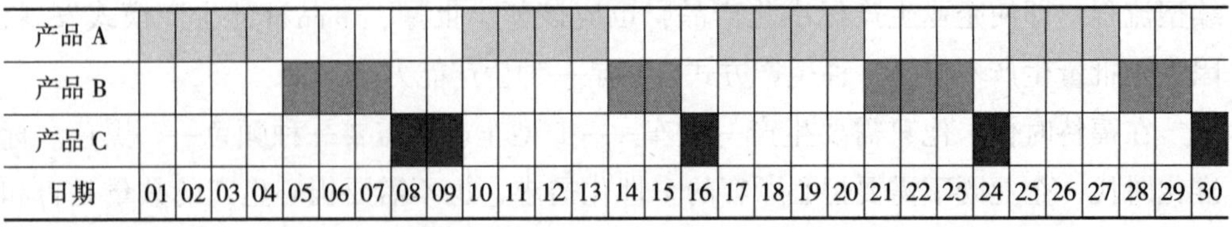

表 11.4　每天换型 1 次的方案

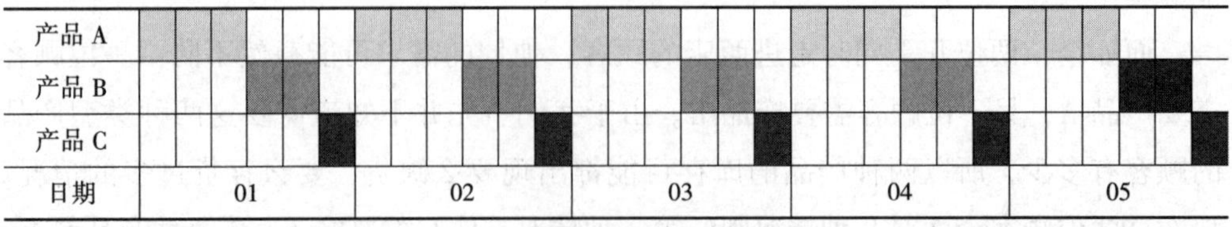

如果每月换型 1 次，那么需要存储 1 个月的货，3 种产品的最高库存分别是 150 件、100 件和 50 件。平均库存是最高库存的一半，如图 11.1 所示，分别是 75 件、

50 件和 25 件。如果每月换型 2 次，那么需要存储半个月的货，3 种产品的最高库存分别是 75 件、50 件和 25 件，平均库存分别是 37.5 件、25 件和 12.5 件。如果每月换型 4 次，那么需要存储 0.25 个月的货，3 种产品的最高库存分别是 37.5 件、25 件和 12.5 件，平均库存分别是 18.75 件、12.50 件和 6.25 件。如果每天换型 1 次，那么 3 种产品的最高库存和平均库存都是 0。因此，换型次数越多，库存水平越低。

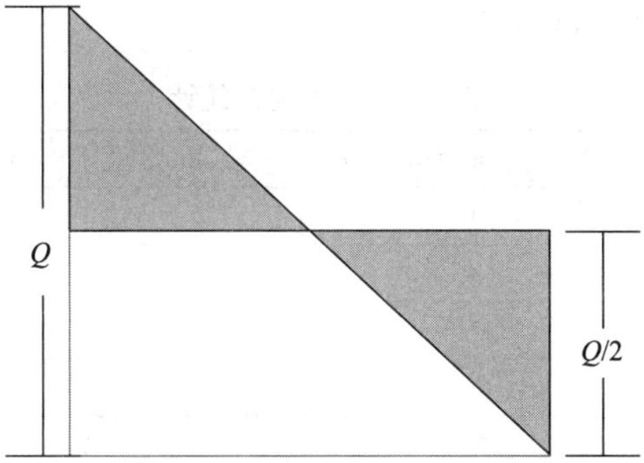

图 11.1　平均库存是最高库存的一半

如果发生停机，考虑一种极端情况，停机刚好发生在一个月的最后 5 天。停机的影响如表 11.5 至表 11.8 所示，表中两条黑粗线之间的 5 天即为停机时间。

表 11.5　每月换型 1 次的停机影响

产品 A																														
产品 B																														
产品 C																														
日期	01	02	03	04	05	06	07	08	09	10	11	12	13	14	15	16	17	18	19	20	21	22	23	24	25	26	27	28	29	30

表 11.6　每月换型 2 次的停机影响

产品 A																														
产品 B																														
产品 C																														
日期	01	02	03	04	05	06	07	08	09	10	11	12	13	14	15	16	17	18	19	20	21	22	23	24	25	26	27	28	29	30

表 11.7　每月换型 4 次的停机影响

产品 A																														
产品 B																														
产品 C																														
日期	01	02	03	04	05	06	07	08	09	10	11	12	13	14	15	16	17	18	19	20	21	22	23	24	25	26	27	28	29	30

表 11.8　每天换型 1 次的停机影响

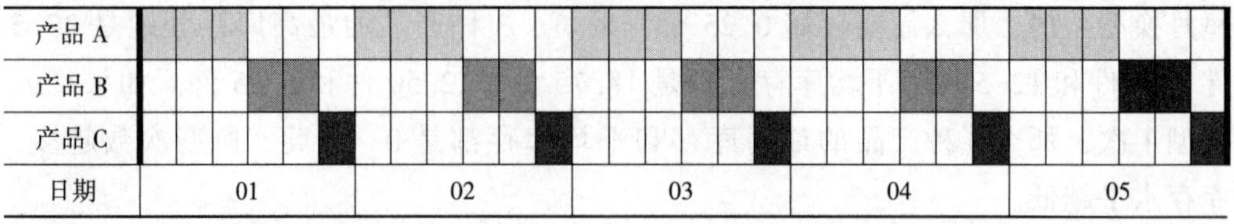

停机造成的影响如表 11.9 所示。

表 11.9　停机影响统计

	产品 A（缺货率）/%	产品 B（缺货率）/%	产品 C（缺货率）/%
每月换型 1 次	0	0	100
每月换型 2 次	0	30	40
每月换型 4 次	13.3	20	20
每天换型 1 次	16.7	16.7	16.7

从表 11.9 中可以看到，换型越频繁，停机对不同产品造成的影响越平均。

如果要紧急加单生产产品 C，比如在表 11.10 至表 11.13 中两条黑粗线之间的第 10 天，那么在前两种情况下都会影响正常生产。在第三种情况下由于凑巧，刚好可以延续产品 C 的生产。而每天换型 1 次的情况显然是最容易实现插单的情况。所以说换型越频繁，插单越容易。

表 11.10　每月换型 1 次的插单情况

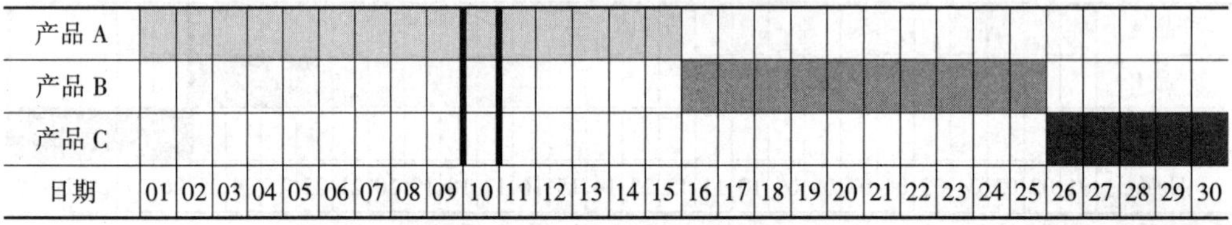

表 11.11　每月换型 2 次的插单情况

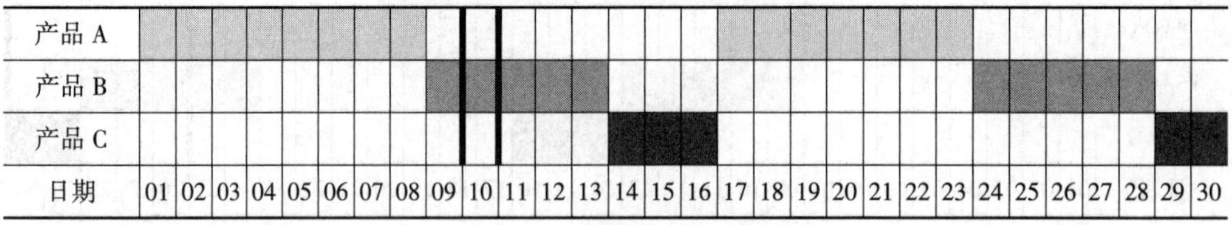

表 11.12　每月换型 4 次的插单情况

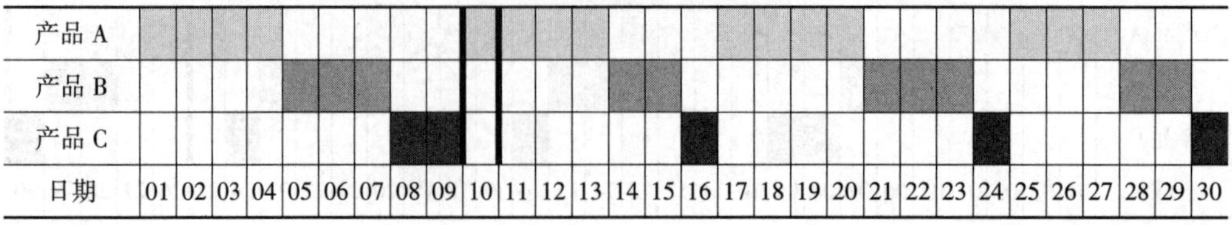

表 11.13　每天换型 1 次的插单情况

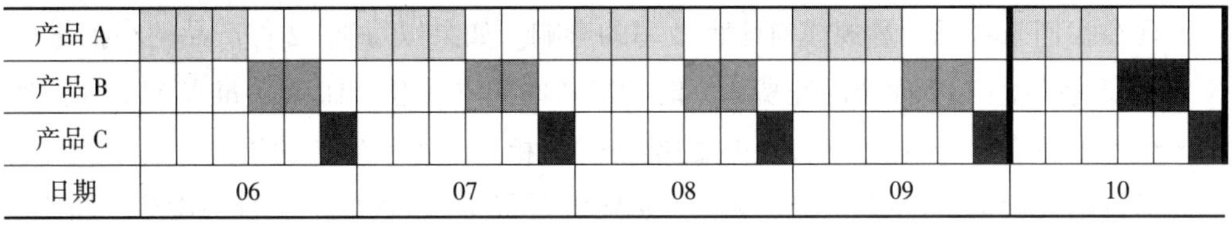

11.2　转换时间的影响

为了应对市场上多样化的需求，企业需要在一条生产线上生产出多种不同类型的产品。最理想的情况是能在生产线上生产一件 A 产品，紧接着生产一件 B 产品。但是在生产两种不同的产品之间，生产线需要调整，需要更换模具及其他工具，即存在换型时间。换型时间越长，生产线的效率就越低。在换型时间较长的情况下，就要求连续生产同一种产品的批量比较大，批量越大效率越高。

我们把换型的工作看作开始生产一种产品的准备工作，很显然，准备工作使得生产流程中断了，而且准备的时间越长，中断的时间就越长，这也就意味着给生产线带来的变异性越大。新乡重夫（Shingo）是制造业最有影响力的思想领袖之一，当他在一家汽车制造厂目睹了转换时间超过 1 小时的时候，他说“流程必须不断流动”，生产准备是对流程的中断，因此“偷走”了生产能力。我们把两次转换之间生产的产品数量看作生产批量，很显然，生产批量越大，准备时间对流程的影响就越小。这是因为同样的准备时间可以被分摊到更多的产品上去。为了理解生产准备是如何降低流程能力的，我们来看一个例子。

假设一件产品包含两种组件，分别为 A 和 B，其中产品包含 1 个组件 A 和 2 个组件 B（见图 11.2），我们用一条生产线生产两种组件。

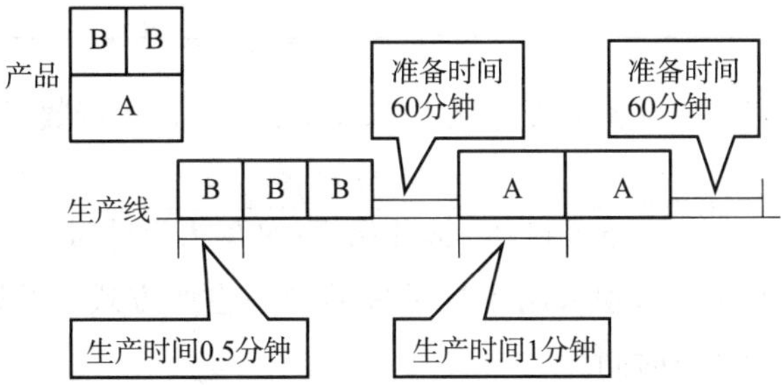

图 11.2　产品加工示意图

组件 A：1 分钟生产 1 个。准备时间：需要 60 分钟将组件 A 转换成组件 B，或者相反。

组件 B：0.5 分钟生产 1 个，由于每件产品需要 2 个组件 B，所以需要 1 分钟。

现在我们来考虑批量规模对流程效率的影响。如果以每批 12 件产品的小批量生产，就要为每生产 12 件产品花费 2 小时的准备时间（为生产组件 A 准备 1 小时，为生产组件 B 准备 1 小时），这 2 小时的准备时间相当于正常生产的损失。

通过增大批量可以提高流程效率。如果机器每生产 60 单位进行一次生产准备，那么生产准备对能力降低的影响就会在 60 单位中分摊，进而提高流程效率。具体来说，如果批量为 60 单位，则可以每分钟生产 0.25 件产品。表 11.14 总结了批量分别为 12 单位、60 单位、120 单位和 300 单位的能力计算。

表 11.14　生产准备对能力的影响

批量/单位	完成一批的时间/分钟	能力/（单位/分钟）
12	60（准备生产组件 A） +12（生产组件 A） +60（准备生产组件 B） +12（生产组件 B） 144	12/144≈0.0833
60	60（准备生产组件 A） +60（生产组件 A） +60（准备生产组件 B） +60（生产组件 B） 240	60/240=0.2500
120	60（准备生产组件 A） +120（生产组件 A） +60（准备生产组件 B） +120（生产组件 B） 360	120/360≈0.3333
300	60（准备生产组件 A） +300（生产组件 A） +60（准备生产组件 B） +300（生产组件 B） 720	300/720≈0.4167

我们可以把带有生产准备的资源能力表示成批量规模的函数

$$能力=\frac{批量规模}{准备时间+批量规模\times 单位生产时间}$$

为了应对市场变化，必须采用小批量多品种的生产方式，所以在这种情况下，唯一的办法就是减少准备时间。

既然大批量可以增加生产能力，那么为什么不选取最大可能的批量使得生产能力达到最大呢？下面来看不同批量的情况。

假设组装工序的速率为每 3 分钟组装 1 件产品，也就是每分钟组装 1/3 件产品。而组件 A 的生产速率是每分钟 1 件产品，所以组件 A 以每分钟 2/3 件的速度累积起来，而组件 B 也一样，注意 1 单位的组件 B 是 2 个。

如果批量为 12 件产品，则组件 A 持续生产 12 分钟。

组件 A 库存：

$$\frac{2\text{ 件}}{3\text{ 分钟}}\times 12\text{ 分钟}=8\text{ 件}$$

消耗组件 A 库存所需的时间：

$$8\text{ 件}\times\frac{3\text{ 分钟}}{1\text{ 件}}=24\text{ 分钟}$$

也就是说，24 分钟后组装工序又需要组件 A，但是生产线换型生产组件 B 的准备时间为 60 分钟，生产 12 单位的组件 B 又需要 12 分钟，以及再换型生产组件 A 的准备时间为 60 分钟，总共 132 分钟后才能得到组件 A。也就是说，组装工序闲置 132−24＝108 分钟。

如果批量为 60 件产品，则组件 A 持续生产 60 分钟。

组件 A 库存：

$$\frac{2\text{ 件}}{3\text{ 分钟}}\times 60\text{ 分钟}=40\text{ 件}$$

消耗组件 A 库存所需的时间：

$$40\text{ 件}\times\frac{3\text{ 分钟}}{1\text{ 件}}=120\text{ 分钟}$$

也就是说，120 分钟后组装工序又需要组件 A，但是生产线两次换型及生产组件 B 总共花费的时间为：120+60＝180 分钟。组装工序闲置 180−120＝60 分钟。

如果批量为 120 件产品，则组件 A 持续生产 120 分钟。

组件 A 库存：

$$\frac{2\text{ 件}}{3\text{ 分钟}}\times 120\text{ 分钟}=80\text{ 件}$$

消耗组件 A 库存所需的时间：

$$80\text{ 件}\times\frac{3\text{ 分钟}}{1\text{ 件}}=240\text{ 分钟}$$

也就是说，240 分钟后组装工序又需要组件 A，但是生产线两次换型及生产组件 B总共花费的时间为：120+120＝240 分钟。组装工序闲置 240−240＝0 分钟。

如果批量为 300 件产品，则组件 A 持续生产 300 分钟。

组件 A 库存：

$$\frac{2\text{ 件}}{3\text{ 分钟}}\times 300\text{ 分钟}=200\text{ 件}$$

消耗组件 A 库存所需的时间：

$$200\text{ 件}\times\frac{3\text{ 分钟}}{1\text{ 件}}=600\text{ 分钟}$$

也就是说，600 分钟后组装工序又需要组件 A，但是生产线两次换型及生产组件 B 总共花费的时间为：120+300=420 分钟。组装工序还没有消耗掉前一批组件 A，下一批又来了，所以没有闲置。

各种批量情况如表 11.15 所示。

表 11.15 各种批量情况

换模时间：60+60=120 分钟					
批量/件	生产时间/分钟	A 最大库存/件	消耗时间/分钟	总时间/分钟	组装工序闲置时间/分钟
12	12	8	24	132	108
60	60	40	120	180	60
120	120	80	240	240	0
300	300	200	600	420	0

从表 11.15 中可以看到，批量越大，库存越大，机器利用率越高。当批量达到 120 件产品时，组装工序刚好没有闲置。从表 11.14 的计算来看，生产线的批量达到 120 件产品时，其生产速率达到每分钟 0.33 件产品，和组装工序的速率一样，这是因为组装工序是最后一道工序，其速率也是最大可能产出率，因此只需要选择使得生产线的速率达到最大产出率的批量就可以了。

有一家利用同一条装配线生产私家轿车和旅行车的汽车制造商，为简单起见，假设两种产品的需求率相同，都是每天需求 100 辆车。因为两种车之间的换型时间很长，所以工厂采用了大批量生产方式，从月初到 15 日生产私家轿车，从 16 日到月底（1 个月 30 天）生产旅行车，每天生产 200 辆。

为了避免缺货，在开始生产旅行车时必须有足够的库存以满足私家轿车 15 天的需求，总共为 15×100=1500 辆。1500 辆私家车在 15 天内以每天 100 辆的速率销售，15 天的平均库存是 750 辆。当开始生产旅行车时，每天生产 200 辆，但只能销售 100 辆，所以每天增加库存 100 辆，15 天累计 1500 辆，平均库存也是 750 辆。

如果换模时间缩短到 30 分钟，则生产批量为 60 辆就能达到最大的生产率，如表 11.16 所示。所以缩短换模时间能够降低批量。

表 11.16 各种批量情况

换模时间：30+30=60 分钟					
批量/件	生产时间/分钟	A 最大库存/件	消耗时间/分钟	总时间/分钟	组装工序闲置时间/分钟
12	12	8	24	72	48
60	60	40	120	120	0

假设工厂大幅缩短了换模时间，每天生产 100 辆旅行车和 100 辆私家车。在这种情况下，工厂只有 0.5 天共 50 辆的周转库存，库存量将大幅下降。因此，批量越小导致库存水平越低。

丰田汽车公司采用多次换型的生产方式，被称作“平准化生产”。这是一种仅在需要的时候，将需要的物品供应至生产线的体制。在现代制造业中，这种“仅在需要的时候，按需要的量，生产供应所需产品”的“及时化”理念依然备受重视。针对每天都在变化的客户订单，对预计 1 个月的订购总量进行平均，使得每天的生产量都相同。此外，为了使每天的库存和生产保持平衡，不是在生产线上连续生产同样的产品，而是多种产品按照顺序混合生产。在理想情况下，丰田生产系统所倡导的平均化生产或混合模型生产可以使工厂在生产一辆私家轿车和一辆旅行车之间交替转换，因此生产的批量规模为 1。这样的方式使得生产流与需求流可以更好地实现同步，完全消除周转库存。

11.3　快速换模的方法

如果你的车胎爆了，换一条轮胎最快需要 10 分钟，但在 F1 比赛中给赛车换 4 条轮胎的时间是 5 秒钟！在企业日常生产中，换一套模具做另外一款产品，少则 2 小时，多则 4~6 小时。快速换模（SMED）是 20 世纪 50 年代初期日本丰田汽车公司摸索出的一套应对多品种、小批量、降低库存、提高生产系统快速反应能力的有用技术。这一方法由新乡重夫首创，并在众多企业实施论证过。Single 的意思是小于 10 分钟，当新乡先生目睹换型时间居然高达 1 小时的时候，他的反应是“必须让流动顺畅起来”。新乡先生基于自己的丰富经验，开发了一种可以分析换模过程的方法，从而为现场人员找到了换型时间长的原因，以及缩短时间的方法。在他指导的多个案例中，换型时间甚至被降到了 10 分钟以下，因此这种快速换型方法被冠名为“单位分钟快速切换”。最初在汽车制作厂使用，以达到快速切换模具的目的。

快速换模：以最小的设备停机时间进行不同产品间的生产切换，最大限度地提高设备利用率的方法。

1970 年，丰田汽车公司成功地把重达 800 吨的冲压机作业转换时间缩短到了 3 分钟，现在已将其缩短到 1 分钟以内，这就是“快餐式”作业转换。在欧美公司，这种作业转换时间需要几小时的情况并不在少数，最长的甚至需要一天。而在丰田汽车公司，如此清楚地意识到缩短作业转换时间的必要性的是该公司原副社长大野耐一。他知道只有通过缩短作业转换时间，才能缩小批量规模，从而减少产品及中间产品的库存。通过小批量生产，公司还能非常迅速地适应顾客订货和需求变化。

即使在某些月份汽车的款式和交货期发生了变化，公司也能迅速适应。从这个角度来看，这种方法也能减少产品及中间产品的库存。

缩短作业转换时间的方法如下。

1. 把内部作业转换和外部作业转换分开

所谓内部作业转换，指的是无论如何也得把设备停下来进行的作业转换。相对于此，所谓外部作业转换，指的是可以在设备运转时进行的作业转换。为了缩短内部作业的转换时间，需要提前准备好操作条件：在转换开始前，准备好所需的材料、部件、工具和条件（温度、压力）；检查仪表；将物品放在合适的位置；预热；制作临时支架。从而做到不必寻找配件和工具，不会使用错误的配件和工具，不进行不必要的移动。备好工具更换准备的核查清单，提供详细的工具更换流程记录单。

2. 内部作业转换要尽可能转换成外部作业转换

为了缩短停机时间，要尽可能把内部转换作业变成外部转换作业，主要做法是标准化。首先，将外部尺寸、备件、设置标准化，以便部件易于更换。尽可能少地更换部件，比如生产不同产品需要 3 种夹具，可以做成三面式作业台，需要更换夹具时，直接反转工作台即可，减少了搬运、调整的时间。其次，将部件集成化，在停机后将模具甚至底座一起更换，便于快速对位及安装。

3. 排除一切调整过程

作业转换中的调整过程，一般占整个作业转换时间的 50%~70%。减少调整时间，对缩短整个作业转换时间是非常重要的，比如在作业中尽量不使用螺栓等。

4. 完全取消作业转换操作

完全取消作业转换操作，可以采取两条途径：一条途径是设计时尽可能多地使用通用零部件，各种各样的产品使用同样的零部件；另一条途径是各种各样的零部件同时生产。

11.4 乌龟法则

我们在前面的章节说明了要想提高流程效率，就要减少变动风险，但是频繁换模似乎使得变动增加了。而丰田汽车公司的生产方式卓有成效的一点是“变异性高”，不管需求如何变动，都能配合该变动进行供给的调整和变动，这种高度的灵活性实现了无限控制过剩库存和缺货的生产体制，因此变异性对于组织的成长至关重要。丰田生产方式系统就是倡导接纳不断重复变化和发展的环境，同时实现成长。根据乌龟法则，只要换模的时间足够短，相对不频繁、时间长的换模而言，频繁换模的效率更高，所以丰田汽车公司能够常年坚持并努力缩短换模时间。一项作业的换模使每年缩短56秒的时间，每年以12个月计，每月以20天计，相当于每天只能缩短0.23秒的时间。小批量生产是应对市场需求快速变化的关键，而缩短作业转换时间是实现小批量生产的关键。作业转换停工偏离了正常生产，所以快速转换符合乌龟法则。

思考题

1. 为什么需要零设置时间？

2. 计算以下情况下的产能（每天作业数）。

a）平均加工时间为2.5小时，变异系数为1.0的单机。每天8小时工作。

b）平均加工时间为2.5小时，变异性为$\sqrt{0.5}$的单机。每天8小时工作。

c）由10台机器并联组成的工作站，每台机器的平均处理时间为2.5小时。有两个8小时的班次。午餐和休息时间为每班1.25小时。

d）由10台机器并联组成的工作站，每台机器的平均处理时间为2.5小时。有两个8小时的班次。午餐和休息时间为每班1.25小时。机器的平均故障间隔时间为100小时，平均维修时间为4小时。

e）由10台机器并联组成的工作站，每台机器的平均处理时间为2.5小时。有两个8小时的班次。午餐和休息时间为每班1.25小时。机器的平均故障间隔时间为100小时，平均维修时间为4小时。机器每10个工作设置一次，平均设置时间为3小时。

f）由10台机器并联组成的工作站，每台机器的平均处理时间为2.5小时。有两个8小时的班次。午餐和休息时间为每班1.25小时。机器的平均故障间隔时间为100小时，平均维修时间为4小时。机器每10个工作设置一次，平均设置时间为3小时。由于操作人员必须参加培训会议等，所以计划的机器操作人员利用率不能超过85%。

3. 一个加工两种产品（A和B）的工作站。A以每小时10件的速度到达，设置时间为5小时，加工一个零件所需的时间为1分钟。B以每小时20件的速度到达，设置时间为4小时，单位处理时间为2分钟。找出产品A和产品B的批量大小，使平均循环时间最小化。

4. 假设一批零件12个，每隔396分钟到达一条三工位的生产线。第一个工位的设置时间为15分钟，单位加工时间为7分钟；第二个工位的设置时间为8分钟，每3分钟加工一个零件；第三个工位的设置时间和单位加工时间分别为12分钟和4分钟。

a）每个站点的利用率是多少？哪个是瓶颈？

b）如果一次移动 12 个零件，循环时间是多少？

c）如果一次移动 1 个零件，第 1 个零件的循环时间是多少？

d）如果一次移动 1 个零件，第 12 个零件的平均循环时间是多少？如果一次移动 1 个零件，第 12 个零件的循环时间范围是多少？

e）如果一次移动 1 个零件，循环时间的平均值是多少？如果一次移动 1 个零件，平均循环时间的范围是多少？

f）到达率加倍（即一批 12 个，每 198 分钟到达）。如果一次移动 12 个零件，循环时间会发生什么变化？如果一次移动 1 个零件，循环时间会发生什么变化？

5. 一种产品先生产零件后组装。产品由三部分组成：一个 A 和两个 B。零件由一台机器制造，在两种零件类型之间切换时，需要 120 分钟的设置时间。设置好机器后，每个零件 A 的处理时间为 1 分钟，而每个零件 B 的处理时间仅为 30 秒。当前，机器在 360 件 A 和 720 件 B 之间轮换生产。组装时，手动组装零件以形成成品。每件产品的组装时间是 27 分钟。目前有 12 名工人。

a）机器的产能是多少？

b）最优批量是多少？

c）假设以 1260 件 A 和 2520 件 B 的生产周期运行。A 的平均库存量是多少？

6. 考虑以下两步过程：

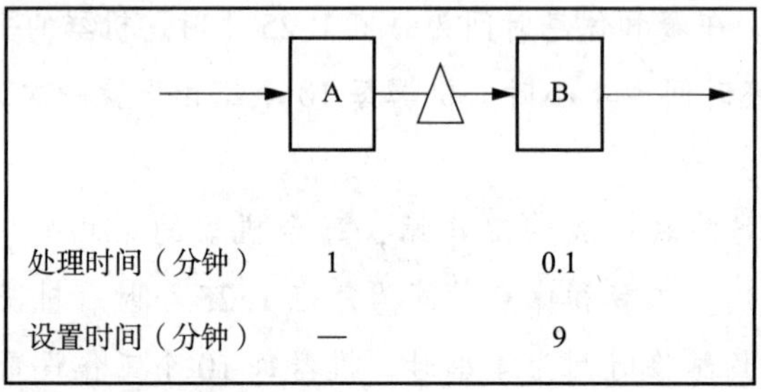

步骤 A 的处理时间为每单位 1 分钟，但无须设置。步骤 B 的处理时间为每单位 0.1 分钟，但每批次需要 9 分钟的设置时间。

a）假设以 5 批为单位生产设备（每当 5 台设备生产完毕后，步骤 B 必须进行设置，用时 9 分钟），该过程的产能是多少（单位/分钟）？

b）假设以 15 批量运行，并且使用此批量大小时步骤 A 是瓶颈。步骤 B 之后的平均库存量是多少？

c）什么批量能够以最小的库存最大化该过程的流量？

7. 考虑以下批次处理流程，该流程由 3 台机器执行 3 个处理步骤组成：

在每个步骤中分批处理工作。在步骤 1 处理批次之前，必须先设置机器。在设置过程中，机器无法处理任何产品。

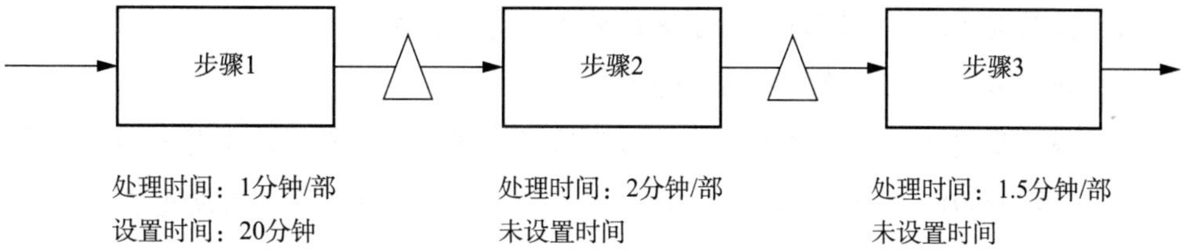

a）假设批量为 50 个零件。该过程的产能是多少？

b）对于 10 批次的批量，该过程的瓶颈是什么？

c）你会选择什么批量？

d）假设批量为 40 个零件。步骤 1 之后的平均库存量是多少？

8. 考虑以下批次处理流程，该流程由 3 台机器执行 3 个处理步骤组成：

在每个步骤中分批处理工作。在每步处理一批之前，必须在该步骤设置机器。（在设置过程中，该机器无法处理任何产品。）假设每台机器都有专门的设置操作员（总是有人可以在每台机器上执行设置）。

a）如果批量为 35 个零件，步骤 1 的产能是多少？

b）步骤 1、步骤 2 和步骤 3 的批量大小分别是多少？

9. 一家芯片制造公司，其产品销售给计算机制造商。芯片制造涉及三个基本操作：沉积、构图和蚀刻。

沉积：使用化学气相沉积（CVD）技术，将绝缘材料沉积在晶片表面上，从而在芯片上形成一层固体材料薄层。

构图：利用光刻法在晶圆表面上投射一个微观电路图案，该图案具有像感光胶片上的乳液一样的光敏化学物质。构建芯片的每一层时，该操作都会被重复多次。

蚀刻：从芯片表面去除选定的材料以创建器件结构。

下表列出了每个步骤所需的处理时间和设置时间。假设生产单位是晶圆，在后续阶段从中切割单个芯片。

注意：仅当批次到达机器后才能开始设置。

处理步骤	沉积	构图	蚀刻
设置时间/分钟	45	30	20
处理时间/（分钟/单位）	0. 15	0. 25	0. 20

a）批量为 100 个晶圆时，每小时的处理能力是多少？

b）第三步（蚀刻）的瓶颈是多少？

c）假设提出了一项新技术，该技术消除了步骤 1（沉积）的设置时间，但是将处理时间增加到 0.45 分钟/单位。你将选择多少批量大小以最大限度地提高流程的整体产能？

10. 一家公司生产 8 种流行的娃娃。该公司每周工作 40 小时。这 8 种娃娃的皮肤、头发和眼睛的颜色各不相同，这使大多数孩子可以拥有一个外观与相似的娃娃。目前，公司每周平均向精品玩具零售商出售 4000 个娃娃（在 8 个类型中平均分配）。简言之，娃娃制作涉及 3 个基本操作：塑造身体和头发、绘画脸部及为娃娃打扮。由于需要使用不同颜色的塑料颗粒，因此在不同版本之间转换需要在模塑和喷漆工位设置时间。

下表列出了批次的设置时间，以及每个步骤在每个单元上的处理时间。这些步骤之间存在无限的缓冲区库存空间。

处理步骤	成型	绘画	敷料
设置时间/分钟	15	30	未设定
处理时间/（分钟/单位）	0.25	0.15	0.30

假设首先需要完成设置，仅当批次到达资源时才可以开始设置，批次中的所有流程单元都需要在资源上进行处理，然后才能进行操作。批次的单位可以移动到下一个资源。

a）批量为 500 个娃娃时，每小时的处理能力是多少？

b）哪种批量可以在不降低处理能力的情况下最大限度地减少库存？

c）哪种批量可以在不降低当前流量的情况下最大限度地减少库存？

11. 一个测试机构对数家医院进行液体测试。考虑到在尿液测试过程中，每个样品需要 12 秒的测试时间，但是在 300 个样品之后，必须重新校准设备。在重新校准过程中无法测试任何样品，该过程需要 30 分钟。

a）测试尿液样本的最大能力（样本/小时）是多少？

b）假设每分钟需要测试 2.5 个尿液样本。确保过程不受供应限制的最小批量（样品中）是多少？（注：批量是两次校准之间的测试数量。）

c）机构还需要测试血液样本，可以执行两种测试：基本测试和完整测试。基本测试每个样本需要 15 秒，而完整测试每个样本需要 1.5 分钟。100 次测试后，需要清洁和重新校准设备，这需要 20 分钟。假设运行以下循环计划：70 个基本测试，30 个完整测试，重新校准后重复。那么平均每分钟可以完成多少个基本测试？

12. 一家小型冰淇淋生产厂提供 3 种口味的冰淇淋：草莓、巧克力、奶酪。短时间后，T 家发现自己的需求和建立时间如下表所示：

	草莓	巧克力	奶酪
需求量/（千克/小时）	10	15	5
设置时间/小时	3/4	1/2	1/6

首先，生产一批草莓；其次，生产一批巧克力；最后，生产一批奶酪。然后重复该顺序。例如，在生产奶酪之后，生产草莓之前，需要 45 分钟设置冰淇淋机，但是从巧克力切换到奶酪只需 10 分钟。在运行时，冰淇淋机无论以哪种口味生产，每小时的产量都为 50 千克（当然，一次只能生产一种口味）。

a）假设希望在满足每种口味需求的同时尽量减少每种口味的生产（可以为每种口味选择不同的数量）。如果将批量定义为每种口味的单次运行所产生的数量，那么应该在每批次中生产多少千克？

b）鉴于在 a）部分中的回答，每批应制造多少千克的草莓？

c）给定在 a）部分的答案，巧克力的平均库存量是多少？（假设生产和需求以恒定的速率发生）

13. 地毯制造商在机器上生产 4 种地毯。为简单起见，将这 4 种地毯称为 A、B、C 和 D。将生产从一种地毯转换为另一种地毯需要 3 小时。4 种地毯的需求率（米/小时）如下：100、80、70 和 50。生产时，机器的生产速度为 350 米/小时。选择批次大小以最大限度地减少库存，同时还满足需求。制造商制作的时间表会循环显示 4 种类型（如 A、B、C、D、A、B……）中的每一种。

a）地毯 A 选择什么批量（米）？

b）假设在每个生产周期内生产 16800 米地毯 A（在生产周期内总共生产 50400 米地毯）。地毯 A 的平均库存量是多少？

14. 一个由 3 名工人组成的生产线装配了一种特殊类型的开关。目前，这 3 名工人有固定的工作任务：每个工人将一组特定的部件固定在开关上，并通过滚动输送机将其传送到下游。传送带的产能允许开关在每个工人前面排队。瓶颈是每小时 11 个交换机的中间站。原始处理时间为 15 分钟。为了提高生产线的效率，管理层正在考虑对工人进行交叉培训，并实施某种灵活的劳动制度。

a）如果当前的输出率是每小时 10.5 个交换机，平均在制品水平为 5 个作业，那么灵活的工作系统有多大的潜力？

b）如果当前的输出率是每小时 8 个交换机，平均在制品水平是 7 个作业，那么灵活的工作系统的潜力有多大？

c）如果 3 名工人都经过充分的交叉培训，并配备了平行组装整个交换机的设备（彼此之间没有工作交接），并且能够保持每个操作的当前工作节奏，那么系统的产能是多少？现实世界中的哪些问题可能会使这样的政策失去吸引力？

d）请你提出一种灵活的工作制度建议，这种制度可以在不完全交叉培训的情况下提高生产线的效率（对工人进行培训并配备只组装某些部件的设备）。

扫码获取参考答案

第 12 章

质量管理

学习目标

理解质量管理的重要性，掌握基本的质量管理方法，统计过程控制。特别要理解的是，提高质量不仅依靠员工的责任心，更重要的是系统设计。

12.1 道德水平

曾经有一个说法：质量就是生命。多年以来，因为质量问题付出生命代价的事例层出不穷。我们国家的产品质量事件曾经不但在国内接连发生，在国际也不断上演。事实上，几代领导人都很重视质量问题。

“产品质量的好坏，在一个重要方面反映了民族的素质。”（邓小平 1987 年 10 月审阅《中国共产党第十三次全国代表大会报告（初稿）》时的批语）

“质量问题是经济发展中的一个战略问题。质量水平的高低是一个国家的经济、科技、教育和管理水平的综合反映，已成为影响国民经济和对外贸易发展的重要因素之一。”（《质量振兴纲要（1996—2010 年）》，国务院 1991 年 12 月 24 日颁布。）

“产品质量代表一个国家的形象，一个民族的精神。要发展经济，提高经济增长的质量和效益，产品质量是关键。”（1999 年 11 月 4 日，朱镕基在国务院召开全国质量工作会议上的致辞。）

“价廉物美，童叟无欺”，是中华民族对质量的通俗诠释，也是我们中华老字号招牌的常见用语。那么那些年为什么质量问题还如此泛滥，以至于到了人们不堪忍受的地步呢？那些年其他国家也不是没有质量问题。例如，2004 年一家韩国食品企业的老板因“垃圾饺子”事件而跳河自杀；2008年在三聚氰胺奶粉事件期间，一家日本企业的老板因“毒大米”事件而自杀。这两起事件说明了社会道德的力量，质量意识已经成为人们的道德评价，通过质量问题来看一个人或者一家企业有没有“良心”。一个社会如果道德水平高，则质量意识就强，作为一个社会人的员工在进行生产时也会因为道德的力量而深感责任的重大，会因为自己造成的质量问题给他人带去伤害而感到自责。

事实上，质量问题和我们每个人息息相关，每个人也都有责任。比如，一个造汽车的工人在食堂吃到的饭菜总有质量问题，这不但给他的身体带来影响，也会影响他的情绪。那他在工作中就很难把车造好，进而他造出的车肯定质量问题很多。这辆车出厂后卖给了一位老师，这位老师开车上班，因为车的质量问题多，经常坏在路上，导致老师上课迟到，不但如此，还会影响他上课的情绪，耽误他备课的时间。这位老师的教学质量也会严重下降，而且他会以车的质量问题来减轻他因为教学质量下降的自责。这位老师班上有一个学生，他的父亲恰好是一位医生，这位医生发现老师没有对自己孩子的教育尽到责任，那么他就会花更多的时间在孩子身上，因此他花在病人身上的时间就减少了，自然也就影响到对病人的治疗，病人也就对医生不满了。这一连串事情的发生可能太偶然了，这里只是想说明在一个社会中大家是相互联系的，换句话说，没有人会独立于社会大环境之外。一个人的问题并不只是他自己的问题，一个群体的问题也不只是这个群体的问题，而是整个社会的问题。

我们可以把整个社会的道德水平看成是正态分布的，就是说社会上道德水平特别高和特别低的人都很少，大多数人都是小错误常犯，大错误几乎不犯。如果一个社会整体的道德水平高，那么犯大错误的人的数量就减少了，道德水平很高的人的数量增加了，大多数人犯的小错误也减少了。相反，如果一个社会的整体的道德水平比较低，那么犯大错误的人的数量就会增加，道德水平很高的人的数量也会减少，大多数人犯的小错误也会增加。

12.2 质量与成本

大多数质量问题尚不会导致重大的问题，那么企业是不是不需要重视了呢？基于此，很多企业认为，质量只要达到一个合理的水平就可以了，像现在社会上流行的六西格玛标准只是理想状态，实际很难达到。然而新的质量理念认为，高质量不一定意味高成本，如图12.1所示，如果一家企业在源头发现了原材料的质量问题，那么解决这个质量问题的成本可能只需要1元钱；如果这个有质量问题的原材料上了生产线才被发现，就已经浪费了一定的资源，比如搬运和加工，而且延误了生产，可能已经花费了 10 元钱；如果生产结束才被发现，则需要返工，包括检测等费用可能已经花去了 100 元钱；如果在库房里出货时才被发现，那么该质量问题导致的成本可能就是 200 元钱；如果到了客户手中才被发现，那么退货、返修、客户抱怨带来的信誉问题导致的成本可能会高达 1000 元钱。因此，把质量问题控制在源头，既能提高质量水平，又能减少质量问题带来的高成本。

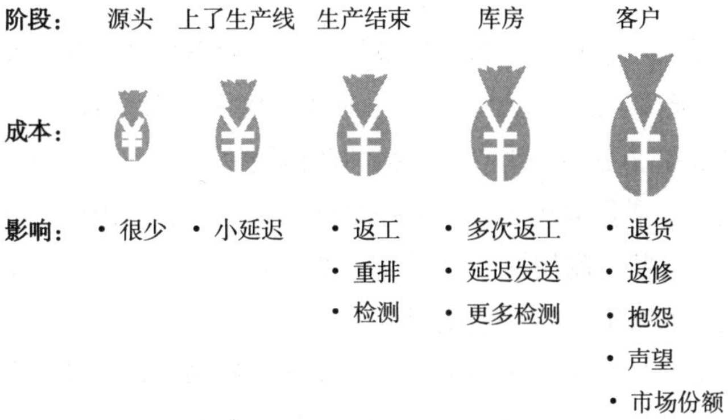

图 12.1　质量成本新观念

由此可以看到，低质量意味着更高的成本，高质量则无须支付由于质量问题导致的各种成本，这些成本可能比保证高质量所花的成本要多得多。

12.3　质量的定义

质量是什么？一般的想法就是这件产品或者服务好不好。好不好是一个模糊的概念，我们可以进一步探究。消费者说好还是不好的依据是什么？有时候同一件产品，有的人说好，有的人却说不好，原因是什么呢？比如，四川人可能不习惯江浙的饮食口味，江浙人也不习惯四川人的饮食口味，原因在于他们的需求不一样，因此消费者说产品或服务好不好取决于是否满足了他们的需求。简言之，质量就是满足顾客需求的程度。消费者在使用产品或享受服务过程中，要求产品和服务必须满足他的需求，但是怎样才算满足了需求呢？因此要给需求设定一个标准，产品和服务如果偏离了标准就是偏离了顾客需求。比如一辆汽车，设定的标准是正常行驶多少千米，如果在没有外在因素的作用下发生了故障，就不算符合标准，就偏离了顾客正常行驶的需求。因此，可以进一步明确定义质量：产品和服务满足顾客需求标准的程度。顾客使用产品和享受服务是一个过程，有时候可能持续很长时间，比如汽车，如果产品和服务在使用过程中偏离顾客的需求标准，就是发生了质量问题。因此，我们可以给质量定义加一个时间概念，即质量是顾客在使用产品和享受服务的过程中，产品和服务满足顾客需求标准的程度。如果企业要保证产品和服务的质量，就要保证其在使用过程中不偏离顾客的需求标准，也就是要尽可能消除在使用过程中偏离需求标准的变异性。

Garvin 在 1988 年给出了质量的 5 种定义。

（1）先验性。质量指“先天的优点”，不是商品或客户的具体特征，而是一个完全的第三种实体，这归结为“我说不清楚，但是看到它的时候我就知道”的质量观点。

（2）基于产品。质量是产品属性的函数（垫子的质量取决于每平方英尺的结点数，汽车保险杠的质量取决于以 5 英里/小时速度撞击的损伤程度），这有点像“越多越好”的质量观点（更多的结点、更强的防撞性等）。

（3）基于用户。质量取决于客户偏好得到满足的程度。因此，它是客户所看重的任何一种特征（形状、耐用性、美观性、吸引力等）的函数。从本质上说，这就是“美丽在旁观者的眼中”这一质量观点。

（4）基于制造。质量等同于与规范的一致性（例如，在尺寸公差范围内，或者达到规定的性能标准）。因为这种关于质量的定义涉及制造产品的过程，所以它与“第一次就做好”的质量观点密切相关。

（5）基于价值。质量连带地取决于性能或产品与价格的一致性（例如，无论性能如何，人们都可能认为 1000 元的 CD 质量不好，因为很少有人会觉得它值这个价钱），这就是“让你的钱花得值”或“负担得起的高性能”的质量观点。

这些定义引出了两个要点：首先，质量是一个多重概念，不能简化为数字量度；其次，这些定义强调面向产品。这就是大部分全面质量管理（TQM）著作所提到的情况，也是质量必须由“客户驱动”这一原则的作用。因为客户看到的是产品，所以质量必须以产品的形式测度。但是产品先是被制造出来，然后才能使用，在开始使用之前，产品的质量已经被固定了。所以客户看到的产品质量最终由一系列面向过程的因素决定，这些因素包括产品设计、制造运营控制、人和管理者在检查过程中的参与、客户售后服务等。因此，虽然质量的考察是针对顾客在使用产品的过程来说的，但是产品质量在使用之前就已经被确定了，是由制造过程决定的，因此质量是制造出来的。所以保证质量并不是从使用过程开始的，而是源于制造过程。

12.4 引起质量变异性的原因

根据休哈特和戴明的研究，引起质量变异性的原因有两个：变异性的偶然性原因和变异性的系统性原因。变异性的偶然性原因指的是在流程中随机发生的变化。我们知道，没有两片雪花是完全一样的，也没有两朵花是完全一样的。同样，每个流程都存在固有的变异性。假设偶然性原因的变异性来源于纯粹的随机性，那么对于偶然性导致的变异性来说，虽然不能精准地预测每一个单独流程的随机性，但是可以在统计分布的基础上描述这种基本的随机性。变异性的系统性原因指的是由基本的统计分布参数发生变化而引起的变化。例如，数控机床的程序错误、操作人员的错误、机器的磨损等都属于系统性原因。对于受到系统性原因影响的部件来说，可能有较大的方差和不一样的均值。许多项目致力于改进流程的目的就是发现流程中的这些系统性原因，并防止它们在未来再次发生。

为了理解偶然性原因的概念，以及它们与系统性原因的差异，让我们看看下面的例子。拿出一张纸，第一行用你习惯写字的手写 5 个“人”字，然后用另一只手在第二行再写 5 个“人”字。你写的结果应该和图 12.2 所示的很像。

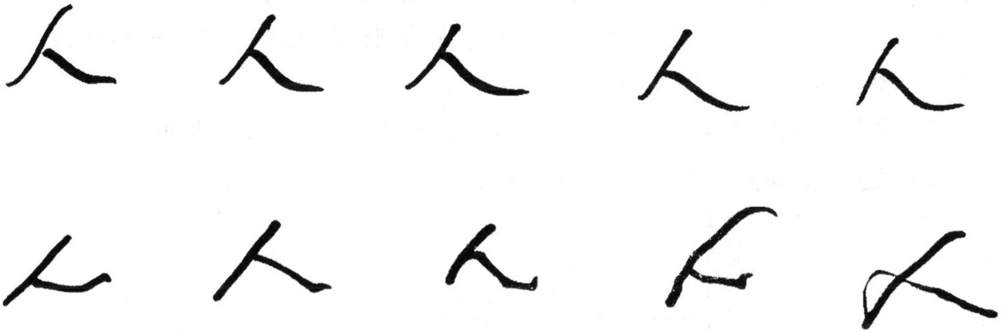

图 12.2　不同原因导致“人”字的差异性

第一行的“人”字看起来都很像，前后基本一致，但并不是一模一样，这 5 个“人”字在书写时存在一些变异性（偶然性原因）；在第二行，我们看到了更明显的变异性（系统性原因）。从第一行的“人”字到第二行的“人”字，形态发生了变化，这个变化可以直接归因于手的转换。

偶然性原因和系统性原因导致的变异性的区别并不是一个适用于所有情况的真理，这取决于观察者的认知程度。例如，对于外行人来说，道琼斯指数的变动看起来可能完全是随机的，但是一位专家就能很容易地指出发生变化的具体原因（如利润报告、评级机构或者政府发布的信息等）。因此，一个流程观察者可能会发现引起变异性的新的系统性原因，也可能只会将之归于偶然性原因。

12.5　构建控制图

控制图是用统计学的方法描述变异性的偶然性原因和系统性原因区别的图形工具。控制图显示了变异性，因此可以帮助使用者判断所看到的变异性是由偶然性原因引起的还是由系统性原因引起的，比如是机器故障还是操作人员的失误。

控制图是一系列统计过程控制工具的一种，可追溯到 20 世纪 30 年代。在随后的几十年里，涌现出了休哈特、戴明及朱兰等质量管理大师。作为六西格玛管理的组成部分，控制图再次流行起来。它首先被摩托罗拉引用，之后由通用电气使用，因而广为人知。尽管最初它主要应用于制造业，但同样适用于服务业。在这一部分的最后，我们将讨论一个呼叫中心对控制图的应用。

为了区分一个具体流程结果是变异性的系统性原因还是偶然性原因，可以使用控制图追踪流程结果。流程结果可能是一个滑板车组装部件的实物大小，也可能是一名客户服务人员接听一个电话所需要的时间长短。

假设在任何情况下收集数据都是有成本的，控制图通常只是基于流程中的数据进行抽样，而不是对所有流程单位进行评估。控制图的样本量一般为 2~10 个。抽样研究的优点在于样本均值更接近正态分布。在绘制控制图时，每隔一段时间抽样一次，每次抽样间隔 20~50 个时间段。

控制图将数据标在图表上，如图 12.3 所示。X 轴代表抽样的不同时间段。对于本部分我们将要讨论两种控制图，Y 轴代表下面两种情况中的一种。

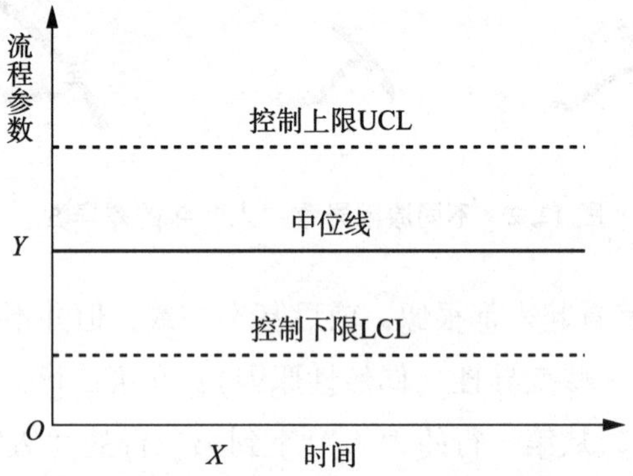

图 12.3　控制图的示意图

- 在$\overline{X}$图中，Y 轴代表每个样本的均值。$\overline{X}$图可以用于记录由系统性原因引起的数据走向并识别不可预测的趋势（如机器的磨损）或者跳跃（如一个新手负责流程中的某一阶段）。

$$\overline{X}=\frac{X_1+X_2+\cdots+X_n}{n}$$

式中，n 是每个时期的样本量。

- 在 R 图中，Y 轴代表每个样本的极差。这个样本的极差是指样本的最大值与最小值之差。因此：

$$R=\max\{X_1, X_2, \cdots, X_n\}-\min\{X_1, X_2, \cdots, X_n\}$$

通常情况下都使用标准差来反映变异性，但是控制图选择极差。这是因为它易于计算，同时也易于向组织中的所有人解释说明。

统计过程控制的目标：

（1）向管理层预警系统性原因（在前面的例子里，我们要尽量在第五个“人”字出现之后就发出预警）。但是，对于前两行中每个字之间的细微差别，我们不必向管理层发出预警。

（2）测量流程中的变异性，找到一种衡量一致性的客观方法（我们希望通过某种方法得到上面例子中第一行的一致性好于第二行的结论）。

（3）变异性的偶然性原因被视为纯随机性原因，随后被控制住，这样就减少了变异性的出现，从而提高了结果的一致性。

12.6 钢板厚度

为了进一步理解控制图，我们每天收集 5 个数据，持续收集 20 天，如表 12.1 所示。根据前面对$\overline{X}$和 R 的定义，可以得到表中最后两列数据。

表 12.1 钢板厚度 5 次观测的样本值 单位：毫米

日期	X_1	X_2	X_3	X_4	X_5	均值	极差
1	5.77	6.27	5.93	6.08	6.03	6.016	0.39
2	6.01	6.04	5.88	5.92	6.15	6.000	0.27
3	5.71	5.75	5.96	6.19	5.70	5.862	0.49
4	6.19	6.11	5.74	5.96	6.17	6.034	0.45
5	6.42	6.14	5.71	5.96	5.78	6.002	0.71
6	5.92	5.92	5.75	6.05	5.94	5.916	0.30
7	5.87	5.63	5.80	6.12	6.32	6.066	0.69
8	5.89	5.91	6.00	6.21	6.08	6.018	0.32
9	5.96	6.06	6.25	5.89	5.83	5.998	0.42
10	5.95	5.94	6.07	6.02	5.75	5.946	0.32
11	6.12	6.18	6.10	5.95	5.95	6.060	0.23
12	5.95	5.94	6.06	6.00	5.75	5.940	0.31
13	5.86	5.84	6.08	6.24	5.61	5.926	0.63
14	6.13	5.80	5.90	5.93	5.78	5.908	0.35
15	5.80	6.14	5.56	6.17	5.97	5.928	0.61
16	6.13	5.80	5.90	5.93	5.78	5.908	0.35
17	5.86	5.84	6.08	6.24	5.97	5.998	0.40
18	5.95	5.94	6.07	6.00	5.85	5.962	0.22

续表

日期	X_1	X_2	X_3	X_4	X_5	均值	极差
19	6.12	6.18	6.10	5.95	5.95	6.060	0.23
20	6.03	5.89	5.97	6.05	6.45	6.078	0.56
平均值						5.981	0.413

例如，第 10 天，$\overline{X}$是这样计算出来的：

$$\overline{X}=\frac{5.95+5.94+6.07+6.02+5.75}{5}=5.946$$

同样，第 10 天，R 是这样计算出来的：

$$R=\max\{5.95,\ 5.94,\ 6.07,\ 6.02,\ 5.75\}-\min\{5.95,\ 5.94,\ 6.07,\ 6.02,\ 5.75\}=0.32$$

在计算每期均值和极差之后，接着计算极差的均值和$\overline{X}$的均值。$\overline{X}$的均值通常记为$\overline{\overline{X}}$，代表$\overline{X}$的平均值，极差的平均值记作$\overline{R}$。如表 12.1 最后一行所示，我们得到

$$\overline{\overline{X}}=5.981,\ \overline{R}=0.413$$

在构造$\overline{X}$图时，我们将$\overline{\overline{X}}$的值作为一条中位线，将每天$\overline{X}$的值绘制在其周围。在构造 R 图时，我们将$\overline{R}$的值作为一条中位线，将 R 的值绘制在其周围。

最后，我们讨论一下置信区间（控制界限）的问题。如果 $\overline{X}$ 或者 R 落在置信区间之外（高于上限或者低于下限），就可以以 99.7%的置信度推断，流程已经脱离控制。表 12.2 中的数据来源于不同样本量的抽样结果，可以根据下面的等式计算置信区间的上下限：

$$\overline{X}\text{的上限}=\overline{\overline{X}}+A_2\times\overline{R}=5.981+0.58\times0.413=6.22054$$

$$\overline{X}\text{的下限}=\overline{\overline{X}}-A_2\times\overline{R}=5.981-0.58\times0.413=5.74146$$

$$R\text{ 的上限}=D_4\times\overline{R}=2.11\times0.413=0.87143$$

$$R\text{ 的下限}=D_3\times\overline{R}=0\times0.413=0$$

表 12.2　99.7%置信度的控制图参数

子组中的观测个数（n）	$\overline{X}$ 图的因子（A_2）	R 图中的控制下限因子（D_3）	R 图中的控制上限因子（D_4）	估计标准差因子（d_2）
2	1.88	0	3.27	1.128
3	1.02	0	2.57	1.693
4	0.73	0	2.28	2.059

续表

子组中的观测个数 (n)	$\overline{X}$ 图的因子 (A_2)	R 图中的控制下限因子 (D_3)	R 图中的控制上限因子 (D_4)	估计标准差因子 (d_2)
5	0. 58	0	2. 11	2. 326
6	0. 48	0	2. 00	2. 534
7	0. 42	0. 08	1. 92	2. 704
8	0. 37	0. 14	1. 86	2. 847
9	0. 34	0. 18	1. 82	2. 970
10	0. 31	0. 22	1. 78	3. 078

这个控制图实现了流程中变异性的可视化。置信区间的上下限显示了样本值以 99. 7%的置信度落于该区间内。因此，如果有样本值落于该区间之外，就可以以 99. 7%的置信度推断流程脱离了控制，也就是说，产生了由系统性原因引起的变异性。

除了观察$\overline{X}$是否高于上限或者低于下限，如果一连串的 8 个点都高于（或低于）中位线，也应该视为一种警示（如果只存在偶然性原因，那么这种情况发生的可能性就比较小，只有0.5^8，即 0. 004 的可能性）。

图 12. 4 和图 12. 5 为钢板厚度的控制图，可以看到钢板厚度控制得很好。虽然存在固有的随机性，但是不存在系统性原因，因为没有出现突然超出控制范围的情况。

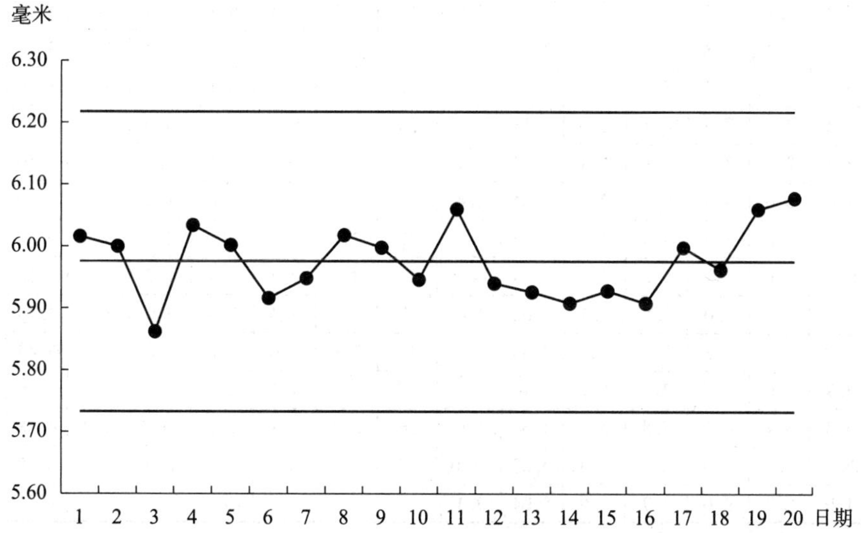

图 12. 4　钢板厚度的控制图（$\overline{X}$图）

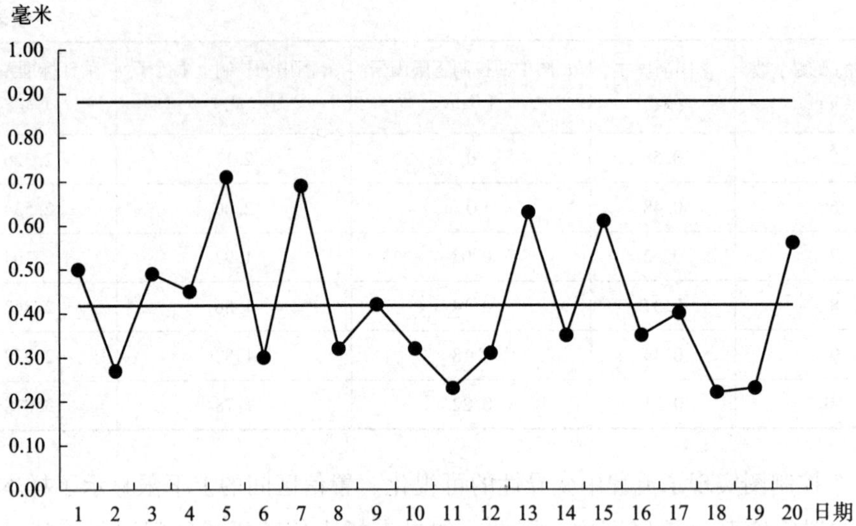

图 12.5　钢板厚度的控制图（*R* 图）

12.7　服务中心的控制图

表 12.3 收集了呼叫中心 27 天呼入电话的持续时间数据。

表 12.3　呼叫中心 27 天呼入电话的持续时间　　单位：分钟

时期	X_1	X_2	X_3	X_4	X_5	均值	极差	时期	X_1	X_2	X_3	X_4	X_5	均值	极差
1	1.7	1.7	3.7	3.6	2.8	2.70	2.0	15	1.5	2.4	5.1	2.5	10.9	4.48	9.4
2	2.7	2.3	1.8	3.0	2.1	2.38	1.2	16	3.6	4.3	2.1	5.2	1.3	3.30	3.9
3	2.1	2.7	4.5	3.5	2.9	3.14	2.4	17	3.5	1.7	5.1	1.8	3.2	3.06	3.4
4	1.2	3.1	7.5	6.1	3.0	4.18	6.3	18	2.8	5.8	3.1	8.0	4.3	4.80	5.2
5	4.4	2.0	3.3	4.5	1.4	3.12	3.1	19	2.1	3.2	2.2	2.0	1.0	2.10	2.2
6	2.8	3.6	4.5	5.2	2.1	3.64	2.4	20	3.7	1.7	3.8	1.2	3.6	2.80	2.6
7	3.9	2.8	3.5	3.5	3.1	3.36	1.1	21	2.1	2.0	17.1	3.0	3.3	5.50	15.1
8	16.5	3.6	2.1	4.2	3.3	5.94	14.4	22	3.0	2.6	1.4	1.7	1.8	2.10	1.6
9	2.6	2.1	3.0	3.5	2.1	2.66	1.4	23	12.8	2.4	2.4	3.0	3.3	4.78	10.4
10	1.9	4.3	1.8	2.9	2.1	2.60	2.5	24	2.3	1.6	1.8	5.0	1.5	2.44	3.5
11	3.9	3.0	1.7	2.1	5.1	3.16	3.4	25	3.8	1.1	2.5	4.5	3.6	3.10	3.4
12	3.5	8.4	4.3	1.8	5.4	4.68	6.6	26	2.3	1.8	1.7	11.2	4.9	4.38	9.5
13	29.9	1.9	7.0	6.5	2.8	9.62	28.0	27	2.0	6.7	1.8	6.3	1.6	3.68	5.1
14	1.9	2.7	9.0	3.7	7.9	5.04	7.1	平均值						3.81	5.82

通过计算得到它们的均值和极差，从而可以分别得到$\overline{\overline{X}}$和$\overline{R}$的值：

$$\overline{\overline{X}}=3.81\text{ 分钟}$$

$$\overline{R}=5.82\text{ 分钟}$$

接着利用表 12.2 中的信息计算区间的上下限：

$$\overline{X}\text{的上限}=\overline{\overline{X}}+A_2\times\overline{R}=3.81+0.58\times5.82=7.19$$

$$\overline{X}\text{的下限}=\overline{\overline{X}}-A_2\times\overline{R}=3.81-0.58\times5.82=0.43$$

$$R\text{ 的上限}=D_4\times\overline{R}=2.11\times5.82=12.28$$

$$R\text{ 的下限}=D_3\times\overline{R}=0\times5.82=0$$

结合$\overline{X}$和 R 的上下限，可以绘制出图 12.6。

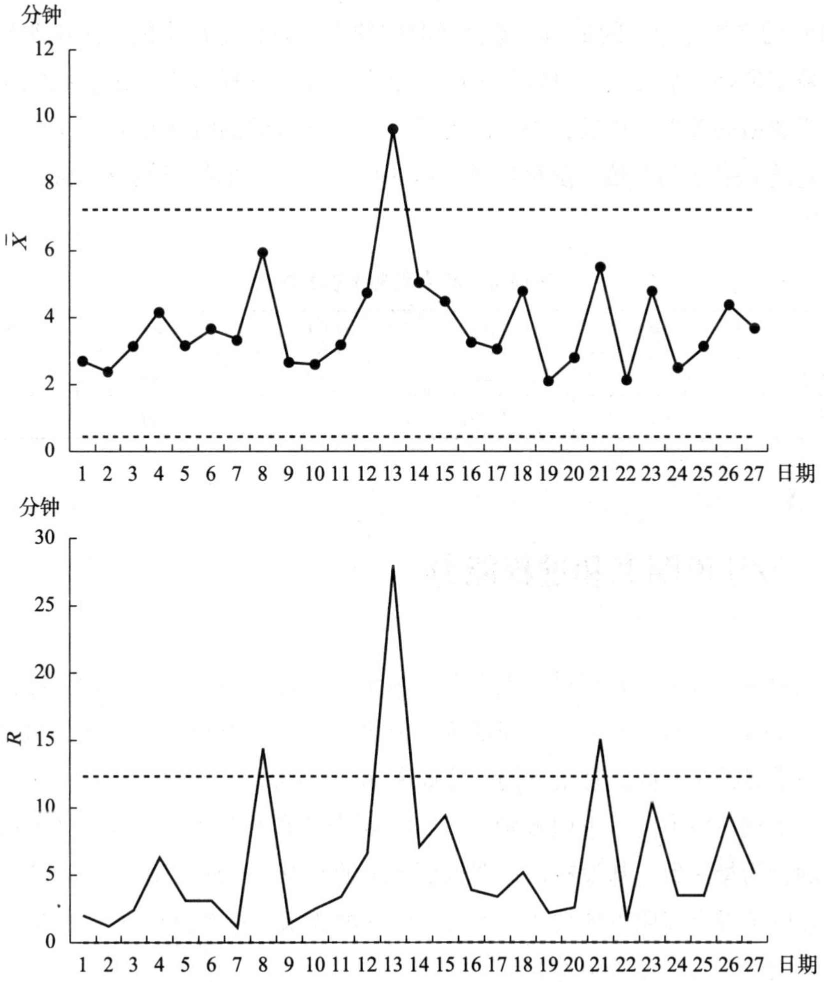

图 12.6　呼叫中心控制图

正如在图 12.6 中看到的那样，呼叫持续时间长短不等，这使得了平均样本的极差较大，从 R 图中可以看到上限和下限的间隔很大（图 12.6 的下半部分）。在第 13 天，$\overline{X}$激增到 9.62（图 12.6 的上半部分），高于上限，这说明那一天的呼叫持续时间脱离了控制。*R* 图还显示出，在这个流程中，还有其他两天出现了不正常的变化。

回到表 12.3 的数据，可以看到这个特别大的均值是由一个几乎持续半小时的电话引起的。虽然是由一个样本观测值引起的这种结果，但是可以以 99.7%的置信度来判断，这么长时间的呼叫不仅是“坏运气”，还反映了流程中的基本问题，因此需要进一步调查研究。

在这个例子中，管理层发现很多电话的呼叫持续时间较长，是因为一名客户服务代表接听不同类型的电话。但是进一步的数据表明，即使接听同一类型电话，其持续时间也有很大的变异性（见表 12.4）。由于所有的呼叫都是同一个类型，所以呼叫持续时间的不同可以完全归因于客户服务代表。表 12.4 显示了客户服务代表 1（CSR 1）的平均呼叫时间最短，她接听时间的标准差也是最小的，这说明她对呼叫时间的控制最好。事实上，对她接听电话录音的随机抽样调查显示，她完全遵守了相应呼叫类型的准则。相反，CSR 3 接听同样类型电话的时间是 CSR 1 的 3 倍，她的标准差是 CSR 1 的 7 倍。随机抽样 CSR 3 的录音，她的接听缺乏一致性，大大偏离了准则。

表 12.4　客户服务代表的对比

	CR1	CR2	CR3	CR4	CR5
均值	2.95	3.23	7.63	3.08	4.26
标准差	0.96	2.36	7.33	1.87	4.41

12.8　设计说明书和过程能力

截至目前，我们一直在讨论流程在什么情况下是受控制的。然而，即使一个流程被控制得很好，有时候也不能满足客户或供应链下游对质量的要求，出现这种情况的原因是对控制区间的理解不同。比如考虑钢板的厚度，我们根据过去 20 天的数据得出一个钢板厚度的上下限分别为 6.21744 毫米和 5.73256 毫米，这个结果只是与过去的行为相一致，却没有设计图纸所要求的 5.50~6.50 毫米的任何信息。

设计图纸或者说明书体现了顾客对一致性的要求。一个设计说明书应该包括：

- 一个目标值（6.000 毫米）。
- 一个容许水平，描述客户可接受目标值的浮动范围（5.650~6.250 毫米）。

设计说明书由流程下游或者终端顾客的要求决定，如果控制上下限是由过去的数据得出的，就不难理解为什么流程看起来是可控的，却没有能力提供顾客要求的容许水平。反过来说，如果一个流程的产出结果不但符合设计说明书的要求，而且数据显示该流程在控制之中，那么这个流程就很好。

我们如何知道流程是否有能力满足设计说明书的容许水平呢？这依赖于：

- 设计说明书要求的严格性。可以量化为容许水平上限（upper specification level，USL）到容许水平下限（lower specification level，LSL）的距离。
- 根据 R 估计当前流程发生变异性的大小。对于一些小产能样本来说，可以通过下面的公式将 R 转化成标准差的估计值：

$$\hat{\sigma}=\bar{R}/d_2$$

式中，$\hat{\sigma}$是标准差的估计值；d_2的数值可以由表 12.2 得到。对于前面钢板厚度的例子，我们有

$$\hat{\sigma}=\bar{R}/d_2=\frac{0.418}{2.326}=0.17971$$

注意，用传统的统计学方法依然可以估计标准差。

因此，为了提高流程满足给定设计说明书要求的能力，需要提高容许水平，或者减少流程中的变异性。我们可以将这两个方面结合为一个指标，这个指标经常被称为过程能力指数（process capability index）：

$$C_p=\frac{USL-LSL}{6\hat{\sigma}}$$

过程能力指数（C_p）被用来衡量流程对实际变异性的容许能力。图 12.7 给出了不同设计说明书中的不同C_p值。正如我们看到的，图 12.7 下方的变异性（σ_B）小的流程，产出次品（高于 USL 或者低于 LSL）的可能性也小。

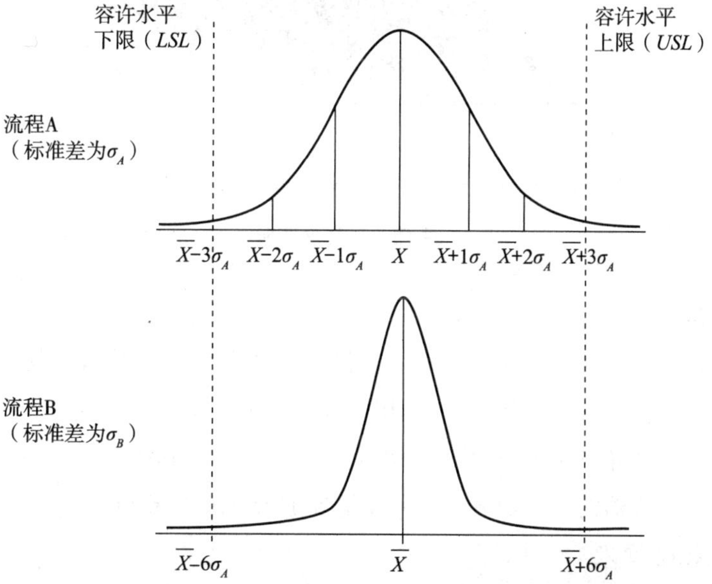

图 12.7　不同设计说明书中的不同 C_p 值

对于钢板厚度的例子，计算该过程能力指数如下：

$$C_p=\frac{USL-LSL}{6\hat{\sigma}}=\frac{6.50-5.50}{6\times 0.17971}=0.93$$

当$C_p=1$时，流程以99.7%的可能性满足质量要求。换句话说，该流程每生产10000单位产品，就会有28个次品。

一般来说，质量专家认为，过程能力指数应该至少为1.33。然而，摩托罗拉公司在实施六西格玛管理时，要求流程中的每一步都要保证其过程能力指数为2.0。在统计学上，这相当于USL为$\overline{X}+6\sigma$，LSL为$\overline{X}-6\sigma$，这就是六西格玛的含义。

12.9 红珠实验

怎么了解制造过程的质量水平呢？我们来看一个有趣的红珠实验（见图12.8），该实验由日本“质量管理之父”戴明博士设计。

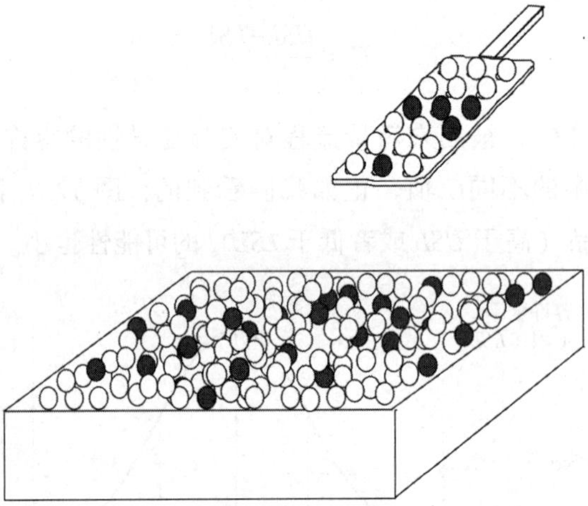

图12.8 红珠实验

基本要求：

◆ 选用4000粒直径3毫米的木珠，代表生产系统中的进料，其中红珠占20%（800粒），白珠占80%（3200粒）。用一个有50个孔的平板勺子盛起50粒木珠（代表工作量），共有3种勺子可选。两个长方形容器，其中一个可以放入另一个中（以节省空间）。容器的尺寸如下：①大容器20厘米×16厘米×8厘米；②小容器19厘米×13.5厘米×6厘米。

◆ 模拟企业生产流程，以适应顾客的需求。假设顾客需要的是白珠（正品），不接受红珠（次品）。

◆ 首先确定员工。由于领班的角色比较特殊，在实验中代表管理层介入生产的控制，所以由主持人担任。然后挑选 6 位实验者充当操作员，他们的职责是每次从 2000 粒珠子中取出 50 粒，每次管理者按各人产出的红珠数来考核绩效。最后挑选 2 位检验员，他们的职责是每次从操作员取出的珠子中点取红珠数，并记录。

◆ 管理者按各人的正确率考核绩效；1 位检验长，他的职责是比较检验员统计结果，宣布正确结果。

操作步骤：

（1）混合进料：将珠子搅匀并倒入小容器，再倒回大容器。

（2）“产出”珠子：操作员用勺子捞取珠子，每个孔内都要有珠子。

（3）检验：操作员将“结果”带给一号检验员，由他检视“成果”并登记结果，操作员再将结果交由二号检验员，检视登记。

（4）检验长比较检验员记录，并公布正确结果。

上述基本步骤只是代表了一位操作员一天的工作过程，而实验挑选了 6 位操作员，模拟 4 个工作日的生产情况。

◆ 上述操作步骤在一天中要重复 6 次，实验一共重复 24 次。6 位操作员都操作一次称为一轮。

◆ 领班代表管理层，可以使用传统管理方法中的任何手段，从评选最佳员工、宣布“零缺陷日”到警告，甚至开除员工。

表 12.5 是某次实验结果，6 个工人每天产出的代表次品的红珠数量时高时低，这让管理人员怎么办呢？面对这种情况，我们需要用科学的方法，在看似杂乱无章的数字中寻找可能存在的规律。

表 12.5 红珠实验结果统计

单位：粒

名字	每位作业人员每天取 50 粒珠子，其中的红珠数量				总和
	第 1 天	第 2 天	第 3 天	第 4 天	
工人 1	14	10	9	10	43
工人 2	17	5	8	5	35
工人 3	11	6	5	9	31
工人 4	8	8	9	6	31
工人 5	12	11	12	8	43
工人 6	9	11	7	10	37
总和	71	51	50	48	220
平均	11.8	8.5	8.3	8.0	9.2

首先，6 个工人做 4 天工作所捞取红珠的总数为 220 粒，用 220 除以捞取红珠的总次数，就得出每人每天的平均数。

$$\frac{220}{6\times4}\approx9.2$$

其次，计算每人每天捞到红珠的平均比例，即捞到的珠子里，红珠所占的比例：

$$\frac{220}{6\times4\times50}\approx0.18$$

根据这些数字，我们可以算出达到99.7%合格率的控制上限和控制下限。

查标准正态分布表，99.7%的质量水平对应左右各3个标准差的区间，红珠均值为9.2粒，红珠概率为0.18，所以控制上限：

$$0.18+3\sqrt{\frac{0.18\times(1-0.18)}{50}}=0.342$$

$$0.342\times50=17.1$$

控制下限：

$$0.18-3\sqrt{\frac{0.18\times(1-0.18)}{50}}=0.018$$

$$0.018\times50=0.9$$

如图12.9所示，没有人超越上限17.1粒。6个人共试了24次，每次都在控制范围之内。所谓正常状态，就是变动的范围存在一定的稳定性。换句话说，每次红珠的数目都在我们计算的控制上限与下限之间波动，不会超出界限。

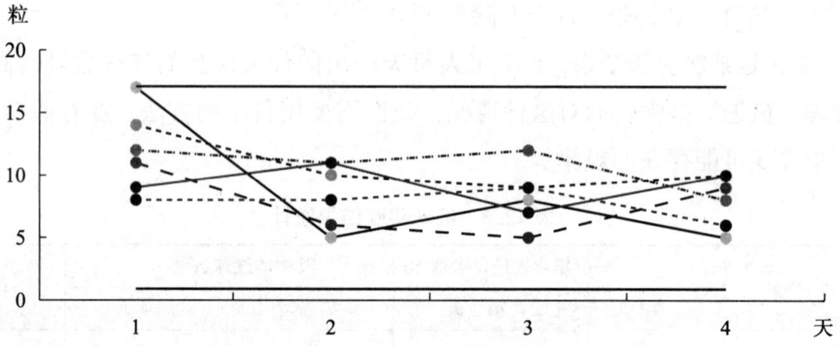

图12.9 红珠实验情况

平均值按理说应该为10，因为盒中有20%是红珠，然而我们看到的平均值不是10，而是还要低些。既然如此，必定有某些变数影响整个过程。比如，珠子的颜色有红有白，它们的大小不完全相同，甚至个个不同。另外，勺子也很重要，比如1号勺子平均每次可捞到11.3粒红珠，这是实验100次以上得到的数值。2号勺子平均可捞到9.6粒，3号勺子可能捞到9.4粒或9.2粒。

红珠实验说明：

◆ 变动是过程的一部分。

◆ 进行计划前，必须先预测事物未来可能的表现，但任何过去的实验成绩即使有些价值，也无法确定未来。

◆ 员工无法控制捞取红珠的数量，因此都在自己控制不了的系统中工作。虽然员工努力尝试，但决定成绩的仍然是“系统”（容器中的红珠数量、珠子间的差异和勺子的特征）而非“个人技能”（员工捞取珠子的姿势等个人因素）。

◆ 唯有管理层才能改变系统。在企业中往往只有管理层能够改变“系统”，即珠子的特征、红珠数目等。

◆ 因为员工在不能控制的系统中工作，所以总是存在某些员工的表现在水准之上，某些在水准之下。

戴明博士保证，任何人只要看过一眼，就永远忘不了这个简单而“愚蠢”的实验。

戴明的实验结果告诉我们什么呢？无论工人多么努力，都不可能不产出红珠，且每次产出的红珠数量具有一定的稳定性，均被控制在一定范围内。这个范围往往不是由工人决定的，而是由系统决定的，比如红珠的数量、红珠和白珠的大小，以及勺子的设计。

那么如何尽可能地减少红珠的产出呢？或许应该把所有的红珠剔除出去，这样就万事大吉了。但是，恐怕没有企业能够保证不产出有质量问题的产品，红珠肯定会存在的，我们只是希望把红珠减少到一个可以接受的水平。

比如，顾客希望每次接收到的产品中，50 粒珠子中红珠数量不超过 4 粒。我们来看看上面的实验系统能多大限度地满足顾客的要求。我们用下面的公式表示实验系统满足顾客需求的能力，并称之为流程能力指数。

$$\text{流程能力指数}=\frac{\text{顾客要求}}{\text{流程能力}}=\frac{\text{顾客要求(上限-下限)}}{\text{流程能力(上限-下限)}}$$

因此，实验系统的流程能力指数：

$$\text{流程能力指数}=\frac{4}{17.1-0.9}=0.25$$

根据统计学知识，如果流程能力指数等于 1，就说流程达到三西格玛的质量管理水平，即 1000 件产品中只有 3 件次品；如果流程能力指数等于 2，就说流程达到六西格玛的质量管理水平，即 1 亿件产品中只有 2 件次品。也就是说，流程能力指数越大越好。从上面的公式来看，如果要使流程能力指数变大，在分数线之上顾客需求很苛刻的条件下，唯一的办法是减小分母，也就是要缩小流程变化上下限之间的差距，差距越小，说明流程变化越小。因此，最终就是要减小流程的变化。摩托罗拉、通用电气及其他注重质量的公司都采用六西格玛的质量管理标准。

回到前面关于红珠实验的例子，当顾客希望红珠的数量不超过 4 粒时，现在的流程能力指数为 0. 25。如果要达到六西格玛的质量水平，那么流程的变化应该是多少呢？

$$\text{流程能力指数}=\frac{4}{\text{流程变异性}}=2$$

因此，流程变异性等于2。而前面看到的满足99.7%，即三西格玛的变化范围：

$$17.1-0.9=16.2$$

2与16.2比较起来就要小得多了，由此可见，六西格玛的质量水平多么高。

可能你也听说过六西格玛的质量管理，但你听说的是达到六西格玛的质量管理水平意味着100万件产品中只有4件次品，这和1亿件产品中只有2件次品相去甚远。这是由于均值变动做出的调整。如同戴明的红珠实验，红珠产出的平均数不会是10粒，而是因为各种情况偏离10粒。事实上，摩托罗拉允许均值可以在中间位置偏离±1.5西格玛。如果允许这种变动，一个六西格玛流程的质量水平，将达到每百万单位中平均有3.4件次品。表12.6中，允许1.5西格玛的变动，给出了西格玛指标值、流程能力指数及次品数的对应关系。

表12.6　西格玛指标值、流程能力指数、次品数的对应关系

西格玛指标值	3	4	5	6
流程能力指数	1	1.33	1.677	2
次品数（每百万）	66810	6210	233	3.4

为什么我们要坚持六西格玛标准呢？众所周知，即使单位零件（或加工步骤）具有极高的质量要求，但要求其所有的零件（或加工步骤）都能够正常运转的可能性仍然很低。例如，如果一件产品包括100个零件，并且每个零件都有99%的可靠性，那么产品能够正常使用的概率仅为0.366，即36.6%。

要达到六西格玛的质量水平，就要减小流程的变异性，这就需要我们采取前面学习过的各种方法。应用5S做好基础性工作，应用看板限制库存把问题暴露出来，应用丰田规则暴露产生变异性的各种问题然后消灭它们，从而消除变异性。应用自働化方法及时发现问题并解决问题，然后坚持持续改进。学习乌龟法则的精髓，创造性地应用在流程管理中，减少流程变异性。

思考题

1. 为什么质量难以定义？请你为选择的特定操作提供自己的定义。

2. 给出良好的内在品质促进良好的外在品质的3条主要途径。

3. 使用以下质量成本定义：

质量成本是指在制造或服务方面的支出超过产品制造或服务提供所产生的支出。

确定以下每种质量问题的相关成本：

a）具有单一产品系列的流水线，在任何工位检测到的缺陷都是废品。

b）具有单一产品系列的流水线，在任何工位检测到的缺陷都需通过流水线的一部分返工。

c）一种切割机，在生产过程中钻头断裂会损坏零件并使机器停机修理。

d）厨房炉灶用的钢制烧嘴涂有一层瓷质，在野外使用一段时间后就会裂开。

e）一种小型货车用来支撑掀背车的弹簧容易发生故障。

f）新车和轻型卡车中的一种廉价电池，在保修期为12个月的情况下，大约18个月后就会失效。

4. 对于以下每一个例子，你认为成本会随着质量的提高而增加还是减少？说明你的理由。

a）汽车制造商通过在新车上安装更昂贵的电池来延长电池的预期寿命。

b）出版商通过指派额外的校对员来减少新出版书籍中的错误。

c）轧钢厂通过安装更复杂的监控系统（即测量化学镀液中不同点的温度、pH等）来提高镀锌过程的一致性。

d）一家高压开关制造商在认证了金属铸件的供应商后，取消了对其质量的检查。

e）汽车制造商在保修期结束后修理明显的缺陷（如有缺陷的油漆）。

5. 为什么六西格玛假设一个过程从规范间隔的中点偏移了1.5西格玛？这对六西格玛所暗示的质量水平有什么影响？

6. 六西格玛中的缺陷率定义为缺陷数量除以产生缺陷的机会数量。

a）一些从业者将机会的数量定义为检查和（或）测试的数量。为什么这不是确定缺陷率的有效方法？（提示：最好的制造商往往很少进行测试和检验。）

b）另一个质量思想流派将机会定义为附加值转变，即产品或服务在流程中发生了变化，这种变化对客户很重要（如果一个步骤消除了前一个步骤的划痕，则不计算在内），并且只有首次操作才计算在内（返工步骤不是机会）。这将导致一个比以前定义更可靠的测量缺陷率吗？一个不道德的从业者应如何操纵机会的计算，使缺陷率看起来比实际情况更好？

7. 在生产线上，缩短安装时间对质量有什么影响？

8. 如何提高内部质量使生产系统的调度更容易呢？

9. 为什么随着工作循环长度的增加，返工的操作后果变得更加严重？

10. 为什么在生产线上尽早发现质量问题很重要？

11. 在比萨的生产中，以下4个变量中的哪个不是输入变量？

a）为比萨准备的面团量。

b）烤箱温度。

c）比萨上奶酪的类型。

d）客户将比萨放在冰箱中的时间。

12. 为提高公司产品质量，一位新上任的质量工程师被老板告知，要增加其主要产品的工艺能力指数。这位工程师决定简单地增加规格上限，并降低规格下限。

选择正确的句子：

a）流程能力指数不会增加，因为流程的变异性没有变化。

b）过程能力指数不会增加，因为过程能力指数只会在控制上下限发生变化的情况下才会改变。

c）流程能力指数确实增加了，尽管人们可能会质疑基础流程是否真的更好。

d）工艺能力指数确实增加了，这就是工艺质量降低的原因。

e）需要更多数据来回答这个问题。

13. 瓶子灌装的精密加工工艺的宽度下限为 0.99 毫米，宽度上限为 1.01 毫米，标准偏差为 0.005 毫米，平均值为 1 毫米。

a）瓶子灌装过程的能力指数是多少？

b）该公司现在希望降低缺陷发生率，并采用六西格玛标准。为了达到该目标，他们将在何种程度上降低标准偏差？

14. 一家玻璃制造商生产圆形眼镜，规格要求直径在 4.96~5.04 厘米之间。制造商通过目前的生产工艺设法生产出了平均直径等于 5 厘米的玻璃，但是仔细检查后发现过程中存在一些变异性，玻璃的直径正态分布，标准偏差等于 0.01 厘米。

a）能力指数（得分）是多少？

b）该过程满足严格的六西格玛标准所允许的最大标准偏差是多少？

15. 一家制造自行车轮胎的公司担心其轮胎的确切宽度。该公司的规格下限为 22.8 毫米，规格上限为 23.2 毫米，标准偏差为 0.25 毫米，平均值为 23 毫米。

a）该流程的流程能力指数是多少？

b）该公司希望降低缺陷率并运行六西格玛过程。为了达到该目标，他们将在何种程度上降低标准偏差？

16. 收集原料后，单个流程单元的制造过程包括 3 个连续步骤：

- 步骤一消耗大量昂贵的油漆。
- 步骤二是瓶颈。
- 步骤三有大量的空闲时间。

每个步骤都有 20%的机会产生缺陷，而原材料有 20%的机会出现缺陷，但是缺陷不能立即被观察到。缺陷会将最终产品的价值降低为零，也就是说，产品即使只有一个缺陷，也是没有价值的，必须丢弃。下列哪个陈述说明单个检查点的位置最好？

a）唯一的检查点应该在步骤 1 之前。

b）如果重点在于节省昂贵涂料的成本，则检查应在步骤 1 之前进行；如果重点在于流速，则检查点应在步骤 2 之前。

c）如果重点在于节省昂贵涂料的成本，则检查应在步骤 2 之前进行；如果重点在于流速，则检查点应在步骤 3 之前。

d）唯一的检查点应该在步骤 3 之前。

17. 一家轧钢厂生产标准厚度为 0. 125 英寸。假设规格限值由 $LSL=0.120$ 和 $USL=0.130$ 给出。根据历史数据，轧机生产的随机板材的实际厚度为正态分布，平均值和标准偏差分别为 $\mu=0.125$，$\sigma=0.0025$。

a）单个钢板的公差下限和上限分别是多少？

b）如果绘制 $n=4$ 样品平均厚度的控制图，控制下限和控制上限分别是多少？

c）鉴于公差上下限和规格上下限的上述值，不合格的百分比是多少？什么是过程能力指数？你认为这个过程能达到它的性能规格吗？

d）假设过程均值突然从 0. 125 移到 0. 1275。过程能力指数和不合格率将发生什么变化？

18. 采购代理要求对直径为 3. 0±0. 018 英寸的阀门垫圈报价。3 家供应商的 SPC 研究表明，他们的过程处于统计控制中，产生的测量值正态分布如下：

供应商 1	$\mu=3$ 英寸	$\sigma=0.009$ 英寸
供应商 2	$\mu=3$ 英寸	$\sigma=0.0044$ 英寸
供应商 3	$\mu=2.99$ 英寸	$\sigma=0.003$ 英寸

假设所有供应商都提供相同的价格和交付可靠性/灵活性，那么代理应向哪家供应商购买？解释你的理由。

扫码获取参考答案

第 13 章 防错方法

学习目标

本章虽然没有深奥的理论，却能够帮助人们减少错误，从而减少错误导致的各种后果。学习本章的目的主要是树立防错的意识，并掌握一些防错的方法。

阅读材料

格兰特太太 68 岁，刚做完一次非紧急心脏手术，正在恢复中。上午 8 时 15 分，值班的日班护士发现格兰特太太全身性癫痫发作，于是马上进行急救，抽血送实验室检查，并将她送到放射科进行扫描。癫痫到底是由什么引起的？是检查出的硬块、血栓、漏血，还是其他神经因素？所有检查结果都呈阴性反应，于是格兰特太太又被送回护理站。血液检查报告的结果让待命的急救小组大吃一惊。血糖值低得测不到！格兰特太太几乎没有血糖，她的大脑不停空转，就像一台汽油耗尽的机器一样。紧急静脉注射无效，格兰特太太病情恶化，陷入昏迷。数周后，患者家属决定拔管，放弃维生治疗。这期间究竟发生了什么事呢？

为了医院声望，院方立即展开调查，约谈相关人员，分析和重建事件始末。调查小组首先约谈日班护士，她却一问三不知。当时她刚接班，在发现格兰特太太癫痫发作、呼叫急救小组时，是她第一次接触这名患者。大夜班男护士清晨 6 时 45 分在护理站，听到侦测给药静脉导管的监视器响起一声警告信号，显示血管可能出现阻塞，这是可能危及性命的血栓。因为状况的严重性，他立刻赶到格兰特太太的病房，用针筒抽一剂抗凝血肝素静脉注射。后来，他看格兰特太太安稳地休息了，才转去照顾其他患者。一个半小时后，护理站呼叫急救小组，他才再度看到格兰特太太。

调查一时间陷入僵局，直到有人在清点格兰特太太的病房物品时，问到肝素的空瓶在哪里。空瓶理应在器盒内，所有玻璃瓶、针头和其他危险医疗废物全都置放在这个箱子里，但肝素空瓶不在那儿。这只空瓶可能在急救时被扫掉了。调查小组立刻到其他地方寻找这只瓶子。瓶子是在柜台还是在柜子里？是不是有人把它拿到其他病房？如果是这样的话，就不可能找到了。后来，负责清点的职员发现：垃圾桶里有个多剂量的胰岛素空瓶！格兰特太太的所有处方都没有开胰岛素，而这个空瓶看起来不像是从别的病房拿过来的。现在只剩下一种解释，而且大事不妙！有人开始质问夜班护士："肝素空瓶在哪里？为何这里会有胰岛素空瓶？""我不知道！"他辩解，表明自己的清白无辜。

然后，有人注意到胰岛素和肝素的瓶子，无论是大小、形状还是重量、质地都差不多，两者摸起来的感觉相同，连外观看起来也一模一样，都是装着透明液体的透明玻璃瓶。没错，它们的标签不一样，只是瓶子小，标签更小，上面的字更小。医疗人员能够区分这两个瓶子，但是在紧急状况下，值了一整夜的班，匆忙中要在昏暗的室内分辨二者，恐怕就没有那么简单了。调查小组当下明白了事态严重。应拿一瓶肝素为格兰特太太急救的护士，却因过于仓促误抓了一瓶胰岛素！这两种药放在同一台护理车上，距离只有约46公分。或许是这名护士跑错地方，也或许是有一瓶胰岛素被误放在肝素的位置。药一到手，他就立刻打进点滴管，完全不知道自己尽力照顾的患者，想为她阻挡血栓，反而置她于死地。

你认为谁该为格兰特太太的死负责？夜班护士？因为是他把致命药剂打入点滴注射器的。

问题是，这名护士做错了什么？他听到警告信号，做出正确判断，赶紧进行正确处置，取来他以为是肝素的药。你可以反驳说，他应该一再确认所拿的是正确的药！证据显示，要依赖警觉性和监测，小心翼翼只是避免犯错的下下策。工作人员所肩负的主要职责并不是小心谨慎。飞机制造之所以被投注庞大资金研发设计驾驶舱，就是基于这个道理，要让失误无从发生，不给驾驶员有把推力误认为襟翼，或因过度陡升或陡降导致失速的机会，而能简单、正确地操控飞机。飞机机组人员每次只能连续工作几小时，每周只能工作寥寥数日。反观这次事件中，格兰特太太的护士在一大早赶去为患者急救时，已经值班一整夜，准备交班了，他彼时的精神已经很难保持在最佳状态。在此情况下，请问我们还要求他中断急救，在昏暗中冷静从容地反复确认瓶子吗？真相是，这名护士被骗了！被药品的包装、外观、光线及时机骗了，所以才害死了格兰特太太。

是谁设下了这个陷阱？是药局人员吗？毕竟他们的工作是将药品备妥、包装好，送给护理人员。但是，药局人员也可以辩称自己并未做错事，格兰特太太并非死于药物浓度有误，或药物污染，或贴错标签。护士的所作所为是分内之事，药局人员也做自己该做的事，但格兰特太太却死了。问题的症结在于，系统的每个部门都尽到了各自的职责，但彼此之间的互动却失败了。若从护理人员的立场来看，药局的工作有着重大瑕疵。这家医院似乎缺少一个统筹管理整个药物流程的人，这个流程包括从开处方的医生到核对处方、包装药物的药局，再到最后送药给患者的护士。如果未以一种有效的方式管理整个流程中提供各项服务的功能，这个流程就会出现致命的断层。或许你会质疑，假如这个流程有陷阱的话，岂不是随时都会有人像格兰特太太一样被害死？那么为何没有引起管理部门的重视呢？原因在于人们惯常的变通、补救、权宜行事的思维和方法。

13.1 人们都会犯错误

我们每人都会犯错误，而且犯错误时还意识不到，这是人的天性，并不意味着我们愚蠢或者不负责任。也就是说，即使一个负责任的聪明人也是会犯错误的。在因为错误导致事故的背后，有一个海因里希事故金字塔原则，如图 13.1 所示。这个原则的意思是，通常一个死亡事故背后有 3 万个危险源。

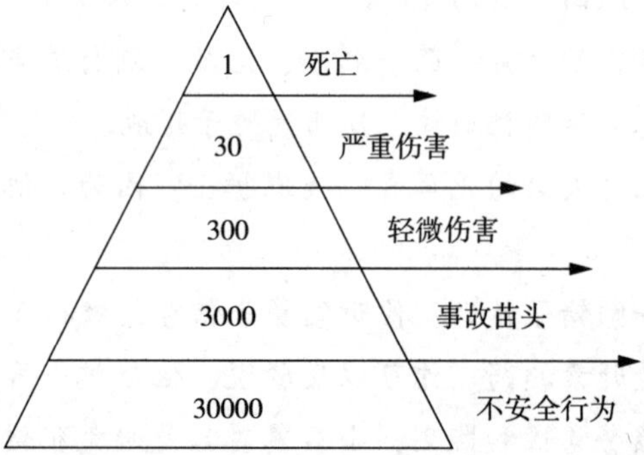

图 13.1 海因里希事故金字塔原则

哈佛大学医生大卫·贝茨针对医疗—管理疏失进行了广泛研究。他和同事发现，每一名死于医疗疏失的患者背后都有 5~10 名患者受到伤害。而每一个医疗伤害都相对有 5~10 起“近乎伤害”，也就是总计 25~100 次“近乎伤害”。而每一个“近乎伤害”都相对有 5~10 个过失和错误，也就是总计 125~1000 个过失和错误。

美国医学会发表的一项研究结果显示，每年入院接受治疗的人当中，有高达 9.8 万人死于医疗管理失当，而治疗期间受到感染的人数，也与这个数字不相上下，这些数字尚不包括急救医疗。按照大卫·贝茨医生的数字逻辑，美国每年约 10 万人的死亡背后，有近 1 亿个过失和错误。可以想见，每个医疗人员每天都可能犯错误。

在很多组织中，因为管理者会对犯错误的员工进行惩罚，所以人们就把这些反映工作流程不当或需要修正的警讯隐瞒下来。惩罚的逻辑就是员工不负责任或者蠢笨。因此，人们通常把故障视为流程的正常杂音，也就是工作中不可避免的干扰。当他们把分内工作完成后，不会想办法多尽一份力，为流程下一环节的人员增加成功的机会，或是降低失败的概率。

13.2 错误发生的原因和防范方法

减少错误的办法不是一味地惩罚，而是要采用科学的方法防止人们犯错误。在防范错误之前，首先要明白产生错误的原因。大多数错误发生于以下 5 种情形：

（1）当进行工艺规划时，采用了不适当的流程或标准。

（2）实际操作不标准，存在过量变动风险。

（3）可能使用了损坏的或者不标准的、变动过大的物料。

（4）磨损的机器零件可能导致缺陷产生。

（5）简单的人为错误。

错误和缺陷不一样，人们可以在错误转变成缺陷之前捕捉到错误，通过控制过程的执行防止缺陷的产生，从而使得机器或操作人员即使发生错误也不会产生缺陷。相比事后追责或单纯警告，系统使用防错装置避免错误变成缺陷更有意义。没有缺陷的生产，意味着可用更少的返工和更少的额外工作制造所需数量的好产品。零缺陷生产能提供质量好、价格低的产品，能够维持公司在客户中的声誉。同样，好的经营可以维护好的职业保障。

13.3 防错的基本思想

防范错误发生的基本思想有两点：第一点就是要减轻工作人员在工作时对错误的判断压力。也就是说，工作人员对发生错误的判断越简单越好，既不需要动脑筋思考，也不需要过于专注就能发现错误。如果需要工作人员动脑筋思考，那么很可能判断错误。如果只有专注才能发现错误，那么稍有疏忽就可能发生错误，而且完全避免疏忽几乎是不可能的。第二点就是增加保险系数。如果所有措施都无法把错误消除或者把错误发生的概率降到最低，那么增加保险系数就是补救的方法。

13.3.1 减轻判断压力

如果一个人需要在 N 种状态中判断一种正确的状态，那么随机判断正确率只有 $1/N$，犯错误的概率就高达 $(N-1)/N$。很显然，N 越大，犯错误的概率越大；N 越小，犯错误的概率越小。理想情况下，如果 $N=1$，那么人就不会犯错误。也就是说，如果要避免犯错误，就要把可能出现的状态变为只有一种，这样不需要人动脑筋判断哪种状态才是正确状态。

比如，人们常见的手机充电线插口有 3 种，如图 13.2 所示。常见的安卓手机充电线插口有两种状态（$N=2$），在插入手机时可能插错，所以人们在插入手机前需要观察判断一下，选择正确的一种。当然，如果插错了，根本就插不进去，错误会立即终止。另外两种插口则不会插错，只有一种状态（$N=1$），不需要观察判断。

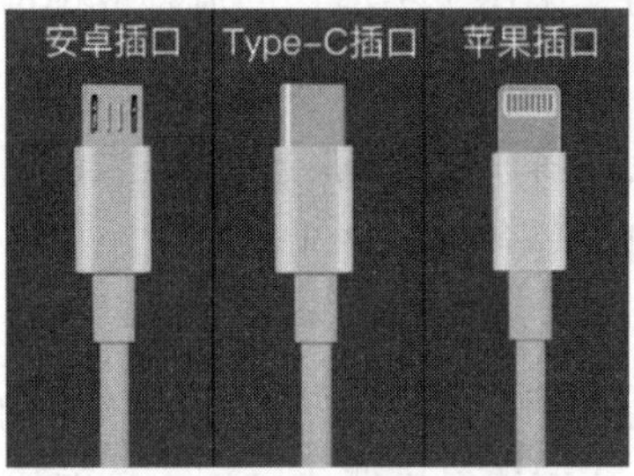

图 13.2 手机充电线插口

13.3.2 增加保险系数：多次检测

即使流程能力指数很大、次品很少，但是如果次品的关键零部件出现问题，导致的损失也可能是巨大的。如心脏瓣膜缺损导致的心脏病突发、汽车刹车突然失灵或飞机机身的焊接突然断裂等突发事件导致人员伤亡。尽管这些事例极少发生，但对于生产商（在法律诉讼和声誉损失方面）、客户（在生命上）和社会来说，都要付出巨大的代价。因此，在一些关键零部件上或者服务过程的一些关键环节把质量水平尽可能提高是非常必要的。那么企业怎么才能做到呢？

想象一下：你要去参加一场重要的考试，很担心考试时笔突然写不出来了，所以要多带几支笔上考场。因为你认为 1 支笔可能出问题，几支笔不会同时出问题。那么你带几支笔合适呢？假设每支笔出问题的可能性是 10%，那么 2 支笔都出问题的可能性是 $0.1\times0.1=0.01$，也就是 1%；3 支笔都出问题的可能性是 $0.1\times0.1\times0.1=0.001$，也就是千分之一；以此类推，4 支笔都出问题的可能性是万分之一，万分之一是不是让你觉得放心了呢？如果笔的质量很好，你则不需要带太多的笔，假如 1 支笔出问题的可能性是万分之一，你带 2 支笔都出问题的可能性就只有亿分之一了。

理解这一点很重要，对于产品中的关键零部件或者服务过程中的关键环节，多次检测以确保质量很有必要。

回想第 4 章关于杰西卡的例子，其中关键的一环是把血型弄错了，杜克大学医院的拉夫·森德曼说："我们没有进行足够的检查。"因为贾格斯之前大概有 20 次忘记了血型列表，而这一流程中涉及的人员都没有进行二次检查，每人都是偶尔检查。假如一个人犯错误的可能性是 1%，也就是 100 名患者中会弄错一个，那么有 3 个不同的人检查同一名患者，结果是什么呢？如图 13. 3 所示。

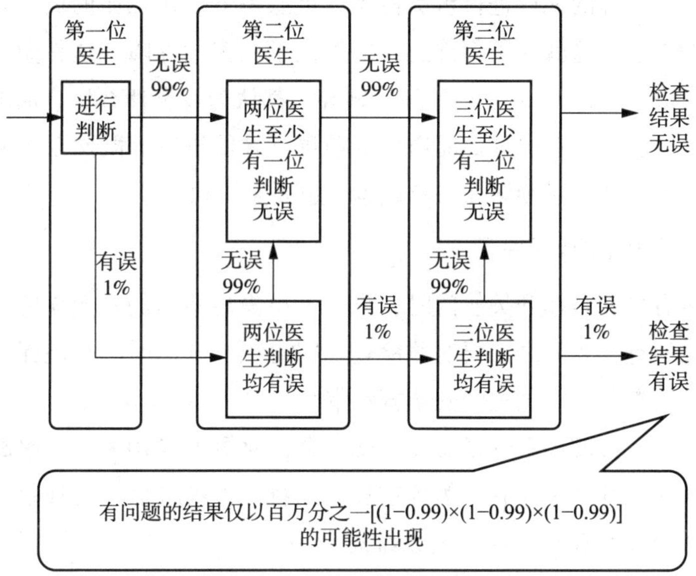

图 13. 3　三次检测示意图

假设在 100 名患者的血型检查中，会弄错一名患者的血型，如果两位医生分别独立检查，那么存在两种可能性：一是这两位医生弄错的不是同一名患者的血型，这样的错误只要对照就能发现并得到纠正；二是这两位医生弄错了同一名患者的血型，即使对照也发现不了，但是这样的可能性仅有万分之一。如果三位医生分别独立检查，那么存在 3 种可能性：一是这三位医生弄错了三名患者的血型；二是这三位医生弄错了两名患者的血型，这样的错误都可以立即发现并得到纠正；三是这三位医生弄错了同一名患者的血型，即使对照也发现不了，但是这样的可能性仅有百万分之一。

北京：护士打错吊瓶致患者离世

8 月 31 日清晨，在天坛医院住院的王先生在换打吊瓶 5 分钟后，手部发紫、眼神呆滞，家属发现后立即通知医院抢救，可惜仅半小时后，王先生经抢救无效死亡。

家属发现，护士给王先生打的吊瓶上写着别人的名字。家属认为，王先生的死和医院的疏忽有关。经过两天的协商，天坛医院和家属达成协议，私下解决此事并给予家属经济补偿。目前，院方医患处承认确系打错吊瓶，但死因是否与吊瓶有关仍需鉴定。

东芝 Ome 公司要求生产中的每个环节都对产品的质量负责任，所以主管将生产监督切实地执行到生产的每个环节，希望在最短的时间内找到问题并解决。公司经统计发现，产品质量不合格主要是因为零部件不合格，而由操作失误引起的概率很小，所以他们采取的方法主要是对零部件进行双重检验。具体做法有两种：一是上一道工序完成后，执行工序的工作人员为下一道工序准备好配件；二是下一道工序的员工对已经准备好的配件进行再次检查。重点是下一道工序的员工必须监督上一道工序完成的质量。这就为零部件的合格提供了更多的保障。这种做法虽然在一定程度上增加了成本，但 Ome 公司的高层领导人都认为没有什么比产品的质量更加重要，成本的减少也必须在保证产品质量的前提下才能进行。既然双重检查确实能提高产品的合格率，即使必须多花一定成本，也要坚决执行。

东航空姐开舱门掉下去了

该空姐极有可能是在开关舱门时，重心不稳失足坠地的。操作舱门时要有两人同时在场交叉检查，开门之前要对照检查开门事项，开门时必须确保一只手拉住机门扶手，开门后立刻拉上黄色的安全警示带。

事故发生后，民航局召开紧急安全视频会，通报了“10·11”事故调查的初步结论。通报认为，管制员违反相关规定盲目指挥，“双岗制”责任落实不到位；管理手段和工作流程都存在问题，要系统思考原因，加以改进。通报还提到，330 机组存在 SOP 问题，观察不周，不遵守规定，关闭了应答机。带飞左副驾驶不知道东航穿越跑道程序，没有交叉检查，也没有互相证实。

2·4 台湾复兴航空客机坠河事件

2015 年 2 月 4 日 10 时 52 分 33 秒，台湾复兴航空 GE235 客机从台北起飞飞往金门。10 时 52 分 38 秒，驾驶舱出现警告声响。10 时 52 分 43 秒，组员提及将一号发动机油门收回。10 时 53 分，组员开始讨论发动机熄火程序。10 时 53 分 6 秒，组员再次提及收回一号发动机油门，确认二号发动机熄火。10 时 53 分 12 秒，驾驶舱出现失速警告声响。10 时 53 分 19 秒，组员提及一号发动机已经顺桨并断油。10 时 53 分 21 秒，驾驶舱再次出现失速警告声响。

该事件共导致 43 人死亡、15 人受伤，其中遇难人员有 28 人为大陆游客，另有 3 名大陆游客受伤。此外，事故波及环东大道上一辆出租车，致 2 人受伤。

根据黑匣子解读内容，失事客机在起飞过程中 2 号发动机失效，机组错误地关闭了 1 号发动机，事后又意识到关错了发动机，试图再启动没有故障的 1 号发动机，但是由于飞机当时依靠有故障的2号发动机，没有足够的动力维持高度和速度，1号发动机未能及时启动，导致飞机在没有动力的状态下最终失速坠毁。

13.4 防错系统

13.4.1 发现问题和错误

发现问题的传统方法有判定检验、信息检验。

1. 判定检验

在判定检验中，员工或机器将产品与标准进行比较，以发现不符合标准的产品，将其判为缺陷。判定检验只能发现缺陷，通常在过程结束或多个操作已经完成之后进行，这意味着发现缺陷在时间上存在固有的延迟。

2. 信息检验

在信息检验中，重点是尽快向产生缺陷的过程报警（或者向操作人员/装配人员报警，或者向机器报警），从而使问题得到纠正。信息检验有以下3种方法。

（1）统计质量控制

统计质量控制（SQC）检验方法是检验加工后的产品样本，以确定是否合格。当在样品中发现问题时，信息被反馈回生产过程以纠正出现的问题，通常要制作一个控制图表跟踪检验过程。SQC比判定检验要好，因为它向过程反馈相关信息。然而，由于SQC依赖样本，而不是检验每一件产品，因此它并不能保证产品百分之百都是好的。并且，尽管已经记录了所检验产品的信息，但是反馈和纠正行动通常比较慢。

（2）连续检验每一件产品

下一个流程的工作人员对传送给他们的产品立即进行检验，发现缺陷之后立即通知前面的人员。

（3）自我检验每一件产品

操作或装配人员完成工作之后检验自己的工作是否存在缺陷，但是自己检验容易遗漏错误。

传统的质量改进循环是计划—做—检验，如图13.4、图13.5所示。对其存在的问题是不提供捕捉错误的方法的，只是在实际缺陷发生之后反馈。防范错误就需要在根源处（错误发生处）进行检验，以及将“做”和“检验”结合起来，从而快速反馈。

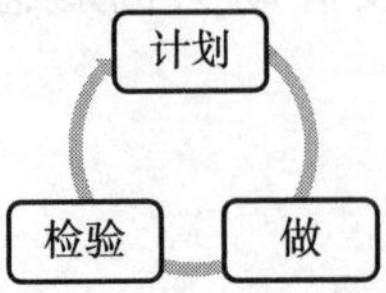

图 13.4　质量改进循环 A

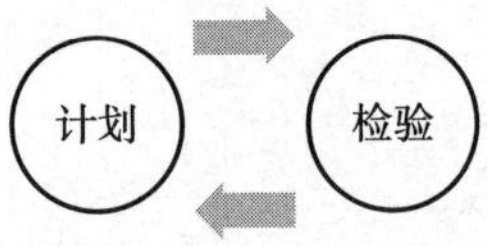

图 13.5　质量改进循环 B

防范错误的方法由以下四个基本要素组成：

根源检验：在“做”和“检验”阶段集成，在加工之前捕捉错误并反馈，以在错误变成缺陷之前捕捉到它们。

100%检验：检验所有产品而不是样本。

短反馈环（或快速反馈）：缩短采取纠正行动的时间，检验由一个系统执行，在错误转变成缺陷之前，用信号告知操作人员错误已经发生，这样使问题立即得到处理。

防错系统：在加工和装配设备上安装传感器以实现检验功能。

13.4.2　四种类型防错法

1. 防止发生的防错法

这是一种从源头上杜绝不良品产生的防错法，主要指的是源流检查。例如，如果有作业失误，零件就无法安装到夹具上；如果有作业失误，机器就不运转。

2. 防止流出的防错法

这是一种不仅能够发现不良品，防止不良品流出，还能使机器停止，防止再产生不良品的防错法，主要指的是依次检查和自主检查。例如，如果在制品中出现不良品，就无法安装到夹具上；如果在制品中出现不良品，机器就不运转；如果忘记加工，下道工序的加工就不能开始。

3. 降低工时的防错法

这是一种旨在降低作业人员工时的防错法。比如，为了能够毫无差错地做好容易出错的工作而设置的装置等。在防止不良品产生的防错法中，也有能够降低工时的方法。

4. 确保安全的防错法

这是一种确保作业人员安全的防错法。在很多工序中，由于一时的疏忽大意会给作业人员带来危险。对这种潜伏着危险的工序，要想方设法改善。

13.4.3　防错级别

如果随心所欲地设置防错装置，或者是花费很大的成本导入防错装置，会导致性价比不高。那些以前从未设置过防错装置的企业在首次导入时，必须合理投入有限的工时，尽早确立生产线整体的品质管理体制。因此，有必要通过明示重要的品质管理工序及其目标等级，使现场人员明白工作的优先顺序及目标。那么按照重要度由高到低的顺序，可以将工序划分为 A、B、C 三个等级。

A 级：出现的品质问题会危及人命的工序。像汽车这种搭载人员的交通工具关乎着生命安全，对威胁人身安全的部分和部位都要最优先确保品质。因此，进行品质管理时，将生产这些部分和部位的工序作为“最重要的品质管理工序”和“重点保证安全工序”放在最优先的位置。

B 级：出现的品质问题会触犯法律法规的工序。如环境问题、问题多发事项、花费大量返工工时的事项等。

C 级：在重要品质管理工序中，不属于 A 级和 B 级的工序。

虽说被统称为“防错法”，但是防错法在功能上是有优劣之分的。尽管都想打造高品质的防错装置，但是事实上却难以实现。正如之前对品质管理工序的等级进行划分一样，在这里也有必要对防错法的等级进行划分。

防止发生的防错法是本身就不会产生不良品的防错法。例如，即使作业人员搞错零件方向想要安装到夹具上也安装不了的方法。防止流出的防错法是在发生不良状况时，能够自动通过限位开关等检测不良品，使机器自动停止的防错法。虽然会产生 1 个不良品，但是当信息指示灯亮起时，能够马上通知作业人员，作业人员发现不良品后能及时阻止其流往下一道工序。为了消除不良，有必要从防止发生和防止流出两个方面进行探讨。当然，应该将重点放在防止发生上，防止流出可作为补充考虑。

对“防止发生”的等级进行划分：

4 级：对应的是那些“工序能力不充分”的工序。具体来说，就是在那些工序进行作业时，需要凭借作业人员的直觉和经验来完成，若非熟练工的话，作业就会出现很大偏差，做完的产品也不能作为良品交出去。在这种状态下是无法导入防错法的。

3 级：指的是基本上排除了工作中凭直觉和经验的因素，标准作业有所整合，具备工序能力的状态。在这种状态下可以考虑导入防错法。

2 级：2 级以上就是防错法的等级划分了。防错法中有一部分被介入人为判断的话，就属于 2 级。

1 级：完全不包含人为判断的防错法是最好的，属于 1 级。

怎样对防止流出进行等级划分？

①级……100%由防错装置做出判断。

②级……防错装置+作业人员一部分的检查和判断。（纳入标准作业）

③级……利用量具插入检查。（纳入标准作业）

④级……通过感觉器官检查。（纳入标准作业）

13.5 具体防错方法

13.5.1 顺序法：一个流

防范错误的生产方式的第一步是按工序顺序配置进行一个流的生产。所谓“一个流的生产方式”，指的是零件或者在制品按照工序的顺序一个一个流动的生产方法。具体来讲，就是将制造装置按照工序顺序（从投入零件到产品完成为止的作业顺序）尽可能相互靠近进行配置（按工序顺序配置）。在第1道工序加工完成的零件马上一个一个地流动至后面的第2道工序。

按工序顺序配置进行一个流的生产，在制品会按照工序顺序地一个一个流动。因此，即使在最终工序发现了不良品，只要一道道工序追溯，花费很少的工时也能找到不良品的产生源头。即使不检查全部产品，也能准确找出不良品的检查方法，就这样确立了。

一个流保证了产品按顺序流动，实际上就是减少了追踪不良品的次数。如果不是一个流，每个工位的产品数量都大于1，比如 n 个工位的产品数量分别是N_1，N_2，…，N_n，由于不是一个流，顺序很容易混乱，那么要追踪某件产品的可能路径就有$N_1 \times N_2 \times \cdots \times N_n$，追踪不良品的工作量将大增。

像这种将不良信息反馈至不良状况发生的工序是基于SQC的指导理论。因为反馈的是信息，所以这种检查方法也叫“信息检查”。由于采取了防止不良状况再次发生的对策，所以不良状况本身也会减少。在进入按工序顺序配置、一个流的生产阶段之后，通过信息检查、抽样检查能够达到近似于全数检查的效果。此外，由于零件在各道工序一个一个地流动，为了能够进行标准作业（为加工、组装而反复进行的规定作业），可以通过目测和量具（测量长度和重量的器具总称）等方式检查，也可以导入防错法。

在丰田汽车公司的加工、组装生产线上，会使用很多钻头和立铣刀等消耗性工具。此类工具每切削一个零件，刀尖就会变细。因此，为了使切削孔径不小于最小规格的直径，要在留有充足余量的前提下更换新的。但是，如果刀尖损耗太大，在之后的加工中，不良品就会连续出现。如果一道工序加工时间是后道工序的 3 倍，就要摆放 3 台设备。同时有 3 条传送带，上面分别流动着 3 台设备上加工完的在制品，并在最后的地方汇合流往后道工序。如果每台自动设备都依次将加工完的在制品直接流入后道工序的话，那么一旦其中一台自动设备发生不良状况，由于传送带上良品与次品混在一起，区分起来就会花费很多的工时。而这也不是我们通常所指的“一个流的生产”。

假设 3 条传送带流出的产品数量分别为N_1、N_2、N_3，那么要从中判断次品的次数就是$N_1+N_2+N_3$。显然N_1、N_2、N_3越大，$N_1+N_2+N_3$越大。

于是，需要在每台设备的搬运传送带末端设置挡板。传送带的长度由抽样检查的间隔和数量决定。一旦在制品堆积到一定程度，作业人员就要对传送带上的最后一个在制品进行检查。经检查，如果是良品的话，就打开挡板让传送带上的在制品全部流往后道工序；如果是不良品的话，就从该不良品的前一个在制品开始，按顺序一个一个地检查，以此锁定最初的不良品。

设置挡板的目的是设置每条传送带上的产品数量上限，比如$\overline{N}_1$、$\overline{N}_2$、$\overline{N}_3$，并且每条传送带上的产品数量达到上限后都需要检查，这样检查的最大数量是$\overline{N}_1+\overline{N}_2+\overline{N}_3$，最小数量是 3。所以，设置挡板的目的是减少判断次数。

13. 5. 2　标准化减少错误

标准化减少了人为判断错误。当作业需要凭借作业人员的直觉和经验才能完成时，就不能称为标准作业。那么，怎样排除作业中凭直觉和经验的因素，推进标准化作业呢？其中一大原则就是要将作业内容细分，分解成所有人都会做的单纯的反复作业，并提取各个要点。

关于检查作业，也要和加工、组装工序一样，除掉一切与作业人员的直觉和经验有关的因素。例如，在检查有无异物混入时，如果只有在熟练工注意到的时候才能去除的话，就要将去除异物的工时也纳入标准作业中。如果是官能检查（依靠作业人员的视觉、听觉及触觉进行的检查），应该做到无论由谁检查都能得出同样的结果。工作时，有些熟练工的听觉和触觉比传感器还要可靠。但是，包含新员工在内，不是所有人都能达到这种水平。因此，像这种凭借作业人员直觉和经验的工作必须减少。

不需要经验就能判断显然减轻了作业人员的判断压力。如果需要经验判断，就说明可能的状态有 $N>1$ 种，要通过标准化让 $N=1$，这样没有经验的也能判断。

由于作业进行了标准化，所以不良状况容易呈现特定的趋势。对于工序能力不充分的工序，必须进行“偏差管理”以消除不良状况。例如，在自动设备上切削零件，试着测量切削后的口径，肯定会出现偏差。如果测量值不在预先设定好的规格范围内，就是不良品。调查切削后的口径偏差，如正态分布、偏态分布等情况。在发生偏差的情况下，有必要进行偏差管理。所谓偏差管理，是指数据以某个值为中心，因为其周围分布不均，所以要找出分布不均的主要原因，缩小偏差并使其控制在允许的范围内，保持稳定的状态。要点在于消除规格偏差和维持工序稳定。

在第 9 章，我们讲到医院手术及航空起飞检查都要执行标准化流程来减少错误。有些没有按照标准程序的作业可能导致人员伤亡。曾经某个电梯出现故障后，物业公司联系签订维修保养协议的机电设备公司派人维修。当天，2 名维修人员抵达现场，发现电梯停在 10 层和 11 层中间，机房钢丝绳有脱槽断股问题，维修人员站在 11 层向电梯轿厢喊话，询问是否有人，未听到应答，便以为轿厢内无人就切断了电源，将电梯原地停止运行，并向物业公司汇报了情况。几天后，当机电设备公司再次对电梯进行维修时，发现电梯内有一具女尸。其死亡的直接原因是电梯维修人员没有打开轿厢检查就切断电源，停电后未确认电梯内是否有人被困。因工作存在严重过失，公安机关已按过失致人死亡的刑事案件立案侦查。

如果维修人员执行标准化操作，电梯里面的情况就一目了然，但是其没有执行标准化操作，电梯里面的情况就存在多种可能性，比如有人、动物等。

13.5.3 自働化

如果我们生病了，应尽快就医，这样才能获得正确的诊断和治疗。不及时就医，拖延治疗，最终可能引发悲剧。如果把企业看成人体，哪里出了问题能及时发现，并及时得到处理，就可以避免出现大问题。

丰田汽车公司创始人丰田佐吉就希望赋予机器设备类似人的“智能”。他要使设备具有“如果出现异常，就立即自动地停止工作，让人将其恢复到正常状态”的功能。大野耐一等丰田汽车公司的管理者按照丰田佐吉的思路，实现了在全公司范围内保证产品高质量的控制手段——自働化。

自働化有两种意义：一种是通常意义上的自动化，表示从手工加工向机械加工的转移。在这种情况下，一按开关设备就自动地运转。但是，一旦发生错误或误操作，机器却不能自动停止。对于这种自动化，如果设备被误操作，就有可能生产大量的不合格品。另一种意义是自律地控制不正常情况，将人类的智慧——判断力赋予机器，在机器上安装能够判断机器作业状况的装置，一旦发生问题，传感器就会感知到异常，自动停止机器设备的运转，也就是“带人字旁的自动化，人性化的自动化”，其意义是“具有人的判断力的自动化”。

关于自动化和自働化的比较如表 13.1 所示。

表 13.1　自动化和自働化的不同

	自动化	自働化
机械停止	只要人不切断开关，就会继续生产	机器感知到异常，根据自身的判断自动停止
生产状况	继续生产不合格产品	不把不合格产品送往下一道工序
解决问题	查找原因的时间滞后，很难把握真正的原因	因为迅速赶到发生问题的现场解决问题，所以很容易把握真正的原因
排除浪费	包含对后道工序的检查在内，产生很多浪费。大多数场合人员不会减少	可以减少人员

“自働化”与“准时生产”被认为是丰田生产方式的两大支柱。准时生产把各道工序间的物流看成河流，持续流动，没有波澜，将其改善为没有时间差、没有浪费的物流。与此相反，自働化把重点放在了“阻止流动”上。一旦出现问题，机器就要停止，机器停止就意味着生产线停止。生产线一旦停止，就应立即赶到发生问题的现场，进行修正。迅速在各道工序内修正，可以防止不合格的产品流向下一道工序和顾客。通过彻底实施改善，可以建立起没有浪费且更加有效的生产体制。

自働化是一种发现生产异常并加以修正的技术。一旦发生异常情况，生产线就停下来，所以不能不立即关注问题、查明原因，并采取不再发生相同异常情况的修正措施。

由于自働化是让机器自行判断异常情况，所以不需要人为判断（$N=1$），当然减轻了人的判断压力。

实施自働化还可以实现降低成本、柔性生产、更加人性化等。如果安装了一出现异常就将全部设备停下来的装置，作业人员及监视设备就没有必要了。因为生产完所需要的零部件设备就停下来，而且生产的零部件又都是合格品，所以通过自働化可以消除过剩的库存，因而准时生产和对需求变化的适应也成为可能。

自働化方法很常见。有一种固定值方法，比如抽水马桶的水箱内设有浮球，水升至某一高度时，浮球推动拉杆，切断水源；电梯超载时，门关不上，电梯不能上下，警告钟鸣起；用电过量时电源开关的保险丝就会熔断，造成断电；点焊机上的喷嘴随着使用而磨损，焊接达到一定数量时需要更换喷嘴，以便达到规定的要求。然而有时候操作人员容易忘记，如控制板使用计数器记录点焊机焊接的数量，当焊接达到临界值时（如 4000），控制板使点焊机停机，并用闪光提醒操作人员更换喷嘴。

还有警示方法，比如汽车提醒乘客系安全带，如果没系就会发出警告声；计算机按错键时也会发出警告声音。

所以自働化的防错系统在异常情况发生时，控制系统使机器停止；报警系统向操作人员发出信号，使得机器停止并解决问题。控制系统不依赖操作人员。

13.5.4 唯一法

防错的基本思想就是要减少人为判断，当需要从多种状态（$N>1$）中判断一种正确的状态时，容易发生判断错误而导致失误的情况。所以把状态唯一化（$N=1$），就是避免失误的最佳方法。

如图 13.6 所示，该操作是将制动器拉索装到夹板上，装配人员首先将夹板安装到一个 U 形夹具中，该 U 形夹具的作用是在向夹板安装拉索时使夹板保持不动。问题是有两种夹板——右侧的和左侧的，这些零件是不能互换的。然而，两种夹板都可以被装到同一个夹具上（$N=2$）。所以，当要求用右侧夹板时，容易装错成左侧夹板。

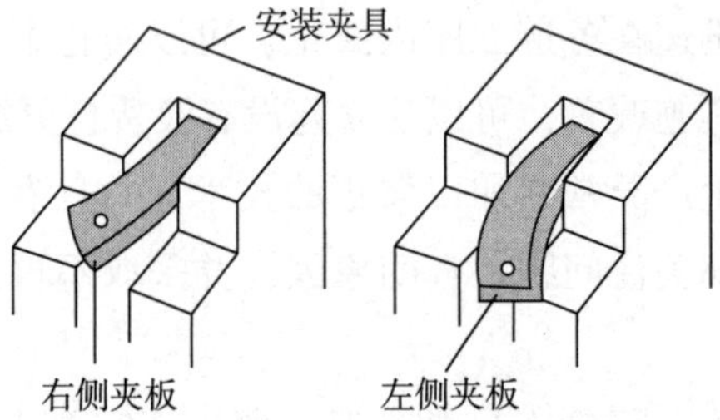

图 13.6 制动器拉索安装

该操作现在使用两种不同的夹具，分别用于右侧夹板和左侧夹板。这些夹具由旧夹具改造而成，在原来的夹具上增加了挡块（见图 13.7），可以防止错误的夹板被装到夹具上（$N=1$）。这种被动的防错装置可以防止对错误夹板的意外加工。

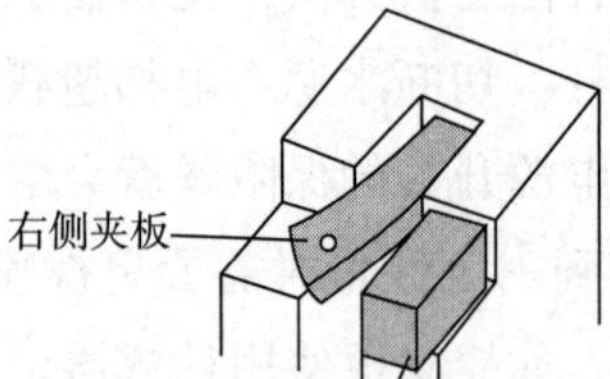

图 13.7 制动器拉索安装改进

常见的防错系统有各种传感器，以及连接到传感器上的其他装置，如闪光灯。比如，零件在压力机上进行成形加工，一端有一个突出的颈部，如图 13.8 所示。加工中对颈部有位置要求，但有时候在加工中颈部的位置会发生错误（$N>1$）。这样就产生了缺陷。

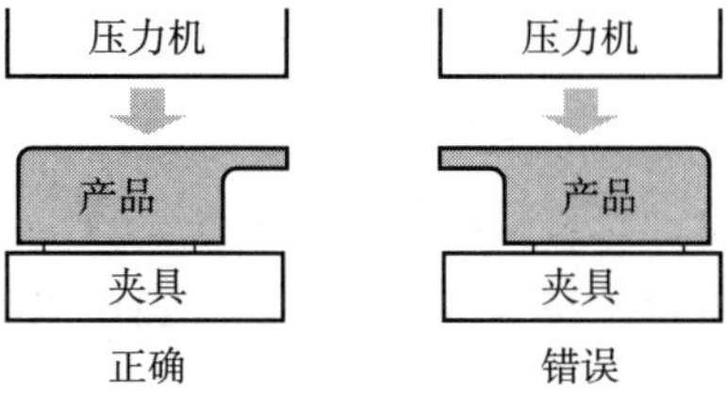

图 13.8　压力机加工零件

在压力机安装工件的夹具上安装一个限位开关，如图 13.9 所示。该开关只有在产品的颈部被安装在应该处于的位置时（$N=1$），才能启动机床。

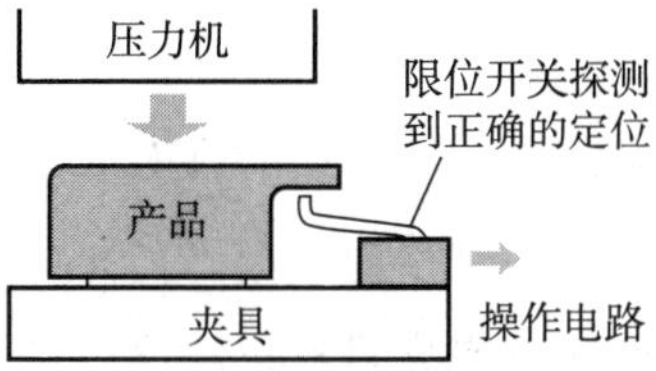

图 13.9　压力机防错装置

测试一种照明器材零件上的焊接头强度，是通过对导线的拉扯进行的。然而，这种测试不可靠，因为不同人的拉力不同（$N>1$），并且有时候人们会忘记进行测试。这两种情形都会使焊接强度不高的零件进入下一个流程。焊接完成后，放入一个夹具，该夹具利用弹簧压紧的钢球使零件保持不动，测试时拉住导线将零件从夹具中拉出。如果在将零件拉出过程中，为了克服弹簧的阻力（$N=1$），导线被从焊接头中拉出，则需要重新焊接导线。

13. 5. 5　区别法

人们在选择物品时正确区分物品很重要，拿错物品会导致错误，甚至造成更严重的后果，比如格兰特太太因护士打错药而死亡的事故。护士之所以拿错药，关键的原因就是肝素和胰岛素瓶子不容易被区分，容易错拿。所以，不同的物品之间容易区分就显得非常重要。比如，人们在写标识牌的时候，文字和标识牌本身的颜色要产生强烈对比。如果文字是深色，比如红、蓝、黑，那么标识牌就应该是浅色，比如白、黄，否则由于距离和光线等因素就不容易看清楚。在汽车装配中，工人可能拿错螺丝，为了让工人容易区分不同的螺丝，可以给螺丝涂上不同的颜色，并放在不同的盒子里区隔开。区别法同样减轻了人们判断的压力。如果判断起来很模糊，就容易犯错（$N>1$）；如果判断起来很清楚（$N=1$），当然就能避免错误。

13.5.6 缓解法

如果错误不能完全避免，就要减轻错误导致的后果。比如，汽车的安全带和气囊，当发生比较强烈的碰撞时，安全带和弹出的气囊可以减轻伤害。

思考题

1. 以戴明的红珠实验为例，员工无法控制自己的表现。在现实世界中，员工的表现是他们能力/努力和随机因素的函数，这个实验与这种情况有什么关系？你能从这个例子中获得什么样的管理见解？

2. 防错的核心思想是什么？

3. 试着记录你一天中平均所犯错误的次数。随机找5天记录，然后平均。

4. 请阅读下面的材料，说明航空公司要求在飞行中驾驶舱内同时有两名机组人员的目的。

2015年3月24日，德国之翼航空公司一架编号为4U9525的空中A320型客机在法国东南部的阿尔卑斯山脉南麓海拔约2000米积雪山区坠毁，机上载有144名乘客和6名机组人员。

黑匣子数据显示，飞行过程中副驾驶员曾多次怂恿机长去上厕所，并在机长离开驾驶舱将驾驶工作交给自己后，趁机反锁驾驶舱，并启动了下降按钮。机长返回后发现无法进入，数次通过对讲系统要求副驾驶员打开舱门，敲击舱门并尝试用脚踢等方法打开舱门，但未成功，没能再次进入驾驶舱。此外，直至飞机撞山坠毁时驾驶舱内都有人的呼吸声，可见副驾驶员活到了最后一刻，他似乎想要故意摧毁客机。

2015年3月26日，副驾驶员故意撞机的消息传出，挪威、加拿大和英国的多家航空公司都开始实施驾驶舱内两名机组人员制度，要求在飞行过程中驾驶舱内必须同时有两名机组人员，以防发生不测事件。

5. 请阅读下面的对话，说明小陈护士这么做能够把错误降低到多少？（假设每一次确认出差错的概率为1%）

当老病号遇到爱“计较”的小陈护士时会发生什么情况？

“小陈护士，把我晚上的药给我吧。”张大爷站在护士办公室门口朝坐在电脑前的护士说。

“好的，您到这边来。”小陈护士起身去给张大爷取药，“爷爷，您是几床的？叫什么名字？”小陈护士问。

“9床。”张大爷回答。

“9床，叫什么名字呢?”小陈护士又问。

“说了是9床，难道还有两个9床吗？快点把药给我吧。”张大爷不耐烦了。

“您是不是叫张××?”小陈护士又问道。

“是，是，是，你这个小护士真啰唆，计较得多，拿个药还问这么多，说了是9床，还要问名字，我叫张××，这下可以把药给我了吧。”张大爷气愤地说。

小陈护士也急红了脸：“爷爷，您先别生气好吗？药我这就给您，但是请您也理解一下我们，核对您的床号、姓名、手腕带一致，我才能放心地把药给您，这是我们的工作程序，也是医院出于对您负责才这样做的。我们这里都是老年患者，有些可能会记错自己的床号，所以只核对您的床号是不行的，我们这样做也是为了大家的安全考虑啊。您就谅解一下我们，可以吗?”

6. 北京奥运会开幕前，西四环定慧桥到西五环晋元庄桥之间的高架桥顺利通车，并且把这一段的公交线路全部挪到了桥上，还设置了一条公交专用道，极大地缓解了东向西方向每天的拥堵状况，这是一件非常值得高兴的事情。为了提醒百姓上桥坐公交车，在路边通向桥上的楼梯边设置了一块牌子，上面写着“桥上设有公交车站”，再后来这块牌子上的字被改成“桥上有公交车站”，去掉了“设”，请问为什么？

7. 南京南站高铁出口的地铁站的标识牌如图所示。牌子本身是1号线和3号线，但有人反映容易看成13号线，请问这个牌子的设置犯了什么错误？请提出你的改正建议。

8. 2017年8月10日，陕西省安康市境内京昆高速公路秦岭1号隧道南口处发生一起大客车碰撞隧道洞口端墙特别重大的道路交通事故，造成36人死亡、13人受伤，直接经济损失3533万余元。事故的直接原因是事故车辆驾驶人王某行经事故

地点时超速行驶、疲劳驾驶，车辆向道路右侧偏离，正面冲撞秦岭 1 号隧道洞口端墙，如下图所示。请问这起事故的发生主要有哪些问题？如何改正？

9. 阅读下面的材料，请问如何避免类似问题？

突尼斯国际航空 1153 号班机错装油表事故。在出事前一天，该架客机做例行维修检查。维修人员发现油量显示器（FQI）出了故障，在更换有关零件时，将同为 ATR 生产的客机——ATR42 上的油量显示器更换到该肇事客机上使用。当驾驶员第二天从突尼斯飞往意大利时，看到 FQI 显示飞机有 3100 公斤燃料，实际上燃料只有 790 公斤。驾驶员以为这趟来回意大利的行程只需再加 465 公斤燃料就够了，补充燃料后却只有 1255 公斤，只够单程前往意大利，但 FQI 显示有 3800 公斤。当飞机抵达意大利并准备返程时，驾驶员在参考了 FQI 的显示剩余油量后（当时 FQI 显示还有 2300 公斤燃料），只要求补充 265 公斤燃料，结果飞机只携带了 570 公斤的燃料起飞，而 FQI 显示有 2700 公斤燃料。当飞机飞至西西里岛北部时，机上两个引擎因燃料用尽而停止运作，而机师并未立即调节至最佳飞行状态及持续尝试重启引擎，导致后来飞机高度不足，无法飞至备降机场，机长只能在海上迫降。结果飞机在海上迫降过程中解体，由于抢救不及时造成 16 人死亡。

10. 企业为各级管理人员设置了审批权限，比如可以批准的款项。假如从高到低是 1、2、3、4 级，越高的级别审批的权限越大，请问这么设置的理由是什么？

11. 在企业中人们总是抱怨财务报销太麻烦，请问人们抱怨得有道理吗？

扫码获取参考答案

第 14 章 持续改进与工匠精神

学习目标

理解持续改进的意义和基本做法，厘清持续改进和工匠精神之间的关系。

14.1　持续改进：3 天发现 50 个问题并解决

杰克·史密斯于 20 世纪 80 年代中期从美国常春藤名校机械工程专业毕业后，参与了一家一流研究所的博士项目，规划的职业生涯类似他的家人：他的父亲，一位常春藤联盟的教授；他的母亲，一位做事井井有条的研究员和生物学博士；他的一个姐姐，从事学术研究。

然而，史密斯渐渐发觉他的热情在别的方面。在中学时，他就对工业问题很感兴趣，特别是一些处于衰退期的公司，因为他曾目睹了爷爷工作过的美国钢铁工业的衰退。于是，史密斯离开了研究所，成为一名为北美三大汽车制造厂商之一工作的制造管理者。在完成几个项目后，他被麻省理工学院（MIT）录取并在 20 世纪 90 年代初被授予了工程学和管理学双硕士学位。

初出茅庐

史密斯从 MIT 毕业后回到先前工作的地方，那里的高级主管队伍正在寻找公司重组的方案，以使公司在竞争日益激烈的市场上立于不败之地。以此为目标，他们以丰田为例开始着手改变新产品的开发过程，尝试使本公司的产品制造与丰田生产模式的工具和方法相一致。公司开始在产品质量、市场份额、专利设计、效益等方面做出巨大的改进，但是仅缩小了和丰田的差距，却无法做得和丰田一样好。

虽然史密斯在装配线方面的经验有限并且有点书生气，但是由于他在某些方面做出了正确预计，很快就引起了高管的注意，成为生产制造部副主管的得力助手。

显示管理才能

1995 年，史密斯被任命管理一家大型汽车装配厂，当时这家装配厂正准备推出一款新车型。尽管史密斯受到了包括 84 位管理人员、工会的领导者和 1800 名工人在内的广泛怀疑，但他还是以真诚和坦率赢得了大多数人的支持，包括那些因为他而失去原来职位的人。在史密斯召开的第一次会议上，他承认了自己年轻没有经验，并且许诺如果失败将在几个月内离开公司。

史密斯牢记学到的丰田管理方法，特别强调改变工作方式的必要性。他教导自己的手下不要因为事情出错而去责怪工人，并且极力说明建立一个防错系统的必要性。为了使员工能够对工作过程进行更多的思考，营造公开透明的氛围，史密斯不止一次召开会议。他将工人分成小组，并指导他们设计标准的工作流程。他也请来外面的顾问，包括很多丰田的职员，以推动精益生产在公司的发展。

他经常去工厂制造车间考察工作是否按照预期进展，同一些工人谈话，并且召开会议征求雇员们的意见，提高士气。一年内，他检查了工厂绝大部分的装配操作，以达到在较低的保修费用条件下提高人因工程和产品质量的目的。工厂逐渐能够满足一些特殊的生产要求，这也提高了产量。不久，史密斯就登上了华尔街杂志，被称作有着高学历、专业技术和高超管理能力的改变美国汽车产业的新一代管理者的代表。

迎接挑战

1996 年 10 月，在担任工厂管理者 11 个月后，史密斯被安排完成一个更加重要的任务，即做一个高利润投资项目的领导者，并且要对整个工作流程自始至终担负直接责任。这个投资是负责开发一款新式发动机体系。除了负责这个项目的产品设计管理工作，他还要着手创建和运营一个年产 40 万台发动机的工厂，工厂的总投资包括研究、开发、修建厂房、购买设备和投放市场等总共需要 5. 25 亿元。史密斯将面对巨大的成本和质量方面的挑战。

史密斯只有很少的产品开发经历，但是高级管理者向他承诺可以提供他认为必要的所有资源。史密斯又一次需要消除这个新的组织对他领导能力的怀疑。不仅如此，他还要尽快将 120 名项目成员整合为一体，其中包括设计工程师、制造工程师、功能分析师等，他们在前期的项目设计中都不习惯一起工作。更令人头疼的是，队伍中几乎有一半人，甚至包括很多制造工程师，都对这家公司不熟悉。于是，史密斯在公开交流、企业文化和相互信任方面做了大量的建设、指导、训练和协调的工作，以使整个公司成为一个整体，朝着正确的目标前进。史密斯后来回忆道：“我们面对的是新的工厂、新的工作方法、新的顾客，甚至是新的国家。所到之处，有很多事情需要我处理。到处都有无尽的挑战，却没有可以借鉴的方法，因为公司以前没有解决过类似的事情。”尽管这样，高层主管后来还是对公司的士气、团队合作精神及生产力非常满意。

加入丰田

2001 年，史密斯从外派的墨西哥工厂回国，他希望为美国本土的制造企业服务。后来丰田与他取得联系，史密斯决定加盟丰田。史密斯说：“我有伟大的事业需要完成，而这家公司对我来说再适合不过。公司评价我很有潜力，并且给我进入管理高层的机会。我从国外回来的时候，意识到自己真正地喜欢上了制造业，并且喜欢在车间工作。但是，我发现当我们把越来越多的汽车生产从美国转移到其他国家（比如墨西哥）时，那些地方的运作能力发展得比美国要快得多，我们将面对巨大的经济压力。我知道那对股东来说是有益的，但是我不喜欢作为生产制造的一部分被移出国外，因为我觉得一个强大的生产制造的基础对美国经济持续发展是至关重要的。我加入了丰田也是因为它不会将它在美国的制造部门移出美国之外。”

在丰田如何起步

2002 年 1 月一个周一的早上，史密斯把车停在肯塔基州厄兰格的丰田北美汽车制造总部，开始了他第一天的工作。史密斯认为他将成为丰田在肯塔基州乔治敦工厂的高级生产管理者之一。

史密斯被大庭挖掘进入丰田，而大庭在丰田待过很长时间，有着相当丰富的实际操作经验，他在丰田的高级操作管理咨询公司（OMCD）工作过很长时间，OMCD 是由大野耐一创建的。大庭同时也是 TPS 的创始人之一，他给丰田杰出的员工提供机会，提升他们解决生产相关问题的能力，并且通过支持丰田和它的供应商来教育其他人也要这么做。

当史密斯来到丰田的时候，大庭刚刚思考过史密斯加入丰田的事情，他在想对于丰田这样一家已经起步并且运作很好的公司来说，能从外部公司引进一个担任重要职位的人实属罕见。尽管丰田曾经从外面引进一些人，但都发生在丰田刚建新工厂、生产规模还不大、发展缓慢的情况下。互相问候之后，大庭向史密斯引见了福永知名，他是大庭的同事，也是一位经验丰富的总经理。大庭解释道，福永知名是史密斯的指导老师，他们将驱车 3 小时去西弗吉尼亚的发动机工厂。在路上，他们将再次讨论史密斯的定位问题，并对丰田和全球汽车产业做一些讨论。

观察丰田生产线

福永知名坚持要求史密斯直接去观察车间流水线 19 道工序上的工人，以发现工作要素内容、顺序、循环周期的细微差别，重新协调工作、减少工作量、提高人因工程的合理性。

从这点出发，史密斯每天和流水线上的工人、小组的队长及领导者一起工作，花大量的时间观察实际工作是如何进行的，并记录下来。比如，谁在什么情况下做了什么工作；信息、原料、服务是如何流动的；一组内不同的工作是如何完成的。每周一和周五他与福永知名会面，将西弗吉尼亚工厂的这些日常工作进行分类。每周一，基于他前一周的观察和记录，史密斯向福永知名介绍自己认为的装配过程的工作情况、流水线的问题，以及解决这些问题的方法；每周五，福永知名重新审查史密斯实际的工作和他所做的实际改动，将这些改动和周一的计划做对比。

6 周做出 25 项改进

史密斯待在西弗吉尼亚的前 6 周，一共做出了 25 项改进，这与他以前的成就相比是微不足道的。比如，一些运货架被重新定型以使操作者能够更舒服地取货，机械手柄被重新定位以缓解操作员腕部疲劳。除此以外，作为小组的领导者，史密斯和其他团队的领导者一起提出了另外 75 项根据流程重新分配工作资源的建议。这些是更加实质的系统改进，需要团队合作来发挥效用。例如，改变一个零件安装的地点需要对原料仓库重新布置，移除一些遮盖物，并对相关的线路和计算机条码进行修改。

做出改进后，史密斯和福永知名在下一个星期研究装配线来考察这些改动是否达到了预期的效果。他们发现生产力和人因工程有了很大的提高，但是可操作性变得比以前差了，如表 14.1 所示。

表 14.1　史密斯笔记

		改进前	改进后
生产力	操作者/人	19	15
	周期/秒	34	33
	总工作时间/每台发动机工作时间/秒	661	495
人因工程学	红色操作/个	7	1
	黄色操作/个	2	2
	绿色操作/个	10	12
可操作性		90%	80%

提高解决方案的操作性

基于这一点，福永知名将史密斯的工作方向从工作方法（主要是操作者的问题）转移到可操作性（主要是机器的问题）上，这又将花去 6 周时间。福永知名让史密斯这位拥有双学位的硕士来看每一台机器，直到它们出现故障，这样史密斯就可以立即研究这个问题。因为操作员可以根据所犯的错误做及时的调整，而机器却不可以。这需要一些时间和耐心，在装配线上这些工作一分钟差不多循环两次，而机器故障出现的频率远小于这个，并且很多问题常常被隐藏在机器内部。

渐渐地，史密斯察觉到引起问题的细微之处。比如，一名工人把齿轮放在夹具里面，然后操作机器把它夹紧。机器的开关很容易被误碰，工人可能在夹具还没有完全排列好的情况下触发开关，这台机器就会出现错误，于是史密斯让维修部门将开关重新定位以减少类似错误的发生。另外，将一个货盘误放进机器也是经常发生的错误，史密斯发现机器上的货盘会发生相对位移，于是他让维修部门将以前的缓冲器换成一个有交叉轮廓的缓冲器。对机器的直接观察及对每一个错误寻根究底的分析和及时地调整使可操作性提高到了 90%，不过还是比既定的 95%的目标要低一点。

丰田经过 3 个月的调整，史密斯在西弗吉尼亚工厂的休息室里准备向福永知名做每周一次的工作汇报。这次讨论集中在可操作性一直未达标的问题上。福永知名问："现在你学到了什么？你还需要学习什么？你还需要我们让你做些什么？"

3 天至少做出 50 项改进

接下来的一个星期，福永知名带史密斯和新雇用的管理者特鲁普到上乡工厂，这家工厂被认为具有一流发动机标准。福永知名曾在这家工厂工作。这家工厂有确定的职工人数和长期的历史，这也是大野耐一为 TPS 做出许多及时而重要贡献的地方。史密斯和特鲁普被通知分别要和一个不会讲英语的机器操作人员一起工作。他们每个人需要在 3 天内分别做出 50 项改进。他们的目的就是减轻每一个职工"过重的负担"——行走、举升和其他无法增加产品价值，但是使工人劳累且延长了工作周期的劳动。

史密斯采用了自己在北美工厂从福永知名那里学到的方法。第一天，他最初 3 小时花在观察操作员上。随着轮班的结束，史密斯已经有了 7 个想法，其中 4 个他已经付诸实施，但是从福永知名那里了解到另外两位团队的领导者也在附近的车间接受同样的训练，并且他们已经分别想出了 28 个和 31 个改进方案。史密斯意识到他第二天最重要的任务是产生大量的想法，和小组其他成员商量去掉一些无关紧要的想法，然后迅速检验剩下的。截至第二天上午 11 点，史密斯已经产生了 25 个想法。福永知名不时来参观一下，首先问史密斯在做什么，然后提供一些指导，比如问："你发现这一点了吗？"或者"你怎么处理那个问题？"史密斯回忆道："在我能给出一个经过深思熟虑的答案之前，他总是让我自己观察和思考。"

史密斯觉得自己的理解能力与解决问题的能力在实践过程中得到了提高，所以在第二天的第二个轮班和第三天的早晨，史密斯就开始处理一些设计问题，而不只是个别工作要素细节。他描述了这样一个例子：有两台带标准尺和货物架的机器，检查其中一台的质量需要 8 个步骤，而另一台需要 24 个步骤。有没有一个较好的方法可以减少所需的步骤和缩短时间呢？他和第二个操作员讨论过解决方法。操作员喜欢这个主意，但是认为如果要实现则需要很多东西。最后，他们找出了付诸实施之前模拟其变化的方法，如表 14.2 所示。

表 14.2　史密斯在车间单元中做出改动的小结

	质量检查			工具改进			其他工作
	走路	取货	其他	走路	取货	其他	
改进个数（个）	8	8	13	7	4	5	5
改进效果	每次检查缩短 20 米行走距离（缩短了 50%）	减少 2 米	移除被绊倒的危险品，合理组织工具，减少混乱带来的危险	每次换工具减少 50 米行走距离	减少 180 厘米	提高人因工程学，提高组织管理，减少混乱带来的危险	移除被绊倒的危险品，简化换油桶的步骤

逻辑

福永知名让史密斯和特鲁普通过向厂长、机械店长和销售主管展示他们的工作来判断工作表现情况。他们需要说明各种改进的相互联系，以及改进后对工作的实质性作用，介绍这些联系的一个方法就是他们 3 天以来的记录。这些记录列出了车间小组的操作、史密斯和特鲁普发现的问题、应对措施、改进后的效果，以及工人的反应。表格有助于更好地描述上述内容（见表 14.3）。“在做介绍的时候”史密斯说，“车间的管理人员、机械店店长以及他们小组的组长都要尝试一下每个小组所说的‘慢’的地方，其中有 2/3 的人都积极地在小组长作报告的时候做笔记，并一直提问题”。

表 14.3　史密斯日志摘录

问题	地点	描述	应对措施	结果	日期	第一班工人	第二班工人
4	6R 站	T/M 换工具时走了 4 米，回测量地点测量	将测量地点移到 5 站和 6 站之间	换工具时节省 4 米	5 月 8 日	好	好
58	货物测量地点	T/M 绕灯杆多走 5 步	将灯杆移走，将测量表移动 45 度	减少 2 步	还未完成	好	好

在离开日本之前，为了让史密斯和特鲁普明白小组领导是如何控制各种改进项目的，福永知名带他们去了几家工厂。在史密斯参观的车间，计划改进项目的组长进行了陈述，解释了他们正在处理的问题、探寻对策的过程，以及这些对策所体现出的结果。史密斯觉得这个组长不仅表达出了改进的结果，而且阐述了获得改进措施的方法，与福永知名指导自己的方法有相似之处。

在发动机车间，组长向史密斯和特鲁普展示一个改善前期维护的项目，关注的焦点是一些危害机器可靠性的问题，而这些问题只有在机器出错的时候才会显现出来。为了解决这些问题，小组领导将几台机器盖打开，使操作者和组长都能够看到和更加清楚地听到机器内部装置的运转。通过这种举措，他们能够更准确更快速地判断出机器何时出了问题。

14.2　运营管理改善的历史

14.2.1　改善的开端是“分工”

亚当·斯密在《国富论》一书中提出了“分工”，他预言充分的分工能够把造针的效率提高 1000 倍。

14.2.2　“互换性”大发明

1798 年，惠特尼运用互换性的原理，通过与以往完全不同的方法，成功制造了步枪。惠特尼的方法是，在不影响使用的情况下，通过给零件的规格留有一定的余地（公差），使生产中无论选用哪个零件都能进行组装。

14.2.3　改善的鼻祖——泰勒和吉尔布雷斯

工业工程的观点诞生于 20 世纪初的美国。当时的两位核心人物，其中一个是泰勒，另一个是吉尔布雷斯。虽然他们的研究方法各异，但都是通过大量的调查结果明确了工作的方法与时间的关系。

泰勒为用铁锹搬运矿石、煤屑、生铁的工作规定了铁锹的形状和重量、作业方法及休息的方法。之后，又将这一研究推广为一般工厂也适用的形式，并将其作为标准作业与标准时间的设定方法确立下来。

吉尔布雷斯创造出垒砖的新方法。在当时，运用最普遍的方法中，搬运和手持的工序过多，因此他设计了无浪费、疲劳轻、工期短的新方法。吉尔布雷斯提出了对工作进行细致分析，将产生附加价值的动作与不产生附加价值的动作进行分类的动作研究的观点。

14.2.4　划时代的批量生产技术——福特制造系统

福特发明的福特制造系统是 20 世纪前半叶的巨大进步。众所周知，福特采用传送带进行流水作业生产的 T 型车，使当时十分昂贵的汽车价格大幅下降，拉开了汽车大众化的序幕。

14.2.5 对“劳动意愿”的研究

今天，人们都知道“干劲、士气”是非常重要的，可是这一认识最初是在1924年美国西部电力公司的霍桑工厂进行霍桑实验过程中得到证实的。当时为了在生产率上有所突破，诞生了各种各样的设想，其中之一就是“照明越亮，生产效率越高”的假说。心理学分析发现，这个实验小组的成员心中有一种很强烈的想法，就是“自己的工作受到了大家关注，所以要加油干”。正是这种心理带来了这样的结果。在进行这一实验之前，谈到提高生产率，大家想到的只有对“劳动方法”的改善，而通过这一实验，大家意识到对“劳动意愿”的关注也是非常必要的。

14.2.6 从控制图到TQC

贝尔实验室的休哈特在工业生产的质量管理中引入了统计学观点，就是现在被广泛运用的、作为“QC七工具”之一的控制图。由于控制图的出现，制造工程的管理被看作将高品质的产品作为一项工程来完成，并且能够制订相应的计划。

戴明和朱兰分别于1950年、1954年来到日本，面向日本的经营者（部长）、管理者（课长）、技术员举办了质量管理的研讨会。在企业努力之下进行质量管理的TQC思想也开始萌芽。全面质量控制被称为TQC，不过如果研究一下实际进行的工作就会发现应该用“管理”这个词更为贴切。因此，现在常用的词是TQM。

14.3 阶段式改进：被动进步

大多数企业会警惕发展中的自满情绪，因此隔一段时间就进行较小的变革，我们把这种短期的变革称作阶段式改进，它是对企业进行局部的改造。阶段式改进是企业普遍采用的改进模式。当企业运营一段时间后，往往会出现一些问题；当问题积累到一定程度时，企业会成立一些项目小组来实施改进，以解决这些问题。或者企业想要学习优秀的标杆企业某些方面的长处，提高竞争能力，就会成立项目小组进行局部改造。阶段式改进有明确的改进目标、实施团队和实施周期，是由领导层决策的自上而下的改进，改进在时间上是间断的，每次改进都要达到一定的目标，相比改进前有明显的改善，因而是跳跃式的。阶段式改进在各个方面的特点如表14.4所示。

表 14.4　阶段式改进的特点

指标	模式	变化	效果	所需时间	幅度	努力方向	参与人员
阶段式改进	局部创新	间断的、非持续的	实施时间短、改变明显	短时间的、阶梯的	变动幅度明显	某一特定问题	项目成员
步骤	实施要求	特点	实施难度	优势	评价标准	发生条件	
项目小组成员努力	较大的投资基本不维护	传统或者新技术	易	适合集中解决突出问题	问题很好地得到解决	标杆学习、局部优化	

阶段式改进是结果导向的改进方式，由高层管理者制定自上而下的解决方案，底层人员则主要负责执行，阶段式改进参与人员一般仅限于某一项目小组成员，与项目外成员联系较为松散，组织结构如图 14.1 所示，其主要目的是解决目前所面临的问题。

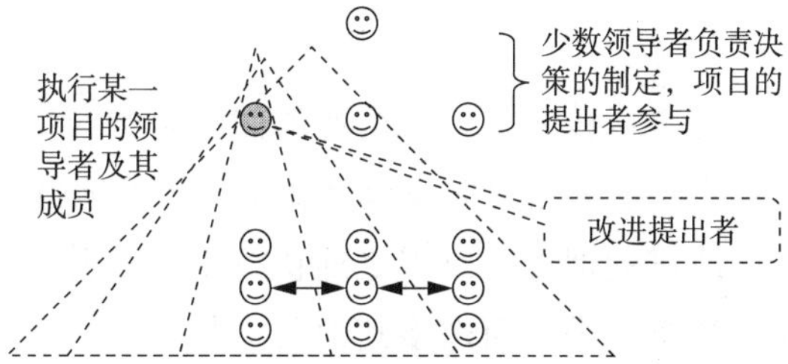

图 14.1　阶段式改进决策制定与成员参与

我们把阶段式改进的优缺点总结如下。

1. 阶段式改进的优点

（1）目标明确，可以集中优势资源解决某一问题。阶段式改进是自上而下的改进，通常是针对某一特定问题提出改进方案，因此目的明确，可以合理地配置企业资源，集中企业优势资源解决某一问题，效率较高，用时较短。

（2）容易实施。阶段式改进是针对某一问题的改进，并且多为局部小范围的改进，容易制定具体的改进流程和步骤，实施性强。

（3）成本较低。阶段式改进不需要实时的和后期的维护成本，实施起来较为容易，且执行时资源利用效率高，因此成本相对较低。

2. 阶段式改进的缺点

（1）对领导者的依赖性强，扩张时容易出现瓶颈。阶段式改进是针对某一特定问题自上而下的改进，其主要目的是解决某个问题，是一个“推式系统”，这对领导者的能力和精力都提出了很高的要求。企业的成功往往不是全部成员范围内的成功，更多的是企业领导者的卓越领导能力带来的个人成功。当企业发展到一定阶段后，领导者将会成为一个瓶颈般的存在。在企业扩大生产规模、建立分厂或者收购兼并其他公司时，会受到领导者资源匮乏的限制。而且部分关键领导者离职后，很难找到另外的人代替，因此持续增长能力将会受到重创。

（2）无法充分挖掘既有资源的潜能。在阶段式改进中，企业领导者视其既有资源是一成不变的，其目的在于解决某一问题而非提升整体员工的素质；员工只是简单地执行管理者的决定，而无法参与到企业的改进中。因此，阶段式改进不能很好地调动员工的积极性，无法充分挖掘企业成员的潜能。

（3）容易出现细微问题的遗漏。由于阶段式改进是自上而下的改进，领导者往往会疏忽很多细微的问题，比如某个工位的合理性、员工工作的舒适性等，而这会潜在地影响工人的生产效率，从而影响整个企业的增长。

14.4 持续改善——主动进步

在企业高速发展或正常运转时，一般企业虽然会警惕自满情绪，但是少有企业能够落实到每天的行动中。这就是每时每刻都要坚持不懈地持续改进的必要性。

丰田公司就将持续改进的理念一以贯之地执行下去，并融入企业文化之中。为什么丰田公司能够做到持续改进，而许多其他公司却做不到呢？丰田公司一名装配工程经理一句朴实无华的话道出了其中的玄机：“一天结束时，如果我能看到有所改变，我的工作能做得更好，流程能得到改进，我就会有一种特别想回来的感觉。”在他看来，尽管持续改进是他每天都要思考的，但他并没有因此感到精疲力竭，反而乐此不疲。很显然，“持续改进”在丰田公司已经成为一种企业文化。

MIT 教授、研究丰田 10 余年的史蒂芬·斯皮尔指出，丰田公司有一套教育员工如何改进流程的程序。它的做法可以概括为：制造汽车—更好地制造汽车—教会每个人如何更好地制造汽车。丰田公司各级领导者的角色不是随时解决问题，而是指导直接下属通过解决问题的流程去解决问题，并在这一过程中做好协调工作。在丰田公司，主管和经理的一大任务是找到更高效的工作方法，以及指导员工改进。

“持续改进之父”今井正明先生（Imai）在其 1986 年出版的《改善：日本企业成功的奥秘》一书中将“持续改进”一词定义为“在个人、家庭、社会及工作生活中持续不断地改进。当应用于工作中时，它意味着从经理到员工的每一个人都参与的持续不断的改进”。持续改进强调渐进的发展，它要求公司全部员工参与，发现问题及时改正，逐渐地形成累积的优势。从战略角度来看，累积的小优势将会带来巨大的进步。

持续改进虽然改进幅度很小，但是需要全体员工共同参与，时刻关注生产过程中的各个方面，并且由于改进幅度小，短期内效果不显著，因此需要一种坚持不懈实施的精神，实施难度也很高。表 14.5 总结了持续改进的特点。

表 14.5　持续改进的特点

指标	持续改进	步骤	集体主义、小组努力、系统方法
模式	维持和改进	实施要求	很小的投资，很大的努力去维护
变化	缓慢的、持续的	特点	传统技术
效果	实施时间长，温和	实施难度	难
所需时间	长时间的、渐进的	优势	更适合低速增长的经济
幅度	变动幅度小	评价标准	更好的流程
努力方向	人	发生条件	坚持的精神
参与人员	每一个人		

持续改进是流程导向的改进方式，是规则的、非阶段性的，通常是由下而上的，工人发现问题、解决问题的改进方式，要求全体员工共同参与，各成员之间联系紧密，领导者主要起引导和辅导作用，其主要目的不是解决某个问题，而是让整个生产流程更加流畅、高效地运行。图 14.2 中的虚线内表示可能参与改进的项目成员。在持续改进中，改进的提出可能是全体员工中的任何一个人，当他在日常生产活动中发现问题后，根据实际问题的需要，决定需要多少人协助解决这一问题，因此改进涉及的人员既可能是员工本人，也可能是公司的全体员工，发现问题的员工在改进中起到核心作用，而领导者则起到引导和辅导的作用。

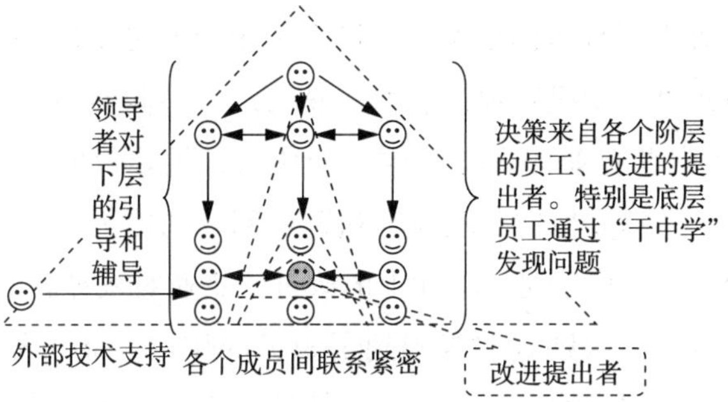

图 14.2　持续改进决策制定与成员参与

我们可以从导向、时间跨度、改进幅度及实施方向四个方面对持续改进和阶段式改进两种改进模式进行对比，如表 14.6 所示。

表 14.6　阶段式改进和持续改进的主要特征对比

特征指标	阶段式改进	持续改进
导向	目的导向	流程导向
时间跨度	间断的、跳跃式的	连续的、渐进式的
改进幅度	较大	较小
实施方向	由上而下	由下而上

我们也可以进一步总结两种改进模式的特点，如图 14.3 所示。

	持续改进	阶段式改进
模式 变化 效果	短期效果差，持续时间长	短期效果好，目标明确，易操作
所需时间 幅度 努力方向	改进预见性差，灵活性强	容易实施
参与人员 步骤	对少数领导者依赖性差，能够挖掘既有产能，增强企业综合素质	对少数领导者依赖性强，无法挖掘既有产能，易出现问题的遗漏
实施要求 特点 实施难度	实施成本较高	实施成本较低

图 14.3　持续改进和阶段式改进特征对比

从图 14.3 所列指标对两种改进模式特征进行比较分析，总结各自的优劣势如下。

1. 持续改进的优势

（1）降低了企业对领导者的依赖性，增强了企业的可复制性。持续改进是全体员工（包括高层管理者、中级管理人员和一般工人）共同参与的、由下而上的“拉式系统”，持续改进强调企业的领导者要充分放权，领导者的责任是引导员工进行主动性的思考和尝试，提高他们发现问题和解决问题的能力。这样企业的进步来源于企业员工的共同努力，由于是由下而上的改进，企业对领导者的依赖性大大降低，这对企业以后扩大规模、收购兼并等起到了积极的作用。而当部分领导者离职后，企业的正常生产不会受到影响。并且，由于持续改进调动了每个员工的积极性，可以解决很多被领导者忽略的问题，进一步提高员工的生产效率。

（2）增加了企业的灵活性，能够对改进进行实时调整。由于改进可能会出现失败的情况，而持续改进作为一种渐进性的改进模式，改进的幅度小、频率高，可以及时地发现问题并做出相应的调整，因此较阶段式改进更加灵活，出现失败时带来的成本损失也较小。

（3）可以充分挖掘企业既有资源的潜力。在持续改进中，企业视其资源是可变的，通过持续的产品和流程的创新来挖掘各种资源的潜力，包括物质资源、人力资源和组织资源，这样可以创造出额外的资源。

（4）能够提高企业的综合素质。由于持续改进是全体参与的、自发的改进，因此有助于提高企业人员的综合素质，综合素质的提高会加速未来企业的进步。

2. 持续改进的难点

（1）短期内难以显著见效。由于持续改进中每次改进的步幅较小，并且往往不是针对某一特定问题的改进，因此短时间内很难达到立竿见影的效果。当企业所处的行业环境出现急剧变化的情况时，持续改进就会显示出应对缓慢的缺点。

（2）持续时间长，维护成本高。持续改进作为一种由下而上的改进方式，需要充分调动全体员工的积极性，在实施中需要一种坚持不懈的精神，所以长期的坚持比较困难。另外，持续改进要求员工不断地进步，需要不断地提高全体员工的能力，费用较高。

持续改进和阶段式改进两种改进模式的各自优劣势对比如表 14.7 所示。

表 14.7　阶段式改进与持续改进优劣势对比

	阶段式改进	持续改进
优势	1. 目标明确； 2. 易操作； 3. 成本低	1. 对领导者依赖性弱，易复制； 2. 增强企业灵活性； 3. 可由既有资源创造出额外潜能； 4. 提高企业综合素质
劣势	1. 对领导者依赖性强，扩张易出现瓶颈； 2. 难以挖掘既有资源的潜能； 3. 易出现遗漏	1. 短期内效果较差； 2. 持续时间长，维护成本高

Imai（1986）提到，帕克森定律指出一个组织一旦成立，如果不采取措施进行维护，就会走下坡路。当一个阶段式改进完成后，如果没有后期的工作，其效果变化如图 14.4 所示。从图中可以看出，随着项目完成后时间的推移，其效果会逐渐变差，其原因一方面是阶段式改进后，会有很多细微的问题需要进一步解决；另一方面，随着外部环境的不断变化，改进成果与外部环境会逐渐地不协调。因此，为了维护和提高这一效果，需要在项目完成后实行持续改进，短时间的持续改进效果和长时间的持续改进中包含阶段式改进项目的效果分别如图 14.5 和图 14.6 所示。

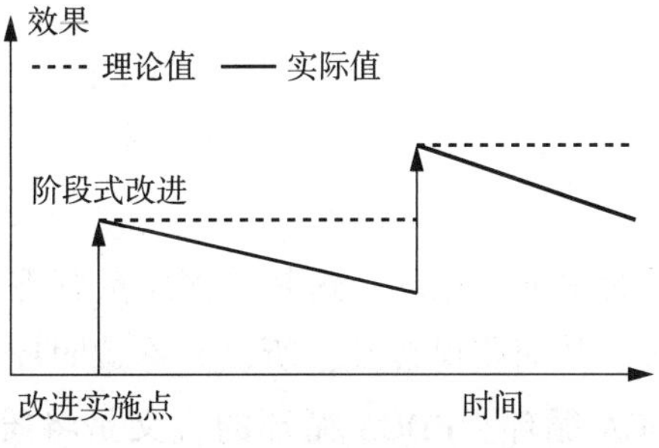

图 14.4　没有后续维护的阶段式改进效果

从图 14.4 至图 14.6 中可以看出，只有持续改进，才能够充分避免阶段式改

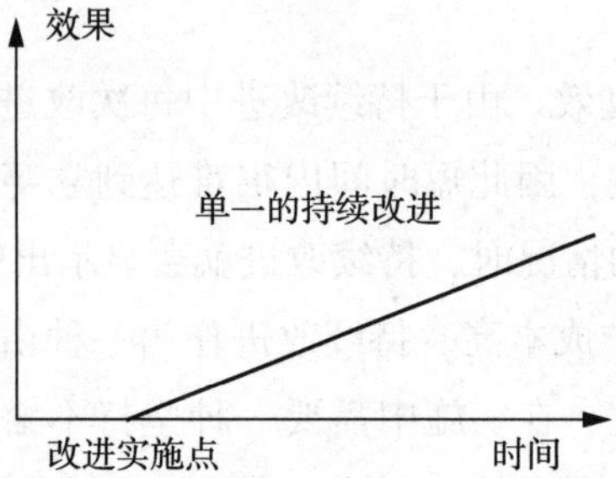

图 14.5　短时间的持续改进效果

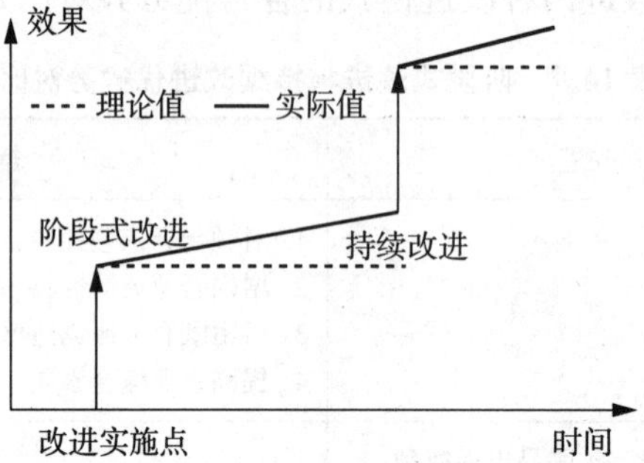

图 14.6　长时间的持续中包含阶段式改进项目的效果图

进后走下坡路的情况，保证企业在平稳的环境中通过持续地改进内部流程，达到提高生产效率的目的。

在成熟的产品市场，由于竞争激烈，要想获得利润就必须降低成本。降低成本的办法不是偷工减料，而是通过持续改善提高企业竞争力。改善并不是什么绝招，只是将问题逐一发现并解决从而推动企业进步。通过持续改善，不但提高了企业竞争力，还为企业长期发展培养了重要的人才。在改善的时候，最基本、最重要的是根据企业目标进行，改善本身只是一种手段，不是目的，改善也是在企业中集思广益。

14.5　P-D-C-A

实施持续改善的方法是 PDCA 循环，这是美国质量管理专家休哈特博士首先提出的，由戴明采纳、宣传，从而获得普及，所以又称戴明环。全面质量管理的思想基础和方法依据就是 PDCA 循环。PDCA 循环的含义是将质量管理分为四个阶段，即计划（Plan）、执行（Do）、检查（Check）、处理（Act）。

14.5.1　P：改善计划

正确把握现状。在理解原理、原则的基础上，通过日常的观察抓住变化，描绘出应有的状态，将问题明确化。为什么（Why）要改善，改善什么（What），到何时（When）为止，由谁（Who）担当，如何（How）进行，还要进行效果预测。

从企业层面来说，改善计划应设定“应达成的目标”。“能达成的目标”只是过去绩效的自然延伸，难度不会高。“应达成的目标”追逐的目标较高，因而必须改变现有工作方法。为了消除大家对目标认识的差异，要尽可能使目标可视化。比如，在很多企业到处可见“提高客户满意度”“客户第一”的口号，但是员工并不清楚究竟要重视哪些具体工作。2003 年，麦当劳从亏损状态变得蒸蒸日上，成功的秘诀就是其清晰地阐释了“绝不让客人等待”的含义：60 秒活动。从点餐到取餐只要 60 秒。在制订计划时必须明确客户对企业的期望是什么，对于企业的销售额和利润而言最重要的业务是什么。把时间用在重要业务上，舍弃非重要业务。通过重组业务结构，把不能算是重要业务的部分舍弃掉。远离非重要业务的 3 种方法：取消真正没有意义的业务，寻找方法缩短内部业务处理时间，把内部业务外包给其他企业。

实际改善要有提案，提案是组织活跃的晴雨表。提案可以把问题意识固定下来，把发生的事情、感到困惑的事情用图表、文字、数字记录下来。可以要求员工在生产制造现场阐述自己的观点，说明某个地方应该如何改进，并将其写在一张 A4 大小的提案纸上交给领导。改善提案制度往往难以实施的原因主要有：水准过高；不接受抄袭，要求独创性；规定每人每年至少提出一件改善提案，绝大多数提案会在年终的时候被集中提出来。因此，改善提案应不追求卓越成果、独创性，模仿也可以，要形成持续改善的风气。

将改善提案制度转变成改善报告制度。这样做的目的不是让员工想出新的构思，而是请员工做一些力所能及的事，比如模仿已经在实施的措施，并对此进行简单的汇报。改善提案报告只需要写明改善前的状态、改善后的状态，以及报告者姓名即可，总共三行左右，非常简单。还可以将改善前和改善后的样子拍成照片，并将其贴在报告文件的相关位置，那样就不需要再写成文字了。

实施改善量重于质，要注重数量。当企业要求提高质量的时候，有些想写改善提案的人就会担心提案内容不够完美，从而感到有压力。结果无论是改善提案件数还是实践次数都会减少。一旦提案件数减少，与其相辅相成的高质量的改善提案就更看不到了。所以要积累数量，在量中总会有质的闪光点。

此外，还要激励员工勇于质疑已有的标准，否则也难以进行改善。

随着企业组织的成长扩大，部门之间的争论会变得越来越显著。比如，产品开发部门的人会指责营销部门，认为营销部门不务正业，没能招揽客户，所以企业业绩差；营销部门则会指责开发部门开发出的产品本身没有水平，才导致业绩差。因此，需要注意的是不要过度扩大应当考虑的问题范畴。营销部门应该直面在同客户接触的过程中发生了什么事情。

14.5.2 D：改善执行

按照计划，迅速地、切实地实施改善。不要等待计划100%完成，而是先从能够做到的部分着手。改善的关键词包括“5S”“7大浪费”“4原则”。

1. 通过5S营造工作现场

改善的基础是通过5S营造没有混乱的工作现场，将“不合理、浪费、不一致”显现出来，促进改善。

2. 发现并彻底消除7个浪费

（1）制造过剩的浪费：不要制造得过多、过早。

（2）空手等待的浪费：是指在周期时间内工作量不足造成反复的空手等待，以及自动化设备的监视作业等没有附加价值的工作。如果机器设备在发生问题时，能够立即停止运转，并通过闪灯或者警报向人们传达信息，就不需要人一直对设备进行监视。

（3）搬运的浪费：只为了改变东西位置而做的搬运是一种浪费。要尝试消除这种搬运作业，降低成本。大的搬运，比如用叉车搬运货盘；小的搬运，比如组装作业中每次伸手取零件。无论是哪种，如果计算总搬运距离，都将是一个巨大的搬运量，因此应该尽可能消灭搬运的浪费。

（4）加工的浪费：时常思考现在的做法是否正确。比如，注意去除毛边之类虽然辛苦却不被顾客认可的工作。这是工作方法、工序组合、作业的编排及机器设备的布局不合理造成的。

（5）库存的浪费：库存不是必要的，要以零库存为目标。因为库存占用资金，所以有必要提高库存周转速度；库存会掩盖问题，不利于改善。

（6）动作的浪费：不仅要让作业者和设备动起来，还要消除不产生附加价值的动作。发现动作浪费的方法就是时间动作研究法。

（7）不良品的浪费：通过设置防误装置、进行作业训练、观察变异状态等方式防止不良品的产生，思考能够制造出优良产品的生产架构。

对效率高与效率低的员工的作业内容进行比较，就可以发现效率低的员工在工作过程中产生的浪费，以及效率高的员工的智慧，从而发现产生浪费的原因。

消除工作负荷和能力上的不一致。负荷不一致指工作的负荷出现偏高、集中或者空白的不一致情况。能力的不一致指工作的处理能力出现偏差、过剩、不足等而带来的不一致。负荷不一致的大多数情况是由外部原因引起的，让不稳定因素均衡化。能力不一致要加强教育培训，培养多能工，并进行适当的配置管理。

3. 动作经济的 4 原则

（1）缩短距离：经常使用的东西要放在手边。

（2）同时使用双手：思考双手都能产生附加价值的工作方法。

（3）减少作业的数量：减少取放之类的无效作业。需要人注意的、小心翼翼的动作也被认为是浪费。

（4）让工作变得轻松：做能让作业者开心的、作业者本位的改善。

通过改善揭示板将改善活动可视化，使员工确实感受到改善效果。在推行改善活动方面，育人更重要。实施者将改善内容简单地写在纸上，并将其张贴在大家都能看到的地方。如此一来，所有与改善相关的信息就能及时传递给所有管理者及员工，达到信息共享的目的。管理者通过纸上记录的改善内容及收集到的书面报告的数量，可以直观地了解到现场作业人员的努力程度、作业问题，以及员工的优秀能力等。对于员工来说，写报告是自我展示的机会，被公司认可可以让他们找到存在感和归属感。此外，通过查看其他部门的改善信息，员工不仅可以把握公司的整体状况，还可以共享他人的努力成果，实现进一步的提升。

从最接近顾客的工序做起。越接近顾客的地方，信息变化就越频繁。在顾客端工作的人，以及上一道工序的人都要参与进来，大家一起尝试改善，一并讨论上一道工序的问题，这样更容易发现真正的问题。公司领导和董事也要参加，可以亲自掌握现场和员工有哪些的问题。此外，负责整体运营的公司领导的视野是最宽广的，看了现场之后，其感觉也会更加敏锐。

有时候会发生无法做到的事情，“做不到”一般有以下 3 种情况：一个人办不到；现在无法马上办到；无法完全办到。也就是说，所谓办不到，不过是以现在的方法和想法办不到而已。接下来，以工厂内的东西都可以改变为前提，试着重新审视一下现场。如果大家一起有计划、一点一滴地去做，就会觉得可以办到。而一旦知道可以办到，就要马上着手改善。即使现在进步很小，持续下去的话，也一定可以达到目的。

14.5.3　C：检查是否符合计划

确认改善是否按照计划进行，若没有按照计划进行，就要了解问题所在，商讨进一步的对策。对于安全和质量问题，要作为必须的重要条件检查。

在实行 PDCA 的时候，要建立和成果直接相关的评价指标，评价从重要业绩指标（KPI）设定开始，KPI 是直接影响企业业绩（包括销售额、利润等）的指标。

在 PDCA 循环管理过程中，可以说 C 阶段能否取得成果完全取决于设定什么样的 KPI。销售额、利润等最终的结果不仅取决于企业内部因素，还取决于外部环境因素，要用结果 KPI 进行管理。但比管理结果 KPI 更重要的是探究影响结果 KPI 的行动 KPI。比如，快餐行业的“从点餐到用餐所花费的时间”是可以进行流程管控的。当然，要把解决客户存在的问题视为目的，把缩短时间视为达成目的所采取的手段。但是，很多企业往往忽视了这一宗旨，把缩短时间目的化了。比如，海底捞就不能把缩短“从点餐到用餐所花费的时间”作为目的。

14.5.4 A：行动

应对已检查过的改善进行标准化及推广。

14.6 最强制造——制造流程的 6 种水平

水平 0：不顾销售量，拥有大量工序内库存的生产。因为有空闲、剩余材料，所以要进行生产。因此，不管东西卖得好不好，所有工序都要做出东西来，结果各个工序满满的都是库存。存放的空间越来越小，搬运工作的负担越来越重，最终必将导致经营恶化。

水平 1（工序内的流动）：流动的入门水平。物料在一道工序内不会停滞，直到其被制造完成为止。由于水平 1 是在工序内部发生的，所以工序间会出现库存。减少完成品库存最好从最接近顾客的组装工序开始，采用单元式生产。

水平 2（工序间的流动）：要将换模的冲压工序和接下来的焊接及组装工序连接起来。如果冲压工序采取的是批量生产方式，就要缩短换模时间，增加换模次数，缩减每次制造的批量，以减少零件的停滞时间。这样零件的流动就会更为顺畅。

水平 3（工厂内的流动）：如果工厂需要制造多种产品，就要创建每种产品的流程，从而根据订单内容让每种产品有独立的生产流程。

水平 4（工厂间的流动）：把顾客的订单一齐发送到生产零件的各个工厂，各个工厂关注产品的整体流动，努力实现同步生产，形成一个合理的产品流程。

水平 5（面向顾客的流动）：能够依照订单内容马上做出成品。

水平 6（一鼓作气的流动）：从无到有，可以依照顾客的订单完成从设计到制造的所有工作，是最高的制造水平。

14.7　工匠精神

高级技工一直是我国装备制造业关键性奇缺人才之一，技工短缺状况在全国具有普遍性，全国的数控机床操作工缺口高达 60 万人。2018 年 3 月 22 日，中共中央办公厅、国务院办公厅印发了《关于提高技术工人待遇的意见》，大力弘扬劳模精神和工匠精神。党的十九届五中全会也提到了工匠精神。关于工匠精神的具体理论研究仍然缺乏，这里仅提供一些具体的例子。

什么是工匠精神？坚持持续改善就体现了工匠精神，也就是说，只要持续地改进自己的工作，就体现了工匠精神。我们来看看大国工匠中体现工匠精神的事例。

14.7.1　技术品牌高喜喜

在西安机电行业，高喜喜就是技术品牌的代名词。从业 25 年来，高喜喜平均每年生产零件上万个，合格率始终保持 100%，在 40 多个国家和地区的 4000 多个变电站内，都能找到他生产的零件。

2006 年，晋东南—南阳—荆门 1100 千伏特高压试验示范工程启动，西开电气承担了荆门变电站 1100 千伏 H-GIS 的研发和供货任务，并与国际电气设备企业 ABB 合作，联合设计、产权共享、合作生产。当时，有一种电阻触头零件原为 ABB 进口件，但在实验过程中稍有不慎就会变形报废，二次进口不仅费用高，而且采购周期长，影响整体进度。临近交付时，零件果然出了问题，重新采购时间紧、成本高，这时高喜喜提出不行就自己造。“老外能干的咱也能干！”高喜喜主动向领导请命，将这个任务承担了下来。但是仔细分析以后，他有点后悔了，“这活真的太难干了”。要加工的零件是不锈钢材质的，里外均呈现圆弧形，其中最薄的地方仅有 2 毫米。在做实验过程中，一旦外力碰撞就会导致变形报废。他用一个月的时间，从绘图到确定加工方案，经过反复试验最终啃下了这块“硬骨头”。而依托项目研发过程中奠定的技术基础，公司随后参与制定了一系列特高压开关设备国家标准，为我国电力设备行业争取到了更多的国际话语权。

2007 年，为了提高生产效率，西开电气对车间加工设备进行升级改造，大量的高精尖数控设备替代了普通车床。在新旧交替的时刻，高喜喜根据车间不同设备的加工特点，主动提出对嵌件类零件的加工方法进行改进，并制定了合理的加工方案，大大提高了加工效率，仅此一项就为车间每年节省工时 2000 小时。

对于车床工来说，攻丝器是机床的一项重要功能，但由于部分机床上没有设置控制它的程序，操作起来很不方便，一个零件需要好几台机器才能加工出来，产品的加工周期被延长。高喜喜完成了对程序的开发和对攻丝器的控制。同时，他将原本只在普通机床上具备的滚花工艺也运用到了数控设备上，使数控机床也能一次完成车削和滚花的工序，彻底完成嵌件类零件的数控加工开发。高喜喜的这一创新，挖掘了数控设备的潜能，解决了嵌件类零件的产能瓶颈，将加工效率提高了 40% 左右。

对于西开电气的车床工来说，技术上的创新主要体现在工装和刀具的设计上。薄壁类动主触头是高压开关设备断路器灭弧室的核心零件，这类零件的壁厚只有 3~5 毫米，加工过程中容易变形，甚至手稍微一使劲就会变形。类动主触头的加工也一直是困扰车间的难题。一开始，这种零件是在普通机床上加工的，因为零件的壁很薄，手的力度可以把握，所以进行人工操作。但是，通过手工方式逐个加工，毫无效率可言。为了让零件在数控机床上也能顺利加工，高喜喜自制了一套工艺装备，把零件套上工装再加工，变形问题得到了有效解决，加工方法被进一步简化，加工效率和零件精度也提高了，并且保证了零件加工质量的一致性。到现在，他设计的这套工装仍被运用于一线生产，并且为今后的零件设计提供了借鉴。2010 年至今，高喜喜自制加工刀具累计 30 余种，涵盖镗孔刀、钻孔延长杆、刀座等，加工零件 1 万余种，为企业节约刀具费用约 6 万元。看起来都是一些不起眼的小工具，但实用性却很高。

对于刚进车间的新人，高喜喜有“传、帮、带”的传统。新人刚进车间，虽然课本上的知识都学习过，但和实际操作之间的差距还是挺大的。他每天会在自己的工作完成之后，在车间观察，大家有什么技术上的问题，他看到后都会及时指出，帮助新人改正。高喜喜希望自己像一个移动硬盘一样，把经验储存住，供大家分享。

从业 25 年来，高喜喜从普通铣工到数控机床操作员，从操作员到技术攻关带头人，从其技术进步、工具发明到零件生产都体现了“超越自我，不断进取”的持续改进思想，因此持续改进是工匠精神的核心。这一点也普遍体现在其他大国工匠身上。

14.7.2 国产盾构“刀手”李刚

“只要肯钻，咱技术工人一样能搞创新研发。”中铁工程装备集团盾构公司电气高级技师李刚自信满满地说。李刚不仅能蒙着眼在上千根电缆、数百个走向、数万个节点中，一口气精确无误地插接百余条线路，而且具有扎实的电气理论基础，参与了国产盾构机电气系统的创新研发。1997 年，原铁道部从德国引进两台盾构机用于西安某隧道工程施工，当时进口一台盾构机需好几个亿。李刚参加拼装调试，但外国人把控得很严，几乎不让参与，他每天的主要任务就是给外国专家拎工具包。李刚一有机会就近距离观察外国专家组装、调试，专家离开后，他就和工友们照着图纸，对着盾构机翻来覆去地研究。2003 年，李刚被调入盾构机制造公司工作，与 17 名工友一起踏上了盾构机国产化的道路。他们从图纸开始，梳理每个系统、每根电缆走势、每个接头对接，从陌生到熟悉、从熟悉到熟稔，这个过程李刚团队用了整整 5 年。2008 年 4 月，中铁工程装备集团自主研制的第一台盾构机顺利在天津地铁下线。国产盾构机进步惊人，引起了国外的警觉。2015 年，国外对盾构机的另一核心零部件——传感器进行了封锁。李刚和工友仅用了一个月时间，就生产出了比当时世界同行密闭性更好、电气绝缘值更高的液位传感仪。他们更是为第四代盾构机研发出水力破岩，大大减少了刀头磨损，延长了盾构机的使用寿命，成功打破了外国百年的技术垄断。2013 年 11 月，应用于郑州地铁中州大道下穿隧道施工的世界全断面面积最大的矩形盾构中铁 88 号下线的日期就要到了，李刚团队在调试过程中遇到了通信干扰问题，严重影响了生产进度。时间紧迫，刻不容缓。李刚带领电气车间调试班组人员，昼夜不停地对问题进行反复试验，最终创造性地提出了通过增加绕组线圈滤除杂波的方案，很好地解决了通信干扰问题。2016 年 7 月，世界首创的马蹄形盾构机的中铁装备下线。马蹄形盾构机的电路系统拥有 4 万多根电缆电线、4100 个元器件、1000 多个开关，一旦有一根线接错，整个盾构机就会“神经错乱”。经过 58 天的殚精竭虑，李刚带领团队终于设计出了一套新型脑神经系统，助推中国异型盾构装备生产实现全面自主化。

李刚不仅专业技能精湛，创新研发能力在一线工人中也是罕见的。优化接线盒接线方式、将传感器用管卡固定在皮带机滚轴上、设计制作接线工作台工装……这些年，李刚在盾构机电气领域的创新成果已数不胜数。因为善于创新，李刚和他的团队在中铁工程装备集团历届创新设计大赛中也是屡次获奖。对于工匠精神，李刚的理解是，精益求精、完美奉献、一丝不苟、追求卓越。

14.7.3　测量之神白芝勇

9 月的秦岭山脉北麓透着些许凉意，沟壑错纵处，白芝勇带着几个徒弟正在进行测量外业观测练习。打开测量脚架支好，把仪器从箱子里拿出来，架到脚架上，再对仪器进行对中和整平。一般情况下，这个过程白芝勇的徒弟需要花费 3 分钟的时间，而白芝勇不超过 40 秒。

再快 1 秒钟！“天下武功，唯快不破。”这是白芝勇信奉的武功秘籍。白芝勇，中铁一局五公司精密测量队的高级技师。他的一战成名，恰恰是因为快。

时光倒流至 2005 年，白芝勇毛遂自荐第一次参加测量工技能大赛。白芝勇琢磨怎么用手头的计算器快速完成计算，上场后他很快在计算器中编写出了一个小程序，专门用来应对这项比赛中的数字计算。最终，白芝勇用 18 分钟完成了外业观测，用 13 分钟完成了程序编制，接着输入数据 3 分钟后得出了结果，又用 8 分钟完成了实地放样。仅仅用时42分钟，他就完成了外业观测和内业计算两项复杂任务。这么快的速度，以至于裁判和其他参赛选手都觉得白芝勇作弊了。但经过他的重新演示和一番论证，裁判、老师及选手们由衷折服，都认为这是一个非常好的创新思路。

刚入行时，不论寒暑，只要不出差，白芝勇都会练习最基本的4个动作：支好脚架，从仪器箱中拿出仪器，在脚架上架好，再调准。为了把这4个动作在40秒内做完，白芝勇练了大半年。看似简单重复的动作，他每天一练就是三四小时。“每减少一秒，都要靠苦功夫、真功夫。”从一分半到一分钟，白芝勇只需要几天；从60秒练到50秒，他花了一个半月；从50秒练到40秒，他用了半年……

精密工程测量是指以毫米级或更高精度进行的工程测量。工作中，白芝勇要用一组组数据，引导施工人员按照设计要求，将道路准确向前延伸。有人说，他们就是筑路工程中的千里眼。为了减少1毫米的误差，白芝勇要花费更多心思和时间。

2015年7月2日，盾构机挖掘的南京纬三路过江隧道已经穿行了900多天。按计划，这个庞然大物即将在这一天下午3点破土而出，精准贯通到预先在出口位置设定的钢环中。然而，既定时间已过，盾构机出口位置的水面依然平静如初。平时沉稳冷静的白芝勇，却像没头苍蝇一样到处乱转。又过了大约1小时，盾构机缓缓驶出长江南岸接收井，圆满实现了隧道贯通。“这真是个奇迹!”就在现场欢呼雀跃时，没有人注意到，白芝勇已带人在钢环前摆开测量仪器，分析检验误差。12毫米的误差，比预定的50毫米少了38毫米。

最让他骄傲的是，他参与完成工程测量任务约3500千米，其中高铁测量任务完成2500余千米，约占我国高铁运营里程的1/10。

14.7.4 航天“手艺人”王保森

1985年1月，王保森从部队转业进入航天科工二院工作，等待他的是一份磨刀的工作。然而看似平凡的工作，却与我国的导弹装配和发射技术紧密相连。所谓“车工一把刀”，就是要时时刻刻都在打磨，直到把长条的车刀磨到手里拿不住为止，周而复始。王保森还致力于专业技术的研究，钻研出多项操作技能的诀窍：《多刀位刀体》一文解决了复杂工件一次装卡难题，完成多种切削的过程；《橡胶密封圈加工方法改进》通过分析软性材料在切削加工过程中的变形与回弹机理，设计精巧工装，解决了厚橡胶类材料在加工中的弹性变形问题，实现了橡胶材料的车削加工。现在，他的工装和论文成了以他命名的大师工作室的两套教材，惠及了全集团的一线工人。2013年，在中国航天科工技能竞赛上，他带出来的队员包揽了数控铣工组的前三甲。2014年，他的徒弟刘朝辉斩获了第六届全国数控技能大赛车工组亚军，谱写了一段师徒同为“全国技术能手”的佳话。

14.7.5　地铁“中枢神经”守护者孙树旗

所有的故障抢险中，道岔故障因影响面较大、抢修时间有限，特别具有挑战性。虽然故障不是时时发生，但经历一次绝对令人惊心动魄。

维修工不光是出大汗，新时代的工人还要会总结、能创新。为了解决道岔难题，孙树旗梳理大量故障案例，深入研究设备图纸和原理，总结提炼出道岔控制故障快速修复六步操作法。此项创新工作法改变了传统故障查找模式，利用研发出的道岔故障模型诊断卡，仅需 6 个步骤就能迅速找到并修复故障点，解决了道岔故障诊断难题，使故障处理时间平均节省 50%，大幅减轻了设备故障给地铁安全运营带来的影响。

孙树旗还主持编写了《信号系统技术需求书》《折返站道岔故障处理规程》等 12 项关键作业指导书和故障查找手册，逾 23 万字，以及《信号专业职工职级评定初、中、高三级题库》共 1500 多道试题、30 多项实操科目和 3 套培训教材。

孙树旗理解的工匠精神：首先要树立爱岗敬业的价值观，干一行爱一行；有职业担当，能够承担起工作职责；持之以恒，耐得住寂寞，抵得住诱惑。其次要有创新创业精神，学会利用先进的技术完善规程和标准，不断挑战自我。

14.7.6　火药雕刻师徐立平

固体燃料药面整形作为国家一级危险岗位，其职责是给固体燃料发动机的推进剂药面动刀整形，以满足火箭及导弹飞行的各种复杂需要。在这个全世界都无法完全用机械代替手工操作的岗位上，因为工作过程对精度有着极高的要求和危险性，被形象地称为“雕刻火药”。在整形过程中，如果刀具不慎碰到金属壳体，瞬间引起发动机剧烈燃烧，就会有工人当场牺牲。

徐立平深知，安全离不开一丝不苟的细致，更离不开过硬的技术支撑。从假药模型到小体积药块儿，当时尚未出师的徐立平从不敢有丝毫怠慢，他总是愿意做班组里最刻苦的那一个。一年的时间，他练秃了 30 多把刀，他的手却越来越有感觉，一摸就知道如何雕刻出符合要求的药面。

固体推进剂作为含能的黏弹性材料，切削时既要考虑其弹性形变，又要保证力度不致引爆含能物质。要整形到设计要求的精度难度很大，0.5 毫米是固体发动机药面精度允许的最大误差，而徐立平整形的精度不超过 0.2 毫米，仅有 2 张 A4 纸的厚度。

徐立平总是说：“航天是一个大系统，我只是其中微不足道的小螺丝。”

从上面所选的几则大国工匠的故事中可以看出，杰出的工匠都是在练好基本功的基础上，不断开拓创新。有些创新为国家创造了大量的财富，但是绝大多数都是细微的改进。比如，高喜喜自制加工刀具累计30余种，白芝勇的再快1秒，再减少误差1毫米，徐立平的不超过0.2毫米的整形精度等，都蕴含了长期的持续的小改进。

思考题

1. 解释阶段式改进和持续改进。
2. 比较阶段式改进和持续改进的不同。
3. 持续改进为什么数量比质量更重要？
4. 你认为工匠精神和持续改进的共同点是什么？
5. 自己找一个工匠精神的例子。
6. 从中央文件中找到关于工匠精神的论述。
7. 本章开始的案例中，为什么丰田公司要求史密斯去观察生产线上的工人作业？
8. 本章开始的案例中，史密斯学到了什么？
9. 你能从本章开始的案例中总结出什么？

扫码获取参考答案

第 15 章 智能制造

学习目标

理解智能制造的基本概念和相关内容。

15.1 智能制造的概念

先进的计算机和机器制造技术促进了制造业的自动化进程，机床主要由计算机程序操控而不是人工操作。材料和部件均由自动材料处理系统运输，并存储在自动存储和检索系统中。自 20 世纪 80 年代以来，根据生产车间的自动化范围和自动化程度，以及各种功能生产区域的集成程度，人们使用了不同的术语来描述自动化生产。1988 年，美国纽约大学的怀特教授和卡内基梅隆大学的布恩教授在其合著的《制造智能》一书中，首次提出了智能制造（Smart/Intelligent manufacturing）的概念，并指出智能制造的目的是通过集成知识工程、制造软件系统、机器人视觉和机器控制对制造技术的技能和专家知识进行建模，以使智能机器人在没有人工干预的情况下进行小批量生产。随后，英国技术大学 Williams 教授对上述定义做了更为广泛的补充，他认为“集成范围还应包括贯穿制造组织内部的智能决策支持系统”。

20 世纪 90 年代，智能制造的概念进一步发展和深化。随着信息技术和人工智能的发展，智能制造技术引起了发达国家的关注和研究，美国、日本等国纷纷设立智能制造研究项目基金及试验基地，同时意识到制造业的改变仅靠一个国家的力量是难以实现的，国际合作势在必行。1990 年 4 月，日本提出“智能制造系统”国际合作研究计划（IMS 计划），该计划提出：“智能制造系统是一种在整个制造过程中贯穿智能活动，并将这种智能活动与智能机器有机融合，将整个制造过程从订货、产品设计、生产到市场销售等各个环节以柔性方式集成起来的能发挥最大生产力的先进生产系统。”许多发达经济体（如美国、欧洲共同体、加拿大、澳大利亚等）参加了该计划。该计划共计划投资 10 亿美元，对 100 个项目实施前期科研计划。

21 世纪以来，尤其是 2008 年金融危机以后，发达国家意识到以往去工业化发展的弊端，因此相继制定“重返制造业”的发展战略，同时随着物联网、大数据、云计算等前沿信息技术的发展和应用，智能制造被赋予了新的内涵。2010 年 9 月，美国在华盛顿举办的“21 世纪智能制造的研讨会”上指出，智能制造是对先进智能系统的强化应用，使得新产品的迅速制造、产品需求的动态响应，以及对工业生产和供应链网络的实时优化成为可能。美国国家标准与技术研究院（NIST）将智能制造定义为能够实时响应工厂、供应网络和客户需求中不断变化的需求和条件的完全集成和协作的制造系统。

15.2 智能制造的演化进程

智能制造的发展一般可以分为 4 个阶段，分别是自动化、信息化、互联化和智能化，每一阶段都对应着智能制造体系中某一核心环节的不断成熟。自动化是指淘汰、改造低自动化水平的设备，制造高自动化水平的智能装备；信息化的意思是产品、服务由物理到信息网络，智能化元件参与提高产品信息处理能力；互联化意味着建设工厂物联网、服务网、数据网、工厂间互联网，装备实现集成；智能化的含义是通过传感器和机器视觉等技术实现智能监控决策。

1. 自动化

生产制造中的自动化又分为自动化装备和自动化生产线集成。在工序标准化过程后，可以逐步地将一些单调、重复的动作用自动化的机器替代，工业机器人和数控机床是两种典型的自动化装备。汽车、电子电器、工程机械等行业已经大量使用工业机器人取代工人，以保证产品质量，提高生产效率，同时避免了大量的工伤事故。例如，汽车制造生产线中的点焊和喷漆工作量极大，且要求有较高的精度和质量，由于采用传送带流水作业，速度快，上下工序要求严格，所以采用焊接机器人和喷漆机器人作业可保证质量和提高效率。数控机床是一种装有程序控制系统的自动化机床，该控制系统能够处理具有控制编码或其他符号指令规定的程序，通过信息载体输入数控装置，经运算处理由数控装置发出的控制信号控制机床动作，从而自动进行零件加工。

自动化生产线是指在较少的人工直接或间接干预下，将原材料加工成零件或将零件组装成产品，在加工过程中实现管理过程和工艺过程的自动化。其关键技术在于系统集成，例如如何将整条流水线分散的自动化设备用一定的程序连接起来并控制平衡的节拍，如何将进料、入仓、存储、产线、生产、检测、出货的全流程用程序协调起来。

2. 信息化

信息化是指培养、发展以计算机为主的，以智能化工具为代表的新生产力，并使之造福于社会的历史过程。信息化是构建在互联网产业发展的基础之上的。工业信息化以工业软件为主，工业软件是指在工业领域进行设计、生产、管理等环节应用的软件，对生产过程进行优化、仿真、呈现、决策等。近年来，生产控制类软件市场空间进一步打开，制造执行系统（MES）能够根据底层控制系统采集的与生产有关的实时数据，对短期生产作业的计划调度、监控、资源配置和生产过程进行优化。因此，MES 逐渐成为智能工厂多个环节数据交换的核心。以 ERP 软件为首的运营管理类软件也一直备受关注，CRM、QM 等软件的使用率均在不断提升。还有各种各样的计算机辅助系统，从辅助制图 CAD 到计算机辅助工程仿真 CAE，再到计算机辅助制造 CAM 等，都对制造业的现代化产生了深远的影响，完全改变了人们对现代化工业化的认识。

3. 互联化

工业互联网是指互联网和新一代信息技术与工业系统全方位深度融合所形成的产业和应用生态，是工业智能化发展的关键综合信息基础设施。其本质是以机器、原材料、控制系统、信息系统、产品及人之间的网络互联为基础，通过工业数据的全面深度感知、实时传输交换、快速计算处理和高级建模分析，实现智能控制、运营优化和生产组织方式变革。工业互联网是指工业互联的网，而不是工业的互联网。工业互联网涵盖了工业物联网（IIoT），进一步延伸到企业的信息系统、业务流程和人员，其概念与国外所提的万物相连（Internet of Everything）相似，相当于工业企业的万物相连。从企业的角度而言，工业物联网、工业互联网怎样定义各自的范围是次要的，关键是如何在两个“网”的基础上，注重以研发、质量、效益、服务、成本、人才、绿色制造等要素为核心，做好工厂的信息化、自动化，乃至智能化的建设。

工业互联网平台是工业云平台的扩展与延伸，不仅能够支持工业云平台的所有功能（如云设计、云制造和云服务等），而且要支撑工业物联网应用。工业互联网的核心是互联，是制造企业实现智能制造的关键使能技术之一。其主要体现在：工业互联网可以支撑企业开发智能互联产品，基于物联网提供智能服务；工业互联网技术可以帮助企业实现 M2M（数据从一台机器终端传送到另一台机器终端），从设备联网到产线的数据采集，从车间的智能监控到生产无纸化等。工业互联网的主要作用是实现企业内的信息集成和企业间的供应链集成；工业互联网能够实现异构数据的整合与实时分析，为智能决策提供支持。

4. 智能化

智能化实际上是一种更加高级别的自动化，是从人类体力劳动层面上升到脑力劳动层面的自动化。而实现这一切的基础，是在打通万物互联，实现全面的信息化之后产生的海量大数据，利用云计算、人工智能等手段，模拟人类研究、分析、决策的过程，将之应用到具体的产业中。

当今全球范围内的制造业竞争日益严峻，为了实现制造业的持续性上升式发展，制造业亟须一场革命性的产业升级。同时，21 世纪以来，移动互联、超级计算、大数据、云计算、物联网等新一代信息技术日新月异、飞速发展，并极其迅速地普及应用，新一轮科技革命正在展开。科技进步为智能化奠定了基础，即超强的计算能力和充沛的大数据集。深度学习和机器学习等人工智能技术的战略性突破更是为智能化发展提供了核心动力。新一代人工智能技术与先进的制造技术的深度融合，形成了新一代智能制造技术，成为新一轮工业革命的核心驱动力。

自动化、信息化、互联化和智能化的发展阶段与工业革命的发展阶段十分相符，如图 15. 1 所示。

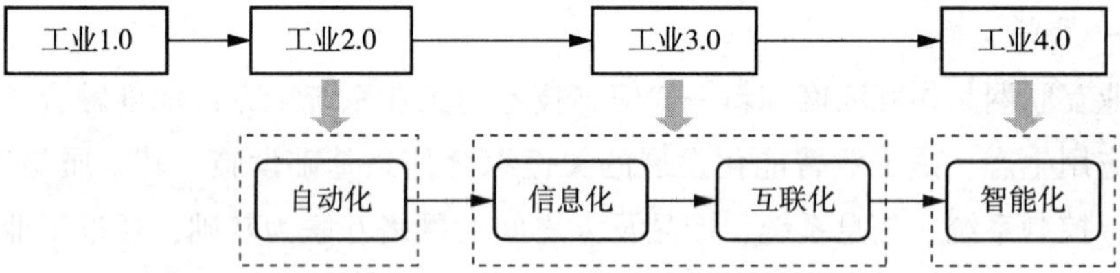

图 15. 1　工业革命的发展

工业 1. 0：机械化，以蒸汽机为标志，用蒸汽动力驱动机器取代人力，从此手工业从农业中分离出来，正式进化为工业。

工业 2. 0：电气化和自动化，以电力的广泛应用为标志，用电力驱动机器取代蒸汽动力，从此零部件生产与产品装配实现分工，工业进入大规模生产时代。在此阶段，生产标准化逐渐形成，为后续的自动化发展奠定了基础。在标准化的基础上，企业各个业务单元的流程可以被量化，并使得流程各个环节的数据得以采集。此外，以可编程逻辑控制器（PLC）和 PC 的应用为标志，从此机器不但接管了人的大部分体力劳动，还接管了一部分脑力劳动，工业生产能力自此超越了人类的消费能力，人类进入了产能过剩时代。

工业 3. 0：从 20 世纪 70 年代开始并一直延续至现在的信息化时代，在升级工业 2. 0 的基础上，广泛应用电子与信息技术，使制造过程自动化控制程度进一步大幅提高。互联网和物联网都是信息化时代的产物。

工业 4.0：智能化是一个长期的过程，从现有的基础条件来看，只能实现部分领域的智能化。就国内制造业现有的工业制造水平和技术而言，海尔和富士康成为工业 4.0 中智能制造的“灯塔企业”，走在世界智能制造应用的最前端。国内汽车、家电等行业自动化和信息化程度已经普遍较高，互联化和智能化也在逐步尝试和试探，其他 3C、食品饮料、化工等行业正在加快自动化和信息化进程。在智能制造发展的道路上，每一个阶段都有所涉及，但是在每一个领域都有所欠缺，所以准确来说，此刻正处于集自动化、信息化、互联化和智能化于一体的智能制造时代。自动化、信息化、互联化和智能化兼容并蓄，并驾齐驱。

15.3　智能制造的特征

智能制造是一个广义的制造概念，目的是充分利用先进的信息和制造技术优化生产和产品交易。它被认为是一种基于智能科学技术的新型制造模式，极大地提升了典型产品整个生命周期的设计、生产、管理和集成。使用各种智能传感器、自适应决策模型、先进材料、智能设备和数据分析，可以简化整个产品的生命周期，提高生产效率、产品质量和服务水平。智能制造作为广义的概念包含了产品智能化、装备智能化、生产方式智能化、服务智能化等方面。

产品智能化：产品智能化是把传感器、处理器、存储器、通信模块、传输系统融入各种产品，使得产品具备动态存储、感知和通信能力，能够进行智能感知，进行实时分析及自主决策，并能够通过执行表现出来。无人驾驶汽车是一个典型案例，集自动控制、体系结构、人工智能、视觉计算等众多技术于一体，利用车载传感器感知车辆周围环境，并根据感知所获得的道路、车辆位置和障碍物信息，控制车辆的转向和速度，从而使车辆能够安全、可靠地在道路上行驶。

装备智能化：通过先进制造、信息处理、人工智能等技术的集成和融合，形成具有感知、分析、推理、决策、执行、自主学习及维护等自组织、自适应功能的智能生产系统，以及网络化、协同化的生产设施，这些都属于智能装备。智能制造装备是智能制造的主要体现载体，智能制造装备涉及工业机器人、3D 打印设备、数控机床、智能控制系统、传感器等主要行业。

生产方式智能化：可以预见，未来随着消费者需求的多元化，更加个性化和定制化的生产将取代以往的大批量生产。为了实现在制造价值链中的价值增值，通过产品和服务的融合、客户全程参与、企业相互提供生产性服务和服务性生产，实现分散化制造资源的整合和各自核心竞争力的高度协同，达到高效创新的一种制造模式，即服务型制造。

服务智能化：随着信息技术的发展和企业对“顾客满意”的重要性认识的加

深，世界上越来越多的制造业企业不再仅仅关注实物产品的生产，而是关注涉及实物产品的整个生命周期，核心由生产系统向满足客户需求为导向的产品和服务转移。

15.4 智能制造的核心

传统的制造系统在前三次工业革命中主要围绕它的5个核心要素进行技术升级，即5M：材料（Material，特性和功能）、机器（Machine，精度和加工能力）、方法（Method，效率和产能）、测量（Measurement，探测和改进）及维护（Maintenance，故障和运维）。这些改善活动都是围绕人的经验开展的，人是驾驭这5个要素的核心，其运行逻辑始终是发生问题—人根据经验分析问题—人根据经验调整5个要素—解决问题—人积累经验。因此，也可将人（Man）作为第6个M纳入5M体系，构成6M体系，并且第6个M是整个系统的核心要素，如图15.2所示。

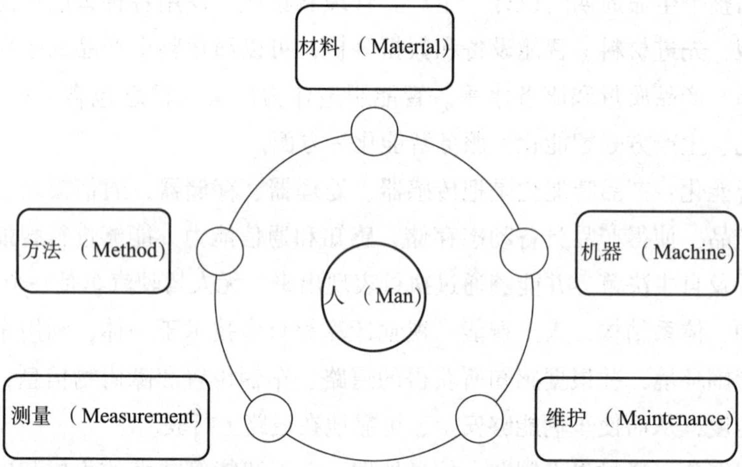

图15.2 智能制造系统的核心要素

智能制造系统与传统制造最大的区别就在于第6个M，如图15.3所示，即建模（Modeling，数据和知识建模，包括监测、预测、优化和防范等）。Modeling取代Man，推动制造体系的发展和进步。因此，智能制造运行的逻辑是发现问题—模型（或在人的帮助下）分析问题—模型调整—解决问题—模型积累经验，并分析问题的根源，模型调整，进而避免问题发生，即发现问题（如质量缺陷、精度缺失、设备故障、成本较高、效率低下等）、了解问题，在此过程中获取信息，并将其抽象化为知识，再利用知识去认识、解决和避免问题的过程。智能制造所要解决的核心问题是知识的产生与传承过程。

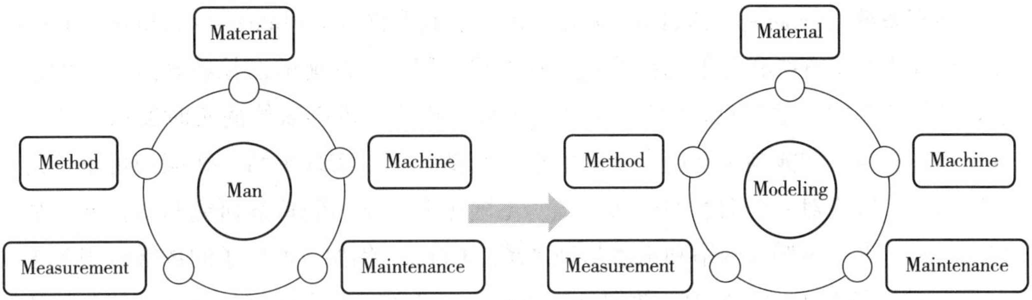

图 15.3　智能制造系统与传统制造系统的区别

一个制造系统是否能够被称为智能，主要判断其是否具备以下两个特征：

（1）是否能够学习人的经验，从而替代人来分析问题和形成决策；

（2）能否从新的问题中积累经验，从而避免问题的再次发生。

15.5　智能制造国内外发展趋势

制造业是立国之本，主流制造强国中、美、德、日等都将智能制造视为 21 世纪的制造技术和尖端科学，并认为它是国际制造业科技竞争的制高点。因此，它们纷纷提出新一轮制造业发展战略，将智能制造进一步推向了公众视野。

15.5.1　德国

2013 年 4 月 8 日，德国政府在汉诺威工业博览会上正式提出“工业 4.0”概念，被称为人类历史上的“第四次工业革命”。从工业 1.0 到工业 3.0 是一个持续的进化过程，从蒸汽机械化、电力化到自动化。在智能化的驱动下，工业 4.0 将以质变的方式彻底颠覆传统制造业。

工业 4.0 是一个比较完备的体系。德国工业 4.0 平台发布的《工业 4.0 实施战略计划》报告中，对工业 4.0 进行了较为严格的定义：“工业 4.0 概念表示第四次工业革命，它意味着在产品生命周期内对整个价值创造链的组织和控制迈上新台阶，意味着从创意、订单，到研发、生产、终端客户产品交付，再到废物循环利用，包括与之紧密联系的各服务行业，在各个阶段都能更好满足日益个性化的客户需求。”同时，德国工业 4.0 平台阐述了工业 4.0 概念的价值，指出：“所有参与价值创造的相关实体形成网络，获得随时从数据中创造最大价值流的能力，从而实现所有相关信息的实时共享。以此为基础，通过人、物和系统的连接，实现企业价值网络的动态建立、实时优化和自组织，根据不同的标准对成本、效率和能耗进行优化。”

工业 4.0 是德国的一项战略举措，旨在打造制造技术升级的智能工厂，并通过网络物理系统（cyber-physical systems，CPSs）、物联网（the Internet of Things，IoT）和云计算进行了升级和变革。在工业4.0时代，制造系统能够监控物理过程，创建物理世界所谓的“数字双胞胎”，并通过与人、机器、传感器等的实时通信与合作做出智能决策。智能制造利用先进的信息和制造技术，实现灵活、智能和可重构的制造过程，以应对一个动态的全球市场。德国正专注于为制造商研究基础技术，如智能传感、无线传感器网络和信息物理系统（CPS）。例如，西门子的数字云服务平台Sinalytics整合了远程维护、数据分析及网络安全等一系列现有技术和新技术，还能够对机器产生的大量数据进行整合、保密传输和分析。通过这些数据，提升燃气轮机、风力发电机、列车、楼宇和医疗成像系统的监控和优化能力。

为了进一步深耕数字化领域，西门子面向市场推出“MindSphere—西门子工业云平台”。MindSphere被设计为一个开放的生态系统，工业企业可将其作为数字化服务的基础，譬如预防性维护、能源数据管理及工厂资源优化。另外，顶级机器人制造商之一的KUKA宣布和Infosys计划联手开发支持企业迎接工业4.0的解决方案，合作的目的是开发一个可让客户采集、评估和利用数据以提高自身生产过程的软件平台。KUKA将通过建立工业4.0云平台扩展设备实现与云系统之间的连接。

15.5.2 美国

美国于2011年提出“先进制造业伙伴计划”（Advanced Manufacturing Partnership，AMP），通过规划加强先进制造业布局，提高美国国家安全相关行业的制造业水平，保障美国在未来的全球竞争力。“聚焦应用快速的商品化的科技，分享政府研发设施，促进产业协同研发以降低商品化风险，响应顾客的需求，也能为公司创造更高的利润。”这是奥巴马总统宣布推动美国的AMP所设立的目标。2012年，美国接着推出“先进制造业国家战略计划”（National Strategic Plan for Advanced Manufacturing），该计划的主要政策包括为先进制造业提供良好的创新环境，促进先进制造技术规模的迅速扩大和市场渗透，促进公共和私人部门对先进制造技术的使用。智能制造领导联盟（Smart Manufacturing Leadership Coalition，SMLC）在2011年成立。SMLC是由政府主导建立的一个非营利性组织，由制造业公司、供货商、技术公司、制造商集团、大学、政府机构和实验室组成。此联盟的目标是让这些制造业的利益相关者形成协同研发、实作和推广的团体，可以发展出相关的方法、标准、平台和共享的基础架构，促进智能化制造。美国国家标准与技术研究院（NIST）是美国商务部的一个机构，作为唯一致力于SMLC的政府机构，它在发展智能制造技术方面发挥着至关重要的作用。

美国智能制造的重点主要集中在顶层的IT方面，如云计算、大数据和虚拟现实。与日本和德国相比，美国在解决问题的方式中最注重数据的作用，在客户的需求分析、客户关系管理、生产过程中的质量管理、设备的健康管理、供应链管理、产品的衰退管理和服务等方面都大量地依靠数据进行。除从生产系统中获取数据外，美国还在 21 世纪初提出了“产品全生命周期管理”（PLM）的概念，核心是对所有与产品相关的数据在整个生命周期内进行管理，管理的对象即产品的数据，目的是提供全生命周期的增值服务和实现到设计端的数据闭环。数据也是美国获取知识的最重要途径，不仅是对数据积累的重视，更是对数据分析的重视，以及企业决策从数据反映出的事实出发的管理文化。VR 虚拟现实技术是美国关注的重点之一，它改变了工厂生产的展示形式，VR 工厂系统的成功开发，从工业生产机械设备的运作状态、工况监测数据到产品的装配、调试环节，都能实现三维立体可视化，让生产场景真实地呈现在人们眼前。

关于美国具有代表性的智能制造实践案例，绝大部分人首先会想到通用电气（GE）公司。通用电气于 2012 年最早提出了“工业互联网”的概念，与工业 4.0 的基本理念相似，倡导将人、数据和机器连接起来，形成开放而全球化的工业网络，其内涵已经超越制造过程及制造业本身，跨越产品生命周期的整条价值链。工业互联网和工业 4.0 相比，更加注重软件、网络和大数据，目标是促进物理系统和数字系统的融合，实现通信、控制和计算的融合，营造一个信息物理系统的环境。同年，通用电气引入了 IIoT 的概念，提出智能机器、高级分析和联网人员是未来制造业的关键要素，以实现人和机器的智能决策。Predix 是一个由通用电气开发的 IIoT 平台。据称，它通过提供连接机器、数据和人员的标准方法，支持用于资产性能管理和操作优化的工业级分析。Predix 建立在云计算开源技术的基础上，提供了一个基于微服务的交付模型和分布式架构。

15.5.3 日本

2015 年，日本启动了与德国工业 4.0 倡议相对应的工业价值链计划（Industrial Value Chain Initiative，IVI），通过互联网连接企业，包括三菱电机、富士通、日产汽车和松下在内的 100 多家日本公司参与了这项计划。IVI 是一个由制造业企业、设备厂商、系统集成企业等发起的计划，通过将制造业和信息技术相结合，创造一个企业可以合作的空间，旨在推动“智能工厂”的实现。2017 年 3 月，在德国汉诺威召开的信息通信展览会 CeBIT 上，在德国默克尔总理在场的会议中，安倍首相明确提出“互联工业”（connected industries）的概念，发表了“互联工业：日本产业新未来的愿景”的演讲，其三个核心：人与设备和系统交互的新型数字社会，通过合作与协调解决工业新挑战，积极推动培养适应数字技术的高级人才。

作为日本国家战略层面的产业愿景，“互联工业”强调“通过各种关联，创造新的附加值的产业社会”，包括物与物的连接、人和设备及系统之间的协同、人和技术的相互关联、既有经验和知识的传承，以及生产者和消费者之间的关联。“互联工业”面向各种各样的产业，通过企业、人、数据、机械相互连接，产生出新的价值，同时创造出新的产品和服务，提高生产力。这与日本政府建立的更高的目标“社会5.0”密切相关。日本正在朝着超智能社会——“社会5.0”方向发展，以解决一些迫切性很强的社会问题，包括老龄化、人手不足、社会环境能源制约等。“社会5.0”是现在信息化社会发展的下一步方向。而要实现“社会5.0”，产业所面临的最重要的问题，就是要定位于互相连接的制造，也就是“互联工业”。

日本发展智能制造，最突出的理念就是强调“人类的存在意义”。也就是说，发展人工智能，推出机器人，最终目标不是要把人消灭掉，而是要构建人与机器人之间协调、合作、相互依存的伙伴关系。对于日本企业而言，员工依然具有最重要的价值，对人的信任远胜于对设备、数据和系统的信任，所有的自动化或者信息化建设都是围绕帮助人工作的，所以日本企业从来不会谈机器换人或是无人工厂。

15.5.4 中国

2015年，国务院公布了一项为期10年的计划，旨在提升中国的制造能力，使其能够赶上德国和美国等生产大国。中国工业和信息化部主导制定的《中国制造2025》在战略任务和重点方面，要把智能制造作为“两化”深度融合的主攻方向，推进生产过程智能化，全面提升企业在创新研发、生产、管理和服务领域的智能化水平。

《中国制造2025》明确提出，“新一代信息技术与制造业深度融合，正在引发影响深远的产业变革，形成新的生产方式、产业形态、商业模式和经济增长点”。新一代信息技术的影响正在从价值传递环节向价值创造环节渗透，并正在深度改造传统制造产业。一方面，信息网络技术使不同环节的企业间实现信息共享，能够在全球范围内迅速发现和动态调整合作对象，整合企业间的优势资源，在研发、制造、物流等各产业链环节实现全球分散化生产；另一方面，将互联网思维扩展到工业生产和服务领域，催生了众包设计、个性化定制等新模式，将促进生产者与消费者实时互动，使得企业生产出来的产品不再大量趋同，而是更具个性化。加速新一代信息技术与制造业的融合，成为制造业转型升级的关键，也是《中国制造2025》规划的主线。

为支持制造业转型，中国政府还提出了“互联网+”行动，使得“互联网+制造”成为制造业发展的新模式。云制造作为新型智能制造的首次尝试，最早由中国提出，是“互联网+制造”的典型产物。此外，在高端数控机床、工业机器人、智能仪表、增材制造等特定的智能制造领域，中国做出了重要贡献，初步建立了智能制造标准体系。

15.6　支撑技术

智能制造需要一定的基础技术，使设备或机器能够根据过去的经验和学习能力、不同的情况和要求，改变自己的行为。这些技术支持与制造系统的直接通信，使问题得到解决并及时做出适应性决策。

15.6.1　物联网

物联网（IoT）是指将各种对象嵌入电子传感器、执行器或其他数字设备，实现联网和连接，以收集和交换数据的互联世界。一般来说，物联网能够提供物理对象、系统和服务的高级连接，支持对象间通信和数据共享。物联网包括服务互联网（IoS）、制造服务互联网（IoMs）、人联网（IoP）、嵌入式系统和信息通信技术集成（IICT）。“全面感知”“可靠传输”“智能处理”是物联网的三个关键特征。全面感知是指利用无线射频识别（RFID）、传感器、定位器和二维码等手段随时随地对物体进行信息采集和获取。感知包括传感器的信息采集、协同处理、智能组网，甚至信息服务，以达到控制、指挥的目的。可靠传输是指通过各种电信网络和因特网融合，对接收到的感知信息进行实时远程传送，实现信息的交互和共享，并进行各种有效的处理。智能处理是指利用云计算、模糊识别等各种智能计算技术，对随时接受到的跨地域、跨行业、跨部门的海量数据和信息进行分析处理，提升对物理世界、经济社会各种活动和变化的洞察力，实现智能化的决策和控制。

如果把数据比喻成新油田，那么物联网技术就是提取数据并将其传输到分析引擎进行提炼的油泵。进行数字化转型的企业对数据的需求非常大，这种需求促使物联网越来越广泛地应用于工业制造、农业和零售等多个领域。麻省理工学院 SCISR 首席研究科学家 Jeanne W. Ross 在麻省理工学院斯隆首席信息官研讨会上说，无线连接、无处不在的数据供应和巨大的处理能力极大地促进了物联网的发展，物联网的传感器收集了从室温和照明亮度到工业机械性能的所有数据。

2020 年，有近 208 亿台设备联网并充分利用 RFID。这种转变将影响大多数行业，尤其是制造业。RFID 技术已被应用于识别仓库、生产车间、物流公司、配送中心、零售商和处理/回收阶段的各种对象。经过识别，这些物体具有智能感知能力，可以通过特定形式的互联互通进行连接和互动，可能会从它们的运动或感知行为中产生大量的数据，要预先定义智能对象之间的互联性。这些对象被赋予特定的应用程序或逻辑，例如制造过程，它们在配备 RFID 阅读器和标签后遵循这些逻辑。RFID 设备不仅可以帮助终端用户完成日常操作，还可以捕获与这些操作相关的数据，从而实现实时的生产管理。由此，物联网技术在工业上得到了广泛的应用。

15.6.2 信息物理系统

信息物理系统（Cyber-Physical Systems，CPS）是一个综合计算、网络和物理环境的多维复杂系统，通过3C（Computer，Communication，Control）技术的有机融合与深度协作，实现大型工程系统的实时感知、动态控制和信息服务。CPS技术通过信息空间中信息的传输、交换、计算和控制来实现对物理空间的多维度、多尺度、多层次的全面感知、高效组织、有机调控与协同进化，以达到信息空间与物理空间无缝融合的目的。这种交融模式具有重大科学意义和应用前景：一方面，它为人类社会认知和改造自然提供了全新的方式和手段；另一方面，其所孕育的许多新的技术、应用模式，将从根本上改变人类社会的生产和生活方式。因而，如果说网络的普及给人类社会带来了翻天覆地的变化，那么CPS技术的普及将给人类带来一次工业革命。

CPS包含了将来无处不在的环境感知、嵌入式计算、网络通信和网络控制等系统工程，使物理系统具有计算、通信、精确控制、远程协作和自治功能。它注重计算资源与物理资源的紧密结合与协调，其涉及的应用领域非常广泛，包括智能交通系统、远程医疗、智能电网、航空航天等多个领域。在制造业领域，CPS是实现智能制造的关键技术，与云、物联网、大数据等技术密切相关。根据CPS的特点，其体系架构主要可以设计为5个层级，简称为5C架构（图15.4）。智能感知层（Smart Connection Level），作为网络空间与实体空间交互的第一层，主要负责数据的采集与信息的传输，其可能的形式之一是，利用本地服务器在机器上采集数据并进行轻量级的分析来提取特征，之后通过标准化的通信协议将特征传输至能力更强的计算平台。由于工业设备对智能分析运算的及时性要求非常高，原始数据体量庞大，传输成本高，所以直接将原始数据传输至计算平台分析不仅成本高昂，而且风险巨大。与原始数据相比，其特征是提炼后的数据维度较小、信息量较大。数据信息转换层/信息挖掘层（Data－to－information Conversion Level），对导入数据进行预测性分析以将数据转化为用户可执行的信息。网络层是整个CPS的核心，它是5C体系架构的信息集散中心，也是发挥CPS对于互联、大规模机群建模优势的关键层。连接的机器将信息发送至集散中心，形成机器网络。收集了大量信息后，必须使用特定的分析来提取额外的信息，以便更好地了解机器群中各个机器的状态。这些分析为机器配置了自我比较的能力，单个机器的性能可以与整个机群进行比较和评估。除此之外，还可以度量机器性能与历史信息之间的相似性，从而预测机器未来的行为。认知层（Cognition Level）将综合前两层产生的信息，为用户提供监控系统的完整信息。配置层（Configuration

Level）是网络空间对物理空间的反馈，是机器自配置、自适应的监督控制。这一阶段作为弹性控制系统（RCS），将已在认知层面做出的纠正和预防决策应用于被监控系统。这个架构为建立工业场景中的 CPS 系统提供了理论支持与参考。

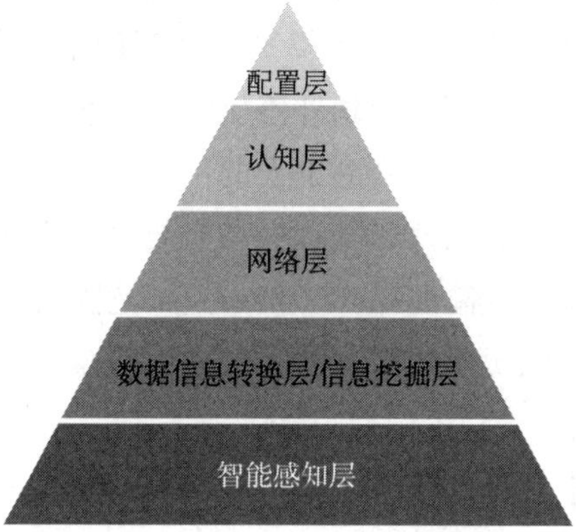

图 15.4　CPS 的 5C 构架图

15.6.3　人工智能

人工智能是一门基于计算机科学、生物学、心理学、神经科学、数学和哲学等学科的科学和技术。人工智能的一个主要推动力是开发与人类智能相关的计算机功能，例如推理能力、学习和解决问题的能力。“人工智能之父” John McCarthy 说：“人工智能就是制造智能的机器，更特指制作人工智能的程序。”人工智能通过研究人类大脑的思考、学习和工作方式，将研究结果作为开发智能软件和系统的基础。

人工智能技术将对制造业的未来产生广泛影响，影响的程度与具体制造单位的复杂性和业务需要密切相关。人工智能使制造商能够快速、准确地做出决策，因为人工智能可以预测将来可能发生的事件和概率，帮助制造商进行决策，避免一些错误决策。

利用人工智能，制造团队可以及时发现即将发生的生产故障（可能导致质量问题），包括偏离操作规则、机器行为中的细微异常。有关产品性能、消费者索赔记录、现场质量数据的售后市场数据均可用于改进生产质量，从而加速再造和可视化质量检查。产品质量评估是一个费时费力的过程，需要注意大量的细节，而人工智能通过视觉感知已经在识别、测量和检查产品质量任务上打败了人类，越来越多的制造企业正在添加基于人工智能的工具进行质量测量。随着人工智能算法和机器人技术的发展，相机的质量也得到了极大的提高。如今，工业相机可以在 100 摄氏度以上的温度中工作，每秒可以拍摄 250 帧。这意味着在不降低生产速度的情况下，可以直接在生产的同时进行检验。另外，在产量较大的情况下，原始的人工检验一般是对少量样品抽样。由于人工智能和视觉算法的工作性质，检验时无须抽样，可直接对总体进行，提高质量度量的准确性和可靠性。

除了质量检测，人工智能还被应用于许多其他方面，以帮助加工制造降低成本和提高生产率。其中比较典型的有：①提高资产利用率：实施预测性维护等措施，提高了关键资产的可用性，缩短了计划外停机时间。②员工评估：基于计算机视觉的人工智能算法有助于实时评估和检测工人的工作效率。③生产排程：通过智能调度、工艺参数预测与控制、瓶颈预测等，提高产线输出率。④工业机器人：利用工业机器人代替员工进行部分危险的操作，例如测试危险材料，提高安全性。工人们可以在不处于危险境地的情况下处理泄漏或事故。

15.6.4 大数据

对于大数据，麦肯锡全球研究所给出的定义是："一种规模大到在获取、存储、管理、分析方面大大超出了传统数据库软件工具能力范围的数据集合。"大数据具有五大特点，称为5V，分别是数据量大（Volume）、多样（Variety）、速度快（Velocity）、低价值密度（Value）、真实性（Veracity）。根据IHS信息咨询公司的数据预测，到2025年，全球IoT连接设备的总安装量预计将达到754.4亿元，这部分设备每天产生的数据量可想而知。大数据的多样性是指数据的种类和来源是多样化的，数据可以是结构化的、半结构化的及非结构化的，数据的呈现形式包括但不限于文本、图像、视频、HTML页面等。大数据的高速性是指数据增长速度快、处理速度快。每一天，各行各业的数据都在呈现指数性爆炸增长。在许多场景下，数据都具有时效性，企业或系统在面对快速增长的海量数据时，必须要高速处理、快速响应。大数据的低价值密度性是指在海量的数据源中，真正有价值的数据很少，许多数据可能是错误的、不完整的、无法利用的。大数据的真实性是指数据的准确度和可信赖度，代表数据的质量。

大数据的意义不仅在于生产和掌握庞大的数据信息，更重要的是对有价值的数据进行专业化处理。数据一直都在，改变的是对数据的获取方式，以及对数据进行深度价值挖掘与利用。制造业企业在实际生产过程中，总是努力降低生产过程的消耗，同时努力提高制造业环保水平，保证安全生产。生产的过程实质上也是不断自我调整、自我更新的过程，还是实现全面服务个性化需求的过程。在这个过程中，会实时产生大量数据。依托大数据系统，可以采集现有工厂设计、工艺、制造、管理、监测、物流等环节的信息，实现生产的快速、高效及精准分析决策。这些数据综合起来，能够帮助发现问题、查找原因，预测类似问题重复发生的概率，帮助完成安全生产，提升服务水平、生产水平，提高产品附加值。智能制造的实现需要对产品开发和制造系统工程过程中产生的各种数据进行有效的可视化、分析和共享，并将其应用于预测和建模。

15.6.5 云计算

云计算是指通过 Internet 访问服务器、存储空间、数据库和各种应用程序的服务。云计算是一种按使用量付费的模式，提供可用的、便捷的、按需的网络访问，进入可配置的计算资源共享池，资源包括网络、服务器、存储、应用软件，这些资源能够被快速提供，只需投入很少的管理工作，或与服务供应商进行很少的交互即可。这种资源的可伸缩性使得云计算对企业所有者来说非常有趣，因为它允许组织从小型开始，并且只有在进一步的服务需求增加时才可以投入更多的资源。根据 NIST 的建议，一个理想的云应该具有 5 个特征：按需自助服务、完善的网络支持、资源池、资源快速伸缩及可度量的服务。这个云模型由 4 个部署模式（公共云、私有云、社区云和混合云）和 3 个服务模式（基础设施即服务、平台即服务和软件即服务）组成。各种类型和规模的组织都在采用云计算，以最小的预算增加它们的能力，而不需要投资新软件、合并新基础设施或培训新人员。

云计算可以将分散的系统整合在一个虚拟的超级计算机里，提供超强的计算能力。利用云计算，制造企业能更快地从海量数据信息中获取想要的信息，加快企业的业务决策。混合云可以实现与工厂已有系统和数据中心的整合。具体来说，通过云端通信连接工厂中的系统和设备，设备端可以实现数据采集、工艺逻辑执行和控制，云端在获得这些数据后根据规则分享，指引工艺流程执行工作，生产效率可以有效得到提升。此外，云计算还能实现信息共享。制造企业的产品通常会涉及大批量物流运输，运输云的构建可以实现制造企业、第三方物流和客户三方的信息共享，提高车辆往返的载货率，实现对冷链物流的全程监控。云计算的广泛应用将大幅降低企业信息化建设成本，优化运营管理流程，创新业务发展模式；制造企业客户关系管理（CRM）、企业资源规划系统（ERP）等生产和管理系统上云，可以对生产设备数据实时监测，实时监督生产设备和生产线的运行状况，及早发现生产异常。越来越多的传统企业认识到，上云是其实现数字化转型的重要路径，也是从“制造”向“智造”转型的重要途径。

15.7 案例：预测性维护

制造业不断进步，生产力水平不断提高，这些成功在很大程度上依赖机器设备的可靠性和稳定性。更高的设备效率可以提高生产率和利润率。在工业部门，如航空业，通过严格的维护程序来保持高水平的设备可靠性是必要的，因为设备意外停机会给企业带来重大的损失。保持设备持续正常的运行，对于提高设备利用率、降低成本是非常重要的。尤其是在制造系统越来越复杂及生产运营少人化条件下，高效和高质量设备维护显得愈加重要和迫切。

对于工业企业而言，高效的运维管理意味着更少的设备故障发生（MTBF↑，故障间隔时间越长越好，设备寿命越长，生产系统越稳定），更高效的停机故障处理（MTTR↓，故障修复时间越短越好，设备故障处理时间越短，意味着对产量、质量及待工成本控制得越好）。

$$可用度（A）=\frac{MTBF}{MTBF+MTTR}\times 100\%$$

1. 设备维护的模式

设备维护一般有 3 种模式：事后维护、预防性维护和预测性维护，如图 15.5 所示。

图 15.5　设备维护的模式

事后维护，也称“修正性维护”“故障后维护”“运转至出现故障管理”，顾名思义，在故障发生后修复设备或组件。这是“不出故障就不维修”的维护方式，也是最初级、最简单，目前在国内被用户采用最多的维护运行手段。采用运转至出现故障管理的工厂在机器或系统出现故障之前不会在维护上花费任何资金。也可以说，这是一种“无维护”管理方法。事实上，它也是最昂贵的维护管理手段。分析表明，在修正性或事后维护模式下进行维修的成本是在有计划或预防性维护模式下进行相同维护成本的 3 倍。

与事后维护不同，预防性维护是一种主动维修方式。采取预防性措施，在机器出故障前按预定的时间检查、修理或更换设备。所有预防性维护管理计划都假设设备状况将在通常适用于该类特定机器的统计时间范围内恶化。由于维修行动是按照计划预先安排的，所以需要更少的时间，维修行动可以安排在机器空闲期间。从长远来看，劳动力成本和停机时间成本会降低。与事后维护策略相比，通过最小化非计划停机时间，可以实现维护成本的最小化。然而，该策略没有考虑到设备或部件的实际状况，仅在一个固定的时间间隔内安排了维修活动。例如，某一零部件通常运转 6 个月会因磨损等原因不能正常运转，那么在 6 个月到期之前，如 5 个半月后就会进行更换。这样的做法并没有考虑零部件运转模式，以及与系统或装置相关的变量会直接影响机器的正常工作寿命，会出现两种情况：一是 5 个半月后零部件依然可以正常运转，产生材料浪费现象；二是可能在 5 个月的时候零部件提前失效，这种状况等同于事后维护，影响生产计划。

为了保持竞争力，企业正尝试利用多渠道收集的工业大数据，提高设备的性能。一个重要方法就是分析这些数据，利用历史模式预测设备在未来可能会发生的故障，从而可以在故障发生前采取维护行为，即预测性维护，基于收集到的机器状态信息进行维修活动。这种方法可以检测出高风险状态的设备，从而更高效地部署有限的后勤维护资源。

2. 预测性维护的目标

预测性维护集设备状态监测、故障诊断、故障（状态）预测、维护决策支持和维护活动于一体，是一种新兴的先进维护方式。随着智能制造的兴起，工业数据的收集、处理技术越来越成熟，使得预测性维护受到了前所未有的关注。总体来说，预测性维护需要解决以下问题：

- 设备或系统中功能异常的检测；
- 设备在不久的将来会发生故障的概率；
- 设备的剩余寿命估计；
- 设备故障的原因识别。

在制造业的运营管理中，生产设备故障的诊断和预测与生产计划、零部件库存等各方面都息息相关。对于设备使用商，从运营角度而言，预测性维护的目标如下：

- 降低设备运行风险，提高设备回报率；
- 基于零部件剩余寿命估计进行再订购决策，降低库存成本；
- 维修人员的合理配置，控制后勤维护开销；
- 生产计划与设备维修计划的匹配，降低产线停工成本。

对于设备制造商而言，采用预测性维护有以下优势：

- 支持和改进产品研发与设计；
- 助力变革商业模式，为制造业服务化提供思路。

服务化是一个战略转变的过程，在这个过程中，制造企业选择以服务为导向或开发更多更好的服务，以满足客户需求、获得竞争优势和提高公司绩效为目标。IBM、Rolls Royce 和 GE 等企业早已成功实现服务化。《中国制造 2025》中明确提出，将制造与服务协同发展作为转型的重要方向，加快生产型制造向服务型制造转变的步伐。制造业服务化可以用煎蛋模型加以分析和说明：一款核心的产品不仅是一种产品（蛋黄：产品本身），还有很多配套的服务（蛋白：服务衍生的价值），如图 15.6 所示。

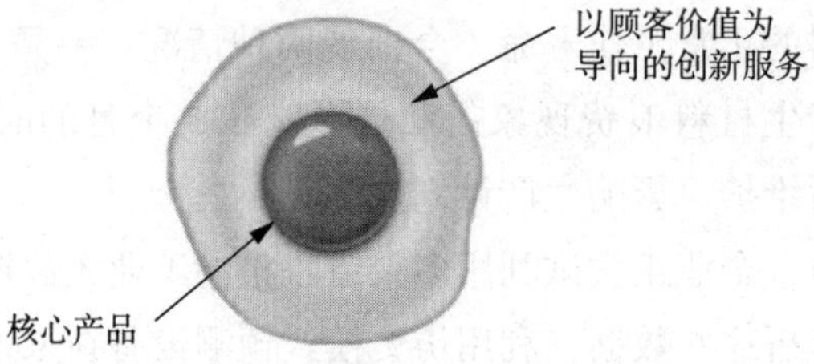

图 15.6　制造业服务化煎蛋模型

核心产品：机器设备。服务：设备维护、生产计划意见等。

3. 预测性维护的关键

预测性维护能够从关键设备传感器、ERP、计算机维护管理系统（CMMS）、生产数据等多个系统中快速采集数据。之后将数据与先进的预测模块和分析工具相结合，预测设备故障并处理，帮助维护人员找到问题的根源。但是随着零部件的老化，其对外部环境的反应是在不断变化的。预测性维护的复杂性在于这套基于历史数据学习的生产系统模型必须与时俱进。

设备或零部件在全生命周期的不同阶段有着不同的表现，典型故障曲线称为浴盆曲线（bathtub curve，又称失效率曲线）。浴盆曲线是指产品从投入到报废为止的整个寿命周期内，其可靠性的变化呈现一定的规律。浴盆曲线主要把设备寿命划分为 3 个主要阶段：早期失效期、随机失效期和损耗失效期，如图 15.7 所示。

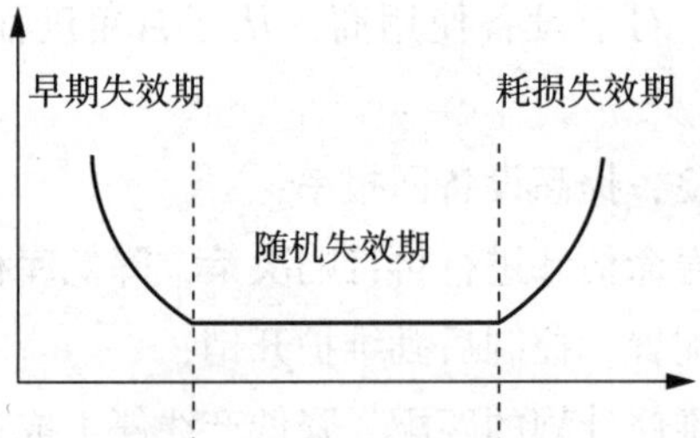

图 15.7　设备寿命周期

设备在使用寿命开始时，由于不合适的制造、安装或者错误的材质设计等会经常出现故障；但随着时间的推移会进入稳定期，失效率很低；而到了后期，机器故障率会飙升，最终报废。因此，只有机器学习需识别出设备处于哪个寿命阶段，并不断调整预测模型，才能更精确地进行故障诊断和剩余寿命周期预测。

4. 预测性维护流程

生产过程数字化是预测性维护的首要环节。物联网使用温度、振动或电导率等传感器，将设备的运行过程转换为数字信号。数据也可以从其他来源流式传输，例如机器的可编程逻辑控制器（PLC）、制造执行系统（MES）终端、CMMS，甚至 ERP 系统。这一环节实现了物理—数字的过程。

其后基于历史数据，使用先进的分析技术和预测算法构建预测诊断模型。分析输入模型的实时数字信号并进行可视化，在对信号进行处理、分析和可视化之后，需要将分析结果转换为行为。其中，有些是通过指示的结果直接改变设备功能，有些则是通过报警提醒维护人员完成维修工作，如图 15.8 所示。

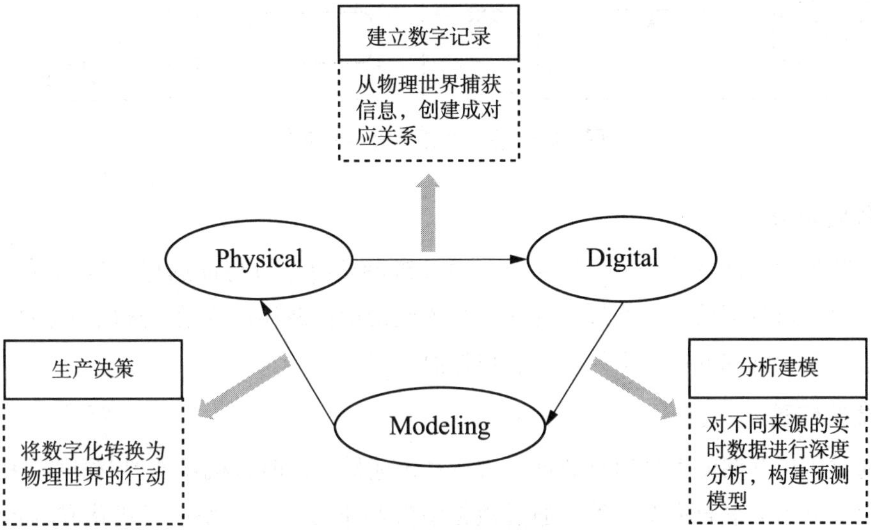

图 15.8　预测性维护流程

5. 应用案例

火力发电厂在运行过程中，循环水泵的运行状态直接对电厂的整体生产效率产生重要的影响。凝汽器、循环水和冷却塔组成发电厂冷端系统的主要设备，循环冷却水泵用于向凝汽器提供冷却水，循环冷却水通过凝汽器使汽轮机乏汽凝结，蒸汽凝结为水时体积收缩，使得凝汽器保持高真空状态。考虑到每凝结 1 千克排汽需 50~80 千克冷却水，因此循环冷却水泵的工作特点是流量大、扬程低。循环水泵一旦发生故障，就会造成大量蒸汽无法冷却，系统压力剧增，产生极大的危险性，因此对工厂循环水泵的故障进行监测具有重要的现实意义。

流程

第一步：数据采集，包括机器运行状态数据、故障历史记录、维修记录、设备元数据和环境数据等。由于工业物联网的快速发展，获取数据呈现量大、价值密度小的特点，因此数据清理和特征工程十分关键。

第二步：模型构建，基于机器学习和深度学习，建立智能预测（RUL）、诊断模型和相关决策模型。

第三步：结果反馈，给出控制指令以作用于现实物理世界。

循环水泵故障检测流程如图 15.9 所示。

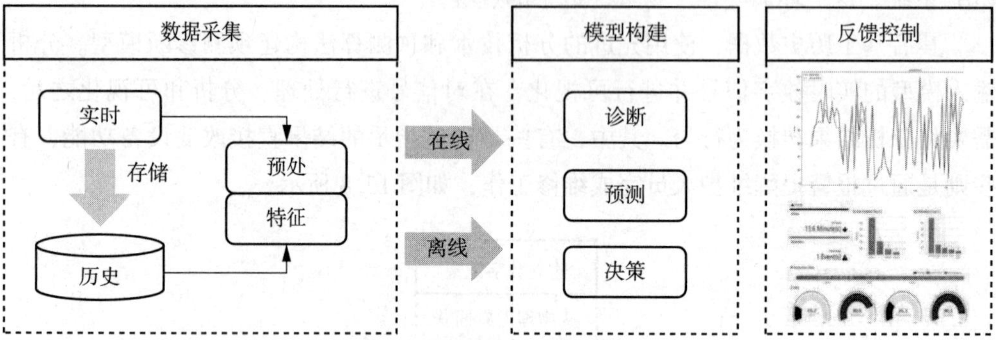

图 15.9 循环水泵故障检测流程

数据采集

冷却过程中涉及数百个变量参数，通过机器学习进行特征选择，从几百个变量参数中提取对冷端效率影响最大的几十个关键变量：循环水流量、进出口流体温度、冷却塔湿度、湿球湿度、水泵功耗、户外温度等。

模型构建

通过工厂存储的大量运行数据，进行系统建模，同时将机器学习/深度学习模型和优化模型组成混合模型，然后通过数据清洗和学习，对模型进行优化和验证，通过对历史数据的不断学习和验证，最终确定系统模型参数。实时数据输入模型，系统自动给出决策方案，同时实时数据进入历史数据库，对已构建模型进行持续调整，即模型一直在学习和更新。

反馈控制

将数字指令转化为符合生产运营的设备方案，如延长设备运行时间、更新零部件订购计划、调整生产订单等。

预测性维护技术是智能制造的重要构成部分，也是新的企业盈利模式的来源——基于增值服务，OEM 制造商的服务可以延伸至生产，并为客户带来额外的价值，因而获得市场竞争力。

15.8 人与机器分工

在自动化和智能化过程中，机器和计算机取代了大量的人类劳动。本节简单概述在这一过程中，人和机器的分工情况。

大多数工作过程依赖多方面的投入：劳动力和资本、大脑和肌肉、创造力和死记硬背、技术掌握和直觉判断、汗水和灵感、遵守规则，以及明智地运用自由决策权。通常这些输入都扮演着重要的角色，也就是说，一个方面的改进并不排除另一个方面的需要。

比如，信息技术发展出现的自动取款机和银行业就业。自动取款机在 20 世纪 70 年代被引进，1995—2010 年，数量增加到 40 万台。人们自然会认为，这些机器几乎淘汰了银行出纳员。但 1980—2010 年，美国银行出纳员的实际就业人数从 50 万人上升至约 55 万人。原因有二：首先，通过降低银行分支机构的运营成本，自动取款机间接增加了对出纳员的需求：1988—2004 年，每个分支机构的出纳员数量下降了 1/3 以上，但城市银行分支机构的数量上升了 40%以上。其次，银行出纳员日常现金处理任务减少，改为销售员与客户建立关系，并向他们介绍额外的银行服务，如信用卡、贷款和投资产品。

计算机遵循程序市场精心设计的程序。典型的模式是，对于一台计算机来说，要完成一项任务，程序员必须首先完全理解执行该任务所需的步骤和顺序，然后编写一个程序，实际上是让机器精确地模拟这些步骤。当计算机处理公司的工资单、按字母顺序排列姓名列表，或者将每个人口普查点居民的年龄分布制成表格时，它是在“模拟”一个工作过程。在以前的时代，这个工作过程是由人类用几乎相同的程序完成的。自计算机时代开始以来，工作场所任务中计算机模拟的原理并没有根本改变——但是它的成本已经改变了。威廉·诺德豪斯在 2007 年发表的一篇巧妙的论文估计，自人工计算时代以来，执行一套标准化计算的成本已经下降了至少 1.7 万亿倍，其中大部分下降发生在 1980 年。

随着计算能力的价格下降，计算机和它们的同类机器人越来越多地取代工人去完成明确的、可编码的任务。这些活动被称为“例行任务”，因为它们可以被完全编码并因此自动化。日常任务是许多中等技能认知和手工活动的特征。例如，简单簿记中涉及的数学计算；典型文书工作中结构化信息的检索、分类和存储；在不变的环境中精确执行重复的物理操作。因为这些职业的核心任务遵循精确、易懂的程序，它们越来越多地被编入计算机软件，并由机器执行。这种力量导致了文书、行政支持人员的大量减少，并在较小程度上导致了生产和操作人员的减少。

15.8.1　波兰尼悖论

但是，这种替代的范围是有限的，因为有许多任务是人们可以心照不宣地理解，并且毫不费力地完成的。但是对于这些任务，无论是计算机程序员还是其他任何人都不能阐明明确的规则或程序。这种限制被称为波兰尼悖论。波兰尼在 1966 年指出，“我们知道的比我们能说得多”。当人们在搅拌碗的边缘打碎一颗鸡蛋，根据短暂的一瞥识别出是一种独特的鸟类，写一段有说服力的文字，或者提出一种假说来解释一个不为人知的现象，人们就在从事一些心照不宣的任务。根据波兰尼的观察，被证明最难自动化的任务是那些需要灵活性、判断力和常识的任务——这些技能人们只能心照不宣地理解。

波兰尼悖论说明了为什么高级推理对于计算机化是直接的，而某些感觉运动技能却不是。高级推理使用一套专门为解决形式问题而开发的形式逻辑工具。例如，计数、数学、逻辑推理和量化关系编码。相比之下，感觉运动技能、身体灵活性、常识、判断、直觉、创造力和口语是人类的进化而不是发展的能力。将这些技能形式化需要逆向工程一系列的活动，人们通常只使用默契来完成这些活动。

有两大类被证明对计算机化具有顽固挑战性的任务：第一大类包括需要解决问题能力、直觉、创造力和说服力的任务。这些“抽象”的任务是专业、技术和管理职业的特征。他们雇用具有高学历和分析能力的工人，他们重视归纳推理、沟通能力和专家掌握。第二大类包括需要情境适应性、视觉和语言识别，以及面对面交流的任务——“手工”任务。“手工”任务是食物准备和服务工作、清洁工作、场地清洁和维护家庭健康及安全和保护服务中许多工作的特征。这些工作倾向雇用熟练的工人，在某些情况下，它需要工作人员能够流利地用口语交流。它们对自动化提出了严峻的挑战。同样值得注意的是，这些“手工”任务工作（如理发、准备新鲜饭菜、打扫房间等）的许多产出必须在现场或由人亲自完成，因此这些任务不需要外包。能够从事这些工作的工人的潜在供给非常大。

由于抽象或“手工”任务密集型的工作通常出现在职业技能谱的两端：一方面是专业、管理和技术职业，另一方面是服务和劳动者职业。这一推理意味着常规工作任务的计算机化可能导致高教育、高工资工作在一端与低教育、低工资工作在另一端同时增长，两者都以中等工资、中等教育工作为代价——这一现象被称为“工作两极分化”。大量的国际证据证实了工作两极分化在行业、地方和国家劳动力市场层面的存在。

自动化最令人烦恼的任务是那些需要灵活性、判断力和常识的任务——这些技能人们只能心照不宣地理解。在过去的10年里，计算机化和机器人技术已经发展到了人类活动的领域，而这些领域在几年前还被认为是禁区——驾驶车辆、解析法律文件，甚至从事农业领域的劳动。从绝大多数任务将很快实现自动化的意义上说，波兰尼悖论是否很快会被克服？

对证据的解读表明情况并非如此。事实上，波兰尼悖论有助于解释尚未实现的目标，并进一步阐明最终实现更多目标的途径。具体来说，本书认为工程学和计算机科学可以通过两条截然不同的路径来实现人们“不知道规则”的自动化任务：环境控制和机器学习。第一条路径通过规范环境来规避波兰尼悖论，这样相对不灵活的机器可以实现半自主运行；第二条路径颠倒了波兰尼的悖论：工程师们开发的机器不是教授人们不理解的机器规则，而是试图从上下文、大量数据和应用统计数据中推断出隐含的规则。

15.8.2　环境控制

大多数自动化系统缺乏灵活性——它们很脆弱。例如，现代汽车工厂使用工业机器人在新车通过装配线时安装挡风玻璃。但是售后挡风玻璃更换公司需要雇用技术人员，而不是由机器人安装更换挡风玻璃。显然，移除破损的挡风玻璃、准备挡风玻璃框架以接受替换物，以及将替换物安装到该框架中的任务需要比机器人更能灵活地适应环境变化的人来完成。

装配线生产和现场维修之间的区别突出了环境控制在实现自动化方面的作用。在某些情况下，工程师可以从根本上简化机器的工作环境，实现自主操作，就像工厂装配线一样。然而，这种环境治理方法的众多例子在日常技术中习以为常，以至于它们没有被注意到。例如，为了使当今的汽车能够运行，人类已经通过平整、重新平整和用沥青覆盖地球表面的很大一部分来适应自然环境。

仓库正在进行的自动化提供了另一个例子。大型在线零售商（如亚马逊等传统仓库系统）雇用大批灵巧、善运动的“拣货员”，在没有空调的仓库货架上跑来跑去，寻找、收集、装箱、贴标签和运送货物。因此，这些工作对灵活性、物体识别和精细运动协调性的要求太过苛刻，目前还没有成本合适的机器人能够完全复制这些“拣货员”。

但是仓储的大部分组件可以自动化，正如 Kiva Systems 所展示的。Kiva Systems 是一家机器人仓储初创公司，于 2012 年被亚马逊收购。Kiva 系统的核心是一个调度程序，该程序监督仓库中所有货物的流动，协调搬运货架的机器人和人类的工作。当物品到达储存设施时，调度软件会引导机器人将空货架运送并排列到装载区，人类存货员会在那里将商品放在货架上。然后，机器人将装载好的货架搬运回仓库，调度软件在那里指导它们的位置，以优化产品可用性，满足预期的产品需求。随着新订单的到来，调度软件会派机器人回收货架，并将它们排列在包装区。然后，由调度软件控制的激光指示器引导的人工提货员会从组装好的货架上拿走物品，将它们装在运输箱中，贴上运输标签，再将包裹放入斜道中交付。在挑选物品时，机器人会把货架拿走，直到再次需要包装或重新进货。因此，在 Kiva 操作的仓库中，机器人只能处理在水平面上移动货架的日常任务；工人处理商品、调度软件协调活动。

尽管 Kiva Systems 提供了一个利用环境控制来扩大自动化范围的特别清晰的例子，但同样的原理也常常被隐藏在更复杂的包装背后。也许最不被认可（也是最神秘）的是自动驾驶的谷歌汽车。计算机科学家有时会说谷歌汽车不是在公路上行驶，而是在地图上行驶。谷歌汽车通过道路网络导航，主要是通过将实时视听传感器数据与精心手工绘制的地图进行比较，这些地图定位了所有道路、信号、标志和障碍物的准确位置。谷歌汽车通过刹车、转弯和停车实时适应障碍物，如汽车、行人和道路危险。但是，如果汽车的软件确定它运行的环境不同于它的人类工程师已经预处理过的环境，即当它遇到一个意外的绕道或者一个十字路口的警卫而不是一个交通信号时，汽车就需要它的人类操作员来控制。因此，虽然谷歌汽车表面上看起来是自适应和灵活的，但它有点类似一列在无形轨道上行驶的火车。

15.8.3 机器学习

波兰尼悖论——“我们知道的比我们能说的多”——给计算机化带来了挑战，因为如果人们只是心照不宣地理解如何执行一项任务，而不能“告诉”计算机如何执行该任务，那么看起来程序员就不能自动完成任务。但是，由于机器学习的进步，这种理解正在迅速转变。机器学习应用统计和归纳推理，在不知道规则的情况下提供最佳猜测答案。当工程师无法对机器进行编程以“模拟”一项非例行任务时，他们同样能够通过学习他人成功执行任务的例子，对机器进行编程以自主掌握任务。通过一个训练和强化的过程，机器学习算法可能会潜在地推断出如何完成任务。

作为一个具体的例子，考虑一下视觉识别椅子的任务。一个应用传统的基于规则的程序设计范例的工程师可能会试图指定一个物体的哪些特征可以称为椅子——例如，它有腿、胳膊、座位和靠背。但是人们很快会发现，许多椅子并不具备所有这些特征（如一些椅子没有靠背，或者没有扶手）。如果工程师随后相应地放松了所需的功能集（椅背可选），则包含的功能集将增长到可以通过许多不是椅子的对象，例如小桌子。通过预先指定必要的特征来识别对象的规范方法，以及这种方法的更复杂的变体可能具有非常高的错误率。然而，任何一个小学生都能高度准确地完成这项任务。什么东西是孩子知道的，但是基于规则的程序却不知道？不幸的是，我们不能准确地说出孩子知道什么——这正是波兰尼悖论。

机器学习有可能绕过这个问题。机器学习算法依赖于“基本事实”的大型数据库——一组大量被分类的标记对象的例子，试图推断一个对象的哪些属性使其或多或少有可能被指定为椅子，这个过程叫作“训练”。训练完成后，机器可以应用该统计模型尝试识别不同于原始数据集中的椅子。如果统计模型足够好，它可能识别与原始训练数据中的椅子有些不同（如不同形状、材料或尺寸）的椅子。机器学习不需要明确的物理模型，只需要大型训练数据库、强大的处理能力，当然还有复杂的软件。

一些研究人员预计，随着计算能力的提高和训练数据库的增长，强力机器学习方法将接近或超过人类的能力。其他人则怀疑机器学习平均来说只会“做对”，而忽略了许多最重要和信息最丰富的例外情况。最终，使一个物体成为椅子的原因是，它是为一个人坐在上面而专门建造的。机器学习算法可能在目的性和预期用途的推理方面存在根本问题。

思考题

1. 一名工人说："管理层希望我们提高效率，重新设计工厂。如果我们不这样做，他们就会围着我们。但如果我们这样做了，我们就会被裁员。所以，最好的办法是让它看起来像我们在努力工作，但要确保没有真正大的变化发生。"

a）这句话对工厂的管理层和工人之间的关系意味着什么？

b）工人说的话有道理吗？

c）作为变革计划的一部分，如何消除工人的这种担忧？

2. 一家小型制造企业的老板说："二十年前，我们的机械师是工匠，对工艺了如指掌。今天，我们需要开发一个自动化系统来控制机器，其实不是为了提高质量或与对手竞争，因为工人们不再能够手工操作了。"

a）这句话对工厂的管理层和工人之间的关系意味着什么？

b）老板说的话有道理吗？

c）管理层会采取什么样的措施来提高运营商的效率呢？

3. 为什么我国要推动《中国制造 2025》？

4. 你认为智能制造能解决中国制造业的什么问题？

5. 目前，中国的快递员超过 300 万人，其中大专以上占 15%，硕士生有 7 万人，本科生 21 万人。形成鲜明对比的是，近年来我国制造业就业拐点相继出现，就业规模年均下降逾 200 万人，制造业就业比重已降至德国当前水平。请从人与机器分工的角度解释这种现象。

6. 在智能制造方面，我国和发达国家相比在技术上不一定具有优势，但是根据人与机器分工的理论，你认为我国的优势是什么？

扫码获取参考答案

参考文献

［1］ANUPINDI R，CHOPRA S，DESHMUKH S D，et al. 企业流程管理［M］. 梅绍祖，蒋梨利，张耀平，等，译 . 北京：清华大学出版社，2003.

［2］CACHON G，TERWIESCH C. 运营管理：供需匹配的视角［M］. 任建标，译 . 北京：中国财政经济出版社，2006.

［3］CHANDLER C. 全速前进［J/OL］. 萧艾，译 . 财富，2005，151（3）：78.［2005-04-01］. http：//www.fortunechina.com/magazine/c/2005-04/01/content_1261.htm

［4］COLVIN G. 卓越之道［J/OL］. 古正，译 . 财富，2006，154（9）：88.［2006-12-01］. http：//www.fortunechina.com/magazine/c/2006-12/01/content_1938.htm

［5］GONG Q，WANG S，LAI K K. Stochastic Analysis of TPS：exposeand eliminate variability by highly specifying WCP［J］. International Journal of Production Research，2009，47（3）：751-775.

［6］HOPP W J，SPEARMAN M L. 工厂物理学［M］. 北京：清华大学出版社，2002.

［7］SPEAR S，BOWEN K H. Decoding the DNA of the Toyota Production System［J］. Harvard Business Review，1999，77：96-108.

［8］SPEAR S. Jack Smith（ABC）：career launch at Toyota［M］. Boston：Harvard Business Publication，2004.

［9］［美］迈克尔·波特 . 竞争战略［M］. 陈小悦，译 . 北京：华夏出版社，1997.

［10］［日］川原慎也 . 精益制造 042：PDCA 精进法［M］. 谌红军，译 . 北京：东方出版社，2017.

［11］NHK. 蝴蝶效应［Z/OL］. 道兰字幕组，译 .（2016-10-02）［2020-03-20］.

[12] NHK. 会计、人事聚集地：中国 [Z/OL]. 道兰字幕组，译. (2007-09-03) [2020-03-30].

[13] NHK. 上海便利店之争：抓住 13 亿人的欲望 [Z/OL]. 道兰字幕组，译. (2004-12-31) [2020-03-20].

[14] NHK. 世界金融危机 [Z/OL]. 道兰字幕组，译. (2008-10-11) [2020-03-30].

[15] 龚其国，王丹. 海底捞 VS 呷哺呷哺：餐饮企业经营模式的选择与创新 [M]. 北京：中国经济出版社，2018.

[16] 龚其国. 精细化管理三定律 [M]. 北京：北京理工大学出版社，2012.

[17] 龚其国. 做事的科学：细节与流程（第二版）. [M]. 北京：机械工业出版社，2009.

[18] 黄铁鹰. 海底捞你学不会 [M]. 北京：中信出版社，2011.

[19] [美] 杰拉德·卡桑，克里斯蒂安·特维施. 运营管理：供需匹配的视角 [M]. 任建标，译. 北京：中国财政经济出版社，2006.

[20] [德] 克劳斯·施瓦布. 第四次工业革命：转型的力量 [M]. 北京：中信出版社，2016.

[21] 李东升. 标准作业 [M]. 北京：中国计量出版社，2006.

[22] 李杰. 从大数据到智能制造 [M]. 上海：上海交通大学出版社，2016.

[23] 李丽辉，宋学春，许振超. 新时代的中国工人许振超 [N]. 人民日报，2004-04-12.

[24] 刘洪民，刘炜炜. 改革开放 40 周年中国制造业创新发展的历史回顾与思考 [J]. 技术与创新管理，2019，40 (1)：1-8.

[25] [日] 茂木一雄. 精益制造 058：现场改善秒懂秘籍：流动化 [M]. 陶俊平，译. 北京：东方出版社，2017.

[26] [日] 门田安弘. 新丰田生产方式 [M]. 王瑞珠，译. 石家庄：河北大学出版社，2006。

[27] [日] 青木千晴. 丰田生产工厂防错法大全 [M]. 蓝青青，译. 上海：上海交通大学出版社，2017.

[28] [日] 日经制造编辑部. 精益制造 053：工业 4.0 之智能工厂 [M]. 石露，杨文，译. 北京：东方出版社，2018.

[29] 生产力出版社开发团队. 作业员防错法：零缺陷质量控制系统 [M]. 曹岩，杨丽娜，曹森，等，译. 北京：机械工业出版社，2016.

[30] [日] 柿内幸夫，御沓佳美. 精益制造 046：成为最强工厂 [M]. 玲玲，译. 北京：东方出版社，2017.

[31] [日] 柿内幸夫，佐藤正树. 精益制造 007：现场改善 [M]. 许寅玲，

译．北京：东方出版社，2011.

［32］［日］柿内幸夫．精益制造 041：工厂改善的 101 个要点［M］．柳小花，译．北京：东方出版社，2017.

［33］［日］柿内幸夫．精益制造 052：微改善［M］．李清玉，译．北京：东方出版社，2018.

［34］［美］弗雷德里克·温斯洛·泰勒．科学管理原理［M］．马风才，译．北京：机械工业出版社，2007.

［35］田村孝文．精益制造 006：标准时间管理［M］．李斌瑛，译．北京：东方出版社，2011.

［36］王丹．海底捞与呷哺呷哺运营模式对比研究［D］．北京：中国科学院大学，2014.

［37］羲川．告诉你一个缺失的戴尔［J］．IT 时代周刊，2004（1）：24-28.

［38］张璐晶．国家的较量 世界经济论坛发布：《2018 年“制造业的未来”准备状况报告》评估 100 个国家和经济体对制造业未来的准备程度［J］．中国经济周刊，2018（37）：14-21.

［39］朱玉，万一，刘红灿．新华视点：一个灾区农村中学校长的避险意识［N］．新华社，2008-05-24.

［40］AUTOR D H. Why are there still so many jobs? The history and future of workplace automation［J］. Journal of Economic Perspectives，2015，29（3）：3-30.